Stefan Lorenz Sorgner
H. James Birx
Nikolaus Knoepffler (Hg.)

Eugenik und die Zukunft

ANGEWANDTE ETHIK

Über dieses Buch:

Spätestens seit Sloterdijks Rede »Regeln für den Menschenpark: Ein Antwortschreiben zu Heideggers Brief über den Humanismus« (1999) und Habermas' vieldiskutiertem Buch »Die Zukunft der menschlichen Natur: Auf dem Weg zu einer liberalen Eugenik?« (2001) ist offenkundig: Wir benötigen eine öffentliche Eugenik-Debatte. Im ersten Teil des Bandes wird die Relevanz dieser beiden Texte sowie der Positionen von Platon, Nietzsche und Heidegger thematisiert. Der zweite Teil behandelt einschlägige mit der Eugenik verbundene systematische Fragestellungen.

Die Herausgeber:

Stefan Lorenz Sorgner, geb. 1973, ist wissenschaftlicher Mitarbeiter am Lehrstuhl für Angewandte Ethik der Friedrich-Schiller-Universität Jena.

H. James Birx ist Professor der Anthropologie und Distinguished Research Scholar an der State University of New York Geneseo.

Nikolaus Knoepffler, geb. 1962, ist Inhaber des Lehrstuhls für Angewandte Ethik und Leiter des Ethikzentrums der Friedrich-Schiller-Universität Jena.

Stefan Lorenz Sorgner
H. James Birx
Nikolaus Knoepffler (Hg.)

Eugenik und die Zukunft

Verlag Karl Alber Freiburg / München

ANGEWANDTE ETHIK

Herausgegeben von
Nikolaus Knoepffler, Peter Kunzmann,
Ingo Pies und Anne Siegetsleitner

Band 3

Originalausgabe

Gedruckt auf alterungsbeständigem Papier (säurefrei)
Printed on acid-free paper

www.verlag-alber.de

Druckvorlage: Gisela Schmidt, Jena; Robert Ranisch, Jena
Einbandgestaltung: SatzWeise, Föhren
Druck und Bindung: AZ Druck und Datentechnik, Kempten
www.az-druck.de
ISBN-13: 978-3-495-48144-8
ISBN-10: 3-495-48144-3

Vorwort[1]

Ruth Chadwick

Die Versuchung liegt nahe, Eugenik als ein Phänomen der Vergangenheit anzusehen, das man mit einer bestimmten historischen Epoche verbindet. Es wurde sogar vorgeschlagen, den Begriff nicht mehr zu verwenden, da er nicht zeitgemäß sei. Diese Ansicht ist jedoch von einer ganz bestimmten Interpretation von „Eugenik" geprägt, die Eugenik als Eingriff des Staates in die Freiheit der Individuen zur Fortpflanzung versteht, um so eine genetische Verbesserung der Bevölkerung zu erzielen. Heutzutage erachtet man so verstandene Eugenikprogramme als politisch inakzeptabel und als Zeugnis eines geringen Verständnisses von Genetik.

Die Abneigung gegen eine so verstandene Eugenik führte in der Nachkriegszeit des 2. Weltkrieges zu der immer beliebter werdenden Tendenz, Verhalten und soziale Phänomene nicht-genetisch zu erklären. Gegen Ende des 20. Jahrhunderts erfuhr die Genetik wieder einen Aufschwung. Die klinische Genetik hat mit ihren Angeboten genetischer Beratung und der Möglichkeit, informierte Entscheidungen über die Fortpflanzung zu treffen, einen Ethos befördert, der von Entscheidungsfreiheit und Nicht-Bestimmtsein geprägt ist.

Aus einem anderen Blickwinkel betrachtet, wird deutlich, dass, obwohl diese Programme nicht mehr aktuell sind, Eugenik *an sich* nicht verschwunden ist. Man könnte behaupten, dass sie von einer „neuen" Eugenik ersetzt wurde, die sich in den derzeitigen genetischen Leistungen widerspiegelt. Diejenigen, die diese Position einnehmen, vertreten die Auffassung, dass die klinische Genetik – soweit sie einen Schwangerschaftsabbruch als mögliches Resultat des Beratungsprozesses vorsieht – zumindest implizit eugenisch ist. Die Vorstellung, dass der Abbruch von Föten mit bestimmten Krankheiten einer Geburt vorzuziehen sein könnte, ist laut dieser Position, *Ausdruck* einer niedrigen Toleranz gegenüber Behinderung. Offiziell werden diese Leistungen damit begründet, dass den potenziellen

1 Aus dem Englischen übersetzt von Kerstin May.

Eltern so ein breites Entscheidungsfeld angeboten wird. Das Argument der Gegenpartei lautet diesbezüglich aber, dass der kumulative Effekt individueller Entscheidungen in einem sozialen Kontext, der unzureichend tolerant gegenüber Behinderungen ist, zu einer Art Eugenik führt. Das Endresultat ist analog zu dem, was mit einem staatlich geführten Programm erstrebt werden würde – wenn auch mit anderen Mitteln.

Dagegen könnte argumentiert werden, der entscheidende Unterschied liegt darin, dass die klinische Genetik nicht zwangsläufig einen bestimmten Zustand der Bevölkerung zum Ziel hat, sondern informierte Entscheidungen zur Fortpflanzung ermöglichen will. Das beinhaltet auch, zukünftigen Eltern zu ermöglichen, sich auf die Pflege eines Kindes mit einer bestimmten Krankheit vorzubereiten. Wer dann behauptet, dass derartige Programme implizit eugenisch sind, missversteht das Wesen dieser Leistungen. Theoretisch betrachtet könnte das so verstanden werden. Man könnte diesem Argument jedoch kritisch entgegnen, ein in Betracht gezogener Schwangerschaftsabbruch bedeutet implizit, dass dies nicht nur eine akzeptierte Wahl, sondern auch die zunehmend von der Gesellschaft erwartete Wahl wäre. Entwicklungen in der Reproduktionstechnologie und der Genetik haben die Möglichkeiten neben der eines Schwangerschaftsabbruches noch erweitert, z. B. bieten Präimplantationsdiagnostik und die Auswahl von Embryonen weitere Möglichkeiten der Qualitätskontrolle.

Ähnliche Fragen stellen sich in der aktuellen Diskussion um die genetische Optimierung, einem Thema von immer stärker werdender Bedeutung. Die Optimierungsdebatte mag wie eine Diskussion über negative und positive Eugenik in neuer Verkleidung aussehen, mit der Frage, was als „Optimierung“ oder „Verbesserung“ gilt. Streng genommen können genetische Eingriffe zur Optimierung dann nicht zu eugenischen Eingriffen zählen, sofern es sich um somatische Veränderungen an Erwachsenen handelt, welche nicht den Genpool verändern würden.

Themen wie diese werfen die Frage auf, welche Kriterien ein Programm erfüllen muss, um als eugenisch gelten zu können. Dies betrifft sowohl prinzipielle als auch praktische Fragen. Was der Begriff „Eugenik“ bedeutet, ist nicht immer ganz klar. Aus dem Griechischen stammend („von guter Geburt“) wurde er später als Bezeichnung der Wissenschaft zur Verbesserung der Spezies oder des Genpools verwendet, wobei dessen Bedeutung immer noch umstritten ist. An anderer Stelle habe ich bereits vorgeschlagen, ihn als *eugenisches Prinzip* zu betrachten, das besagt, „wenn alle anderen Dinge gleich sind, es moralisch gesehen besser ist, ein Kind mit höherem genetischen Potenzial zu zeugen als mit einem niedrigeren". Programme, die dieses Prinzip widerspiegeln, wurden mit der Begründung abgelehnt, dass sie implizieren, einige Leben mit bestimmten Charakteristika sind lebenswerter als andere. Wie bereits oben angedeutet, stellt sich jedoch die Frage, ob bestimmte *Praktiken,* auch wenn sie nicht offen unter das eugenische Prinzip fallen, als implizit eugenisch betrachtet werden können, weil sie bestimmte Wirkungen haben.

Eines ist jedoch klar: In Anbetracht der anhaltenden Kontroverse darüber, ob eine Praktik als eugenisch oder nicht eugenisch zu bezeichnen ist, der zunehmenden Bedeutung der Debatten über genetische Optimierung und der anhaltenden Entwicklung von assistierten Reproduktionstechniken, können wir nicht mehr behaupten, dass die „Eugenik" ein Phänomen der Vergangenheit ist. Wichtig ist, dass weiterhin versucht wird, Klarheit darüber zu gewinnen, was Eugenik ist und worin die Einwände dagegen bestehen. Deshalb ist dieser Band, der die Zukunft der Eugenik beleuchtet, im Kontext der Debatten um Fortpflanzung und Genetik von so großer Bedeutung.

Inhaltsverzeichnis

Spezielle Themenkomplexe

Einleitung

Stefan Lorenz Sorgner

Spätestens seit Sloterdijks Rede „Regeln für den Menschenpark: Ein Antwortschreiben zu Heideggers Brief über den Humanismus“ (1999) und Habermas’ vieldiskutiertem Buch „Die Zukunft der menschlichen Natur: Auf dem Weg zu einer liberalen Eugenik?“ (2001) ist offenkundig, dass aufgrund der gegenwärtigen Entwicklungen in den Biowissenschaften eine öffentliche Eugenik-Debatte notwendig ist. Die sich aus dem technischen Fortschritt ergebenden Möglichkeiten könnten signifikante Auswirkungen auf die unterschiedlichsten Lebensbereiche haben, so etwa auf das Recht, die Politik, das Versicherungswesen, das Gesundheitswesen, den Sport oder auch auf die Pädagogik.

Eugenik bedeutet rein begrifflich „gut Erzeugtes“ (altgriechisch: eu = gut; altgriechisch: genos = Erzeugendes, Erzeugtes). Wenn wir heute vom „genetischen Material (oder Erbgut, Erbsubstanz)“ sprechen, verweisen wir auf „den stofflichen Träger der Erbinformationen“[1]. Der Begriff „Genom“ steht wiederum für die „Gesamtheit aller in einer Zelle vorhandenen Erbinformationen“[2]. Im Zentrum der gegenwärtigen akademischen Ethik-Debatte in Deutschland steht die liberale Eugenik, was primär in der breiten Rezeption der oben erwähnten Schrift von Habermas begründet liegt. Bei der liberalen Eugenik wird die Entscheidung über die „Verbesserung“ des Erbgutes den jeweiligen Eltern überlassen. Die Bedeutung der staatlichen Eugenik innerhalb dieser Debatten hingegen, bei der der Staat über den Wert und den Umgang mit Embryonen, Föten und Menschen entscheidet, ist wesentlich geringer. Es ist jedoch die staatliche Eugenik und wie sie gerade im Dritten Reich praktiziert wurde, die jede bejahende Äußerung zur „Eugenik“ in Deutschland problematisch gemacht hat.

---

1 Winnacker, E. L./Ibelgaufts, H. (2000): Molekulargenetik. In: Korff, W./Beck, L./Mikat, P. (Hg.): Lexikon der Bioethik (3 Bde.). Gütersloher Verlagshaus, Gütersloh, Bd. 2, 22.

2 Ebd., Bd. 2, 24.

Es ist keineswegs mein Anliegen, die ablehnende Haltung bezüglich der eugenischen Maßnahmen des Dritten Reiches zu revidieren. Die nationalsozialistische Regierung ließ in den Jahren zwischen 1940 und 1945 in Deutschland Kinder mit Missbildungen und geisteskranke Erwachsene auf grausame Weise töten und sprach in diesem Zusammenhang zynisch vom „Gnadentod“ oder der „Tötung von lebensunwertem Leben“. Diese Vorgänge und Bezeichnungen sind aus meiner Sicht sittlich nicht zu rechtfertigen. Leider wird der Begriff „Eugenik“ heutzutage von vielen noch immer mit den abscheulichen Taten, die während des Dritten Reiches geschahen, in Verbindung gebracht.

Aber nicht alle unter den Begriff „Eugenik“ fallenden Vorgänge sind von vorneherein moralisch so verwerflich, dass man sie nicht diskutieren müsste. Es erscheint mir aufgrund der wissenschaftlichen Redlichkeit geboten, alle relevanten und interessanten Positionen ernsthaft und auf angemessene Weise im wissenschaftlichen Diskurs zu berücksichtigen. Auch Peter Singers Position bezüglich des Infantizids oder John Harris' Position zum reproduktiven Klonen müssen wissenschaftlich erörtert werden können, auch wenn ich sie nicht teile. Wenn man ein Thema wissenschaftlich behandelt und zu einem Ergebnis gelangt, das sich außerhalb des üblichen Rahmens befindet, dann halte ich es als dem wissenschaftlichen Ethos entsprechend, dass die *scientific community* die betreffende Position nicht mit Emotionen schürenden Polemiken angreift, sondern sich kritisch und seriös mit der Position auseinander setzt, sofern man sie für bedeutend hält.

Aufbau des Bandes „Eugenik und die Zukunft“

Es ist das Anliegen des Bandes „Eugenik und die Zukunft“, das aufgrund der Entwicklungen in der Humanbiotechnologie relevant werdende Thema „Eugenik“ zu vertiefen. Der Begriff „Zukunft“ verweist darauf, dass manche der Fragestellungen erst noch relevant werden, aber auch darauf, dass Überlegungen, die sowohl kurz-, mittel- als auch langfristig bedeutend sein könnten, erörtert werden. Der Band „Eugenik und die Zukunft“ ist in zwei Teile gegliedert. Im ersten Teil werden Perspektiven einzelner Denker behandelt, die für die Gegenwart relevant sind. Im zweiten Teil wird das Thema von Experten unterschiedlicher Fachgebiete aufgegriffen, so dass anthropologische, biologische, ethische, pädagogische und philosophische Perspektiven aufgezeigt werden.

Im ersten Teil konzentrieren sich die beitragenden Autoren primär auf die Positionen der Denker Platon, Nietzsche, Heidegger und Habermas. Allen diesen Denkern kommt eine exponierte Stellung in der gegenwärtigen Debatte zu. Habermas hat in seiner Schrift „Die Zukunft der menschlichen Natur – auf dem Weg zu einer liberalen Eugenik“ die Frage gestellt, ob eine bewusste Veränderung des Erbgutes den Status eines Menschen als moralisch Handelnden gefährdet. Kristian Köchy geht in diesem Sammelband genauer auf Habermas' Position ein. Habermas' Gegenpart, Sloterdijk, hat in seiner berühmten Elmauer Rede gefordert, dass Richtlinien für die Anthropotechniken gefunden werden müssen und in diesem Zusammenhang u. a. auf Platon, Nietzsche und Heidegger verwiesen. Mit Platons Eugenik setzt sich Nikolaus Knoepffler auseinander. Nietzsches Bemerkungen zur Eugenik kontextualisiert Werner Stegmaier. Babette Babich wendet Heideggers Aussagen zur Technik auf eugenische Fragestellungen an.

Im zweiten Teil des Bandes werden bestimmte Themenkomplexe erörtert. H. James Birx plädiert für den Wert der dynamischen Integrität, den er für eine essentielle Voraussetzung sowohl für den menschlichen Fortschritt im Bereich der genutzten naturwissenschaftlichen Erkenntnisse als auch im Bereich der philosophischen Weisheit hält. Olaf Breidbach zeigt im Anschluss Parallelen zwischen der biologischen Anthropologie um 1900 und der Gegenwart auf, um so zu einer realistischeren Bewertung von Visionen zu gelangen. Auf analytische Weise zeigt Bernward Gesang sozialethische Probleme des *Enhancement* auf. Ergänzend erörtert Wolfgang Lenzen die individualethische Perspektive auf der Basis einer Nicht-Schadens-Ethik. Weiterhin stellt Jürgen Reyer Tendenzen bezüglich des Verhältnisses der Biowissenschaften zur Pädagogik vor. Abschließend bemühe ich mich um eine Zusammenfassung von vorhandenen, in diesem Band thematisierten und weiterführenden Facetten des Begriffs „Eugenik“.

Platon, Nietzsche, Heidegger, Habermas

Knoepffler erörtert in seinem Artikel „Eugenik als Staatsprogramm: Platons Vision vor dem Hintergrund heutiger Humanbiotechnologie“ inwiefern Platons Position auf die gegenwärtige Situation zu übertragen ist. Dabei betont er zunächst die Unterscheidung zwischen der staatlichen und der liberalen Eugenik und erläutert, dass Platon sich für ein staatliches Eugenikprogramm ausgesprochen hat. Wie bei den Tieren so sei die Zucht auch bei Menschen moralisch geboten. Platon habe in diesem Zusammenhang klar festgelegt, welche Menschen als gut und welche als schlecht zu gelten haben. Bei der Implementierung seiner Regelungen müsse Platon jedoch auf Lügen zurückgreifen. Laut Knoepffler weise Platons Staatskonzeption die entscheidenden Elemente eines totalitären Staates auf; schließlich wisse Platon „sich im Besitz der Wahrheit" und schränke „von daher grundlegende Rechte von Menschen" ein. Außerdem sei Platons Rückgriff auf die Lüge nicht mit seiner Idee des Guten zu vereinbaren. Ein staatliches Eugenikprogramm in der Form Platons sei aus diesen und weiteren Gründen nicht mit einer Ethikkonzeption, die auf der Menschenwürde beruht, zu vereinbaren. Damit ist jedoch die Frage nach der Bewertung der liberalen Eugenik noch nicht beantwortet, weshalb Knoepffler zuletzt die Frage aufwirft, was wir ethisch für Schlüsse daraus ziehen, dass Kinder bereits gegen ihre Eltern klagen, weil sie Träger bestimmter Erbkrankheiten sind und die Eltern nichts dagegen unternommen haben?

„Eugenik und Zukunft im außermoralischen Sinn: Nietzsches furchtlose Perspektiven" ist der Titel von Stegmaiers Beitrag, in dem er kritisch zu Nietzsches eugenischen Überlegungen Stellung bezieht. Nietzsche habe normierende Moralvorstellungen, wie sie von Antisemiten, Nationalisten und Sozialisten vertreten wurden, mit dem Verweis auf die Gründe für deren Entstehung abgelehnt. Alle diese Moralvorstellungen seien aus der „Schwäche" der Urheber heraus entstanden. Nietzsches Anliegen sei es gewesen, diese normierenden Überzeugungen aufzubrechen, da es ihm offenkundig erschien, dass von ihnen eine enorme Gefahr ausginge. Nietzsche betone in diesem Zusammenhang jedoch ebenso, dass mit jeder Erhöhung der Menschen auch eine Versklavung einhergehe. Dabei greife er oft auf ein „pseudo-biologisch-medizinisches Vokabular" zurück, wodurch er „bedenkenlos die eugenische Büchse der Pandora zu öffnen" scheine. Durch den häufigen Gebrauch des Begriffes „wir" und das Ansprechen des Lesers als seine „guten Freunde" schien Nietzsche für seine Position des physiologisch Guten, das auch bei den antiken Griechen das vorherrschende Konzept des Guten gewesen sein soll, werben zu wollen. Man habe das physiologisch und das moralisch Gute jedoch seit der Spätantike voneinander getrennt. Seit dieser Zeit sei das moralisch Gute das vorherrschende Konzept des Guten, und gegen solche normierende Moralvorstellungen habe sich Nietzsches Denken gewendet. Eine Eugenik, die sich an einer solchen normierenden Moral orientiere, sei auch aus Nietzsches Sicht verdächtig.

Babich behandelt innerhalb ihres Artikels „Heideggers *Beiträge zur Philosophie* als Ethik: *Phronesis* und die Frage nach der Technik im naturwissenschaftlichen Zeitalter" die Eugenik im Kontext der Frage nach der Technik bei Heidegger. Sie betont, dass die Frage nach dem Wesen der Wissenschaft bei Heidegger, die sowohl die Technik als auch die Naturwissenschaft umfasse, nicht mit den naturwissenschaftlichen Methoden angegangen werden könne, sondern aus der philosophischen Perspektive behandelt werden müsse. Das Wesen der modernen Wissenschaft bestehe in der Mathematisierbarkeit, worin sich der Versuch der fortschreitenden Kontrollierbarkeit der Welt manifestiere. Die Klugheit, die *phronesis*, hingegen könne nicht mathematisiert werden. Wir würden uns heutzutage zwar darum bemühen, die Technik zu beherrschen, aber gerade darin bestehe unser Ausgeliefertsein an die Technik. Nur wenn die Wissenschaft die Philosophie berücksichtige, sei sie wahrhaft wissenschaftlich. Kritisches Denken im Allgemeinen sei allein eine Sache der Philosophie. Dies setze voraus, dass man nach dem Sinn der Sache selbst frage, also die Frage nach dem Sein stelle. Die Gegenwart sei aber durch die „*Seynsverlassenheit*" und damit dem Ereignis des Nihilismus gekennzeichnet. Unsere Welt sei technologisch verzaubert. Wir würden glauben, alles mit Hilfe der Technik machen und retten zu können. Die Wissenschaft mit ihrer totalisierenden Logik, d. h. ihrem technischen Wesen, werde als neue Religion angesehen und betreffe die unterschiedlichsten Bereiche der Lebenswelt. Dieser Zustand treffe laut Heidegger auf Amerika, Russland und NS-Deutschland gleichermaßen zu. Babich erachtet diese Gedanken Heideggers für ein hilfreiches Mittel, um die Rolle der Technik innerhalb der modernen Wissenschaften zu verstehen.

Köchy geht in seinem Artikel „Gentechnische Manipulation und die Naturwüchsigkeit des Menschen – Bemerkungen" kritisch auf Habermas' Argumente gegen die liberale Eugenik ein, ohne sich jedoch von ihm in der grundsätzlich ablehnenden Haltung bezüglich der eugenischen Gestaltung des Menschen zu unterscheiden. Drei von Habermas thematisierte Gegensätze werden dabei von Köchy behandelt: das Gemachte und das Gewordene; Diagnose und Manipulation; Natur und Kultur. Eine These von Habermas sei die trennscharfe Unterscheidung von Gemachtem und Gewordenem. Diesen Punkt relativiert Köchy, indem er darauf aufmerksam macht, dass der aktive Eingriff in das Gewordene, die Natur, die *physis*, seit einigen Jahrhunderten das „einzig legitime Verfahren der Naturwissenschaft" sei. Erst wenn man etwas nicht nur manipulativ verändern, sondern tatsächlich neu herstellen würde, sei ein radikaler Schnitt in der naturwissenschaftlichen Entwicklung festzustellen. Gegen die strikte Trennung von Diagnose und Manipulation, von der Habermas ausgehe, bringt Köchy mehrere Argumente dar, die verdeutlichen sollen, dass es zwischen den Begriffen keine strikte Trennung, sondern einen fließenden Übergang gebe. Ebenso lehnt er die klare Grenzziehung zwischen Kultur und Natur, auf dessen Basis Habermas die „moralerodierende Kraft der Gentechnologie“ erläutert, ab. Jedoch macht Köchy deutlich, dass allein das Bewusstsein von der Komplexität der Wechselwirkungen im Bereich der Humangenese die meisten „eugenischen Planspiele als phantastische Wunschträume“ entlarven würde. Außerdem spreche gegen die Durchführung von eugenischen Maßnahmen auch, dass Jonas' Frage nach der Begründung der Entscheidungskompetenz und den der Entscheidung zugrunde liegenden Richtlinien nicht zu beantworten sei.

Spezielle Themenkomplexe

Birx plädiert in seinem Beitrag „Dynamische Integrität“ für die enge Zusammenarbeit zwischen Philosophen und Naturwissenschaftlern und im Speziellen die Berücksichtigung von naturwissenschaftlichen Tatsachen bei der Beantwortung von Fragen nach speziellen Werturteilen. Methodologisch hält er die Integration von empirischen Erkenntnissen und Vernunftüberlegungen unter der Berücksichtigung des Werts der dynamischen Integrität, den er anhand der Denker Darwin, Nietzsche, Dewey und de Chardin genauer erläutert, für angemessen. Darwin habe durch die Entwicklung der Evolutionstheorie mittels seines freigeistigen Vorgehens und unter Berücksichtigung der Vernunft und empirischer Daten eine konzeptionelle Revolution im neuzeitlichen Denken bewirkt. Nietzsche habe durch scharfsinnige Schlüsse den blinden Glauben an rigide theologische und metaphysische Systeme einer wirksamen Kritik unterzogen. Durch die Verbindung von naturwissenschaftlichen und philosophischen Erkenntnissen habe Dewey seinen pragmatischen Naturalismus entwickeln können. De Chardin habe versucht, die Tatsache der Evolution mit dem Denken der römisch-katholischen Kirche in Verbindung zu bringen. An diesen Beispielen werde die Eigenschaft der dynamischen Integrität deutlich, und sie hält Birx für eine essentielle Voraussetzung für den menschlichen Fortschritt im Bereich der genutzten naturwissenschaftlichen Erkenntnisse und der philosophischen Weisheit. Birx sieht jedoch in der wachsenden Verbreitung von Fundamentalismus und Kreationismus einen Angriff sowohl auf die Vernunft als auch auf die Naturwissenschaften.

In dem Artikel „Gen-Biologismen" zeigt Breidbach die historische Parallele der Diskussionen innerhalb der biologischen Anthropologie um 1900 und der Gegenwart auf. 1859 beschrieb Darwin die mögliche Geschichte der Evolution. Er konnte die Evolution jedoch nicht erklären, da die Genetik noch nicht entwickelt war, die jedoch für die Begründung der Evolution notwendig ist. Die Evolutionslehre blieb somit ein Postulat. Wertungen in diesem Theoriekontext seien externen Vorgaben entnommen worden. So sei eine Verzahnung von innerbiologischen und innergesellschaftlichen Diskussionen zustande gekommen, und damit habe sich die Evolutionslehre um 1900 im Diskussionsgefüge um eine Eugenik und Rassenlehre konsolidiert. Bei einer Kritik der Evolutionslehre habe man daher stets auch die weltanschaulichen Maßstäbe, in die sie eingebunden war, mitkritisieren müssen. Innerbiologisch könne man aus der Evolution keine Werte ableiten. Der evolutive Wert eines Lebewesens könne nur bezüglich einer Situation, aber nicht unabhängig von dieser festgestellt werden. Die noch existierende Hyäne sei nicht – absolut gesehen – besser als der ausgestorbene Säbelzahntiger. Ein kontextsensibles „Besser" und „Schlechter" könne jedoch fälschlicherweise leicht als ein übergeordnetes „Gut" und „Böse" angesehen werden. Für die Zukunft ließe sich daraus schließen, so Breidbach, dass bei biotechnischen Verfahren nur das verbessert wird, was bei der Evolution ohnehin abläuft. Gen-Designer könnten das, was im Moment „besser" ist, beim Nachwuchs realisieren. Die Wunschkindermoden der Zukunft würden die gegenwärtigen Kleidermoden ersetzen. Breidbach betont jedoch, dass viele der gegenwärtigen Visionen des Machbaren denen der Lebensreformbewegung von 1900 stark ähnelten und erschreckend naiv seien.

Auf das Verhältnis von „*Enhancement* und Gerechtigkeit" geht Gesang in seinem gleichnamigen Artikel ein. Er definiert dabei *Enhancement* als den Versuch der Verbesserung menschlicher „Normaleigenschaften" und bemüht sich um eine ethische Einschätzung von *Enhancement.* Dabei unterscheidet er klar verschiedene Arten von *Enhancement.* Zentrales *Enhancement* sei eine durch staatliche Programme geregelte Verbesserung. Beim dezentralen *Enhancement* gehe die Entscheidung zur Verbesserung von den Eltern oder den betroffenen Individuen selbst aus, wobei der Staat jedoch in jedem Fall gewisse allgemeine Richtlinien vorgeben würde. Beim dezentralen *Enhancement* könne man weiterhin zwischen marktliberalem und sozialdemokratischem *Enhancement* unterscheiden. Beim marktliberalen *Enhancement* verhalte sich der Staat völlig passiv, beim sozialdemokratischen hingegen greife er ein und bemühe sich etwa darum, die Chancengleichheit im Staat zu bewahren. Eine weitere Unterscheidung, die Gesang betont, sei die zwischen dem moderaten (Erhöhung des IQ um 10 Punkte) und radikalen (Schaffung von Menschen, die Infrarotlicht sehen können) *Enhancement*. In seinem Artikel konzentriert sich Gesang nur auf radikales dezentrales *Enhancement*, wobei er nacheinander die Themen *Enhancement* als Erbprivileg, *Enhancement* für jedermann, sozialstaatliches *Enhancement* und einzelne Teilbereiche des *Enhancement* analysiert. *Enhancement* als Erbprivileg verweist auf den Bereich der vorgeburtlichen, gentechnischen Verbesserung, z. B. durch Keimbahntherapie. Da sich bei den hierunter fallenden Maßnahmen abzeichne, dass sich eine Zwei-Klassen-Gesellschaft entwickle, hält er diese Form des *Enhancement* für nicht mit der sozialen Gerechtigkeit vereinbar. Prinzipiell könne jedermann zu jeder Zeit das *Enhancement* für jedermann erhalten. Gesang geht davon aus, dass diese Art des *Enhancement* ebenso abzulehnen sei, da sie ohne staatliche Steuerung den sozialen Frieden untergrabe. Jedoch auch beim sozialstaatlichen *Enhancement* erkennt Gesang gravierende Probleme, die primär darin begründet lägen, dass diese Form des *Enhancement* zu einer Überforderung der staatlichen Sozialsysteme führe. Abschließend geht er noch auf die Bereiche des physischen und mentalen *Enhancement* ein und zeigt die Grenzen und Probleme dieser Bereiche auf.

Im Unterschied zu den vorangegangenen sozialethischen Überlegungen behandelt Lenzen in seinem Artikel „Grundsätzliche Betrachtungen zur Moralität eugenischer Maßnahmen“ die individualethische Ebene. Die Unterschiede zwischen eugenischen Maßnahmen bei bereits existierenden Individuen und bei der Entstehung von neuen Individuen spielen bei ihm eine ebenso entscheidende Rolle, wie die zwischen der positiven und negativen Eugenik. Er analysiert in seinem Artikel die Problembereiche der künstlichen Befruchtung (In-Vitro-Fertilisation = IVF), der Abtreibung bei eugenischer Indikation, der Pränataldiagnostik (PND), der Präimplantationsdiagnostik (PID), der genetischen Manipulation von Embryonen und des Klonens. Das Merkmal eines moralischen Urteils bestehe darin, so Lenzen, dass es zu einer näheren Begründung fähig sei. Das Grundprinzip, auf dem er seine Bewertungen trifft, ist das des *neminem laede* (schade niemandem), wobei er den Begriff des Schadens in einem weiten Sinne verstanden wissen will. In diesem Zusammenhang klärt er, wann eine Handlung moralisch unbedenklich und wann sie moralisch erlaubt sei. Sein eigener Ansatz impliziert, dass einem Lebewesen durch Töten geschadet werde, wenn das ansonsten zu lebende Leben einen positiven Wert besäße. Daraus ergebe sich, dass das Töten eines Menschen in der Regel immer moralisch bedenklich, das Zeugen eines Lebewesens hingegen, in Bezug auf die Interessen des zu Zeugenden selber, moralisch neutral sei. Die homologe (mit Samen des Partners) und heterologe (mit Fremdsamen) IVF bewertet Lenzen auf dieser Basis recht positiv, da die möglichen psychosozialen Nachteile, die gerade im Fall der heterologen IVF zu befürchten seien, nicht so gravierend seien, als dass die Nichtexistenz eine zu bevorzugende Variante sei. Auch die PND könne, so eine Frau sich freiwillig dazu entscheidet, kein ethisches Problem darstellen. Hingegen erachtet er die Abtreibung bei eugenischer Indikation nur in Einzelfällen als moralisch erlaubt, da dem heranwachsenden Fötus bei der Abtreibung das Leben genommen und folglich geschadet werde. Die PID wiederum sei, laut Lenzen, auf keinen Fall verwerflicher als die PND. Er geht sogar davon aus, dass die PID als weit weniger bedenklich einzustufen sei, da die mögliche Folge der PID, die Nichtimplantation einer Zygote, weit unbedenklicher sei als die mögliche Folge der PND, die Abtreibung eines Embryos. Weiterhin geht er auf die genetische Manipulation eines bereits existierenden Individuums und die genetische Programmierung eines noch nicht existierenden Embryos ein, worunter auch der Spezialfall des reproduktiven Klonens falle. Die genetische Manipulation sowohl durch negative als auch durch positive eugenische Maßnahmen sei moralisch erlaubt, sofern sie nach bestem medizinischem Wissen im Interesse des Embryos liege. Auch bei der Programmierung eines noch nicht existierenden Individuums, selbst im Extremfall des Klonens, werde dem entstehenden Embryo kein Schaden zugefügt. Trotzdem ist Lenzen kein Befürworter des reproduktiven Klonens, da die Technik bereits bei Tieren mit großen Problemen und Risiken verbunden sei und er den Nutzen des Verfahrens bei Menschen nicht einzusehen vermöge. Diese Position impliziere jedoch nicht, dass das Klonen eines Menschen eine perverse Horrorvision darstelle.

Im Beitrag „Pädagogik in einer eugenisierten Gesellschaft" erörtert Reyer das Verhältnis von Eugenik und Pädagogik. Er stellt dabei die Frage, ob die klare Trennung zwischen der Aufgabe der Bio-Wissenschaften, die in der Erforschung der Menschen liege, und der der Erziehung, die in der Verbesserung der Menschen bestehe, weiterhin aufrecht gehalten werden könne. Dabei stellt er die folgenden beiden Thesen auf: (1) Eine der Anwendungsperspektiven der Bio-Wissenschaften stelle die Eugenik dar. (2) Diese Perspektive (die Eugenik) könne der Pädagogik nicht gleichgültig sein, da aus ihr eine Designer-Pädagogik resultieren könne. Bei der Untermauerung der ersten These geht er zunächst auf verschiedene Formen der Eugenik ein, wobei er etwa herausstellt, dass die Unterscheidung zwischen therapeutischer und verbessernder Eugenik keine prinzipielle sei, da der Krankheitsbegriff kontextabhängig sei. Außerdem hebt Reyer zustimmend hervor, dass Habermas in seiner Abhandlung zur liberalen Eugenik auf die, laut Reyer, retrograden Dammbruch-Argumente verzichte. Reyer betont weiterhin, dass gerade herausragende Biowissenschaftler die Möglichkeit der genetischen Verbesserung des Menschen als unwahrscheinlich erachten würden, da die dafür notwendigen Techniken extrem komplex sein müssten. Dass jedoch Voraussagen auf diesem Gebiet auch für Experten sehr schwierig seien, versucht er zu verdeutlichen, indem er darlegt, dass ein führender Reproduktionsmediziner, Anderson, 1985 eugenische Maßnahmen auf absehbare Zeit für unmöglich hielt, derselbe Wissenschaftler 1989 jedoch die Möglichkeit solcher Maßnahmen einräumte. Anderson habe die daraus resultierenden Folgen dann mit dem Inhalt der Büchse der Pandora identifiziert. Ernst Ulrich von Weizsäcker habe andererseits herausgestellt, dass er es für unwahrscheinlich halte, dass Gegner der Gentechnik mittelfristig erfolgreich sein könnten. Aus diesem Grund sei es empfehlenswert, einen ethischen Bezugsrahmen zu suchen und zu entwickeln, in dem man die möglichen oder auch nur denkbaren Entwicklungen integrieren könne. In den USA werde bereits so vorgegangen. Reyer selbst gehe davon aus, dass sich in den zukünftigen Biowissenschaften die strikte *Nature/Nurture*-Dichotomie auflöse. In der Psychologie gebe es die biosoziale Kindheitsforschung. Außerdem existiere bereits die Evolutionspsychologie der Kindheit. Die Auswirkungen dieser Entwicklungen auf die Pädagogik seien bedeutend (These 2). Dass für die menschliche Entwicklung hauptsächlich die Erziehung verantwortlich sei, daran habe bereits Galton Zweifel gehabt. Die meisten Erziehungswissenschaftler würden jedoch noch immer von den folgenden drei Prämissen ausgehen: (1) Das Potenzial der Kinder sei zufällig und von der Natur gegeben. (2) Damit der Mensch nicht ins Verderben laufe, sei er auf erzieherische Umwelten angewiesen. (3) Über das Verhältnis von Anlage und Umwelt könne wissenschaftlich nichts ausgesagt werden. Durch zukünftige Möglichkeiten der Biowissenschaften würden alle drei Prämissen attackiert werden. Daraus ergebe sich eine neue Rolle für die Erziehungswissenschaft, was jedoch laut Reyer nicht zu Abwehrhaltungen von Erziehungswissenschaftlern in Bezug auf die Biowissenschaften führen solle, sondern zu kritisch-konstruktiven Beiträgen zu diesen.

In meinem Beitrag „Facetten der Eugenik“ stelle ich einige begriffliche Unterscheidungen von Arten der „Eugenik“ zusammen. Dabei berücksichtige ich sowohl die bereits in der Literatur vorhandenen als auch die an zentralen Stellen innerhalb dieses Bandes thematisierten Unterscheidungen. Weiterhin weise ich auf weitere mögliche Unterscheidungsmöglichkeiten hin. Weder beabsichtige ich eine abschließende systematische Feingliederung des Begriffes „Eugenik“ zu geben, noch eine umfassende Darstellung aller möglichen Unterscheidungen. Jedoch gehe ich davon aus, dass nur über eine Verfeinerung der begrifflichen Unterscheidungen bezüglich der Eugenik auch der ethische Diskurs eine verstärkte Differenzierung erfahren kann.

Das Jahrhundert der Biologie?

Die Relevanz der Eugenik in der Zukunft wird eng an die zukünftige Bedeutung und die Entwicklungen innerhalb der Biologie gekoppelt sein. „Das Jahrhundert der Biologie?“ war das Thema einer öffentlichen Podiumsdiskussion auf der BioPerspectives 2005 in Wiesbaden. Wenn das 21. Jahrhundert tatsächlich das Jahrhundert der Biologie werden wird, dann ist davon auszugehen, dass das Thema „Eugenik“ gerade in diesem Jahrhundert von besonderer Relevanz sein wird – schließlich gehören die meisten Themen im Bereich der Biotechnologie zum Problembereich der Eugenik. Wer eine kritische Auseinandersetzung mit dem Thema „Eugenik“ nur als weiteren Beitrag in die „allgemeine Schlussstrichdebatte“ abtut, unterschätzt dessen Brisanz, Relevanz und Dringlichkeit und erhöht somit die Gefahr, unvorbereitet mit wissenschaftlichen Entwicklungen konfrontiert zu werden, auf die überhastet und unreflektiert reagiert werden müsste. Um dieser Gefahr vorzubeugen, sind ständige Reflexionen zu den unterschiedlichen Themengebieten und Aspekten der Problematik „Eugenik“ notwendig.

Eugenik als Staatsprogramm

Platons Vision vor dem Hintergrund heutiger Humanbiotechnologie

Nikolaus Knoepffler

1 Hintergrund: die aktuelle Debatte um die Präimplantationsdiagnostik

Im Jahr 1999 brandete Empörung durch die bundesdeutschen Feuilletons. Denn Peter Sloterdijk hatte es gewagt, das Thema der Menschenzüchtung und Selektion anzusprechen, ohne es zugleich zu tabuisieren:

> „Es ist die Signatur des technischen und anthropotechnischen Zeitalters, dass Menschen mehr und mehr auf die aktive und subjektive Seite der Selektion geraten, auch ohne dass sie sich willentlich in die Rolle des Selektors gedrängt haben müssten. Man darf zudem feststellen: Es gibt ein Unbehagen in der Macht der Wahl, und es wird bald eine Option für die Unschuld sein, wenn Menschen sich explizit weigern, die Selektionsmacht auszuüben, die sie faktisch errungen haben" (Sloterdijk 1999, 44).

Die genetische Präimplantationsdiagnostik ermöglicht es, menschliche Lebewesen im Acht- bis Zehnzellstadium genetisch zu untersuchen und demgemäß zu selektieren. Die Diagnostik kann dazu genutzt werden, nur diejenigen menschlichen Lebewesen zu implantieren, die die Eltern oder auch eine andere Instanz, z. B. der Staat, dazu bestimmen. Im heutigen Sprachgebrauch spricht beispielsweise Habermas (2001) hier von „liberaler Eugenik", wenn die Eltern auf Grund der genetischen Diagnostik entscheiden, ob sie eine Implantation vornehmen lassen wollen. Sie entscheiden sich für dasjenige Kind, das nach ihrer Überzeugung die bessere genetische Ausstattung hat. Im klassischen Sinn versteht man unter Eugenik seit Francis Galton ein Programm, das sich der Reproduktion bedient und bestimmte Selektionsrichtlinien vorgibt, um den menschlichen Genpool zu verbessern.

Die eingangs erwähnte Empörung über Sloterdijks Elmauer Rede beruhte zum Teil darauf, dass „Selektion“ und „Eugenik“ mit den nationalsozialistischen Verbrechen in Verbindung gebracht werden. So ermorderten die Nationalsozialisten Millionen von Menschen jüdischer Herkunft, da sie diese aus rassistischen Gründen als vernichtenswert verstanden. Dazu kommen Hunderttausende, die auf Grund bestimmter Formen von Behinderung als lebensunwert galten und deshalb getötet wurden. Die Zusammenziehung von Eugenik, nationalsozialistischen Verbrechen und genetischer Präimplantationsdiagnostik im deutschen Denken belegt beispielhaft eine Passage aus einem Gutachten für die Enquête-Kommission des Bundestags „Recht und Ethik der modernen Medizin“:

> „Unterstellt, es gäbe eine der Präimplantationsdiagnostik parallele Entscheidung für geborene Menschen, ist die Parallele zu den schlimmsten Verbrechen des nationalsozialistischen Regimes offensichtlich. Denn es geht der Sache nach um eine Entscheidung, einer Person das Lebensrecht auf Grund bestimmter Eigenschaften abzusprechen. Das Bild der Selektions-Rampe in Auschwitz drängt sich ebenso auf wie die an behinderten Menschen durchgeführten ‚Euthanasie-Programme‘. Die Grundentscheidung, ob das Leben eines bestimmten Menschen ‚lebenswert‘ oder ‚lebensunwert‘ ist, wird anderen Menschen überlassen, die zudem ihr Urteil in Handlung, d. h. Tötung des ‚unwerten‘ Lebens umsetzen. Ein noch stärkeres ‚prinzipielles In-Frage-Stellen der Subjektqualität‘ eines Menschen ist nicht vorstellbar“ (Sacksofsky 2001, 47).

Vor diesem Hintergrund möchte ich die Ursprünge der Debatte um die Eugenik untersuchen, um die systematisch wichtige Frage zu klären: Wie ist Eugenik zu verstehen und zu bewerten? Die Ursprünge der Debatte um eugenische Maßnahmen finden sich in der Philosophie Platons, also etwa 2400 Jahre vor der Entwicklung der genetischen Präimplantationsdiagnostik. Platon zählt zu den bedeutendsten und zugleich umstrittensten Philosophen.

So ging Alfred North Whitehead, zusammen mit Bertram Russell, Verfasser der „Principia Mathematica“ und Autor von „Process and Reality“, eines der bedeutendsten metaphysischen Werke des 20. Jahrhunderts, sogar soweit zu sagen, dass alle philosophischen Schriften nur Fußnoten zu Platons denkerischen Anregungen seien.[1] In scharfem Gegensatz dazu hat Karl Popper im ersten Teilband seines Werks „Die offene Gesellschaft und ihre Feinde" (Popper 1957 [1944]) Platon bezichtigt, mit seinem Staatsmodell eine totalitäre, geschlossene Gesellschaft zu befürworten, in der es statt Demokratie ein Führerprinzip, statt Gleichheit strenge Kasten gibt. Platon wird als der Denker verstanden, der mit seiner politischen Philosophie die beiden großen Diktatursysteme des 20. Jahrhunderts ideologisch vorbereitet hat.

2 Eugenik als Staatsprogramm: Platons Vision und ihre Kritik

Bis heute ist es in nicht wenigen Gegenden der Erde üblich, dass die Eltern den Ehepartner ihrer Kinder bestimmen. Auch bei uns haben über viele Jahrhunderte meist die Eltern bei der Auswahl des Partners ein gewichtiges Wort mitgesprochen. Man heiratete in den eigenen Kreisen. Die Partnerwahl wurde nicht einfach dem Zufall überlassen. Auch zu Platons Zeiten war dies nicht anders. Doch Platon geht davon aus, dass im Idealstaat die Partnerwahl staatlich durch die Herrscher gelenkt sein sollte, insbesondere für die Menschen, die den sog. „Wächterstand" bilden.

2.1 Der Ausgangspunkt und das Beispiel der Tierzucht

Platons Ausgangspunkt lautet:

> „Offenbar also haben wir nächstdem Hochzeiten auszurichten, und zwar so heilige als möglich; heilig aber würden wohl die nützlichsten sein" (Pol 458d).[2]

1 „The safest general characterization of the European philosophical tradition is that it consists of a series of footnotes to Plato. I do not mean the systematic scheme of thought which scholars have doubtfully extracted from his wirtings. I allude to the wealth of general ideas scattered through them" (Whitehead 1978 [1929], 39).

2 „Δῆλον δὴ ὅτι γάμους τὸ μετὰ τοῦτο ποιήσομεν ἱεροὺς εἰς δύναμιν ὅτι μάλιστα· εἶεν δ' ἂν ἱεροὶ οἱ ὠφελιμώτατοι." Platon wird nach dem griechischen Text von É. Chambry und der von mir teilweise korrigierten deutschen Übersetzung von F. Schleiermacher in der von G. Eigler herausgegebenen Werksausgabe (Platon 1990) zitiert. Die Textstellen werden nach der international üblichen Stephanusnummerierung wiedergegeben.

Platon beginnt seine eugenischen Überlegungen mit einer systematisch sehr bedeutsamen Gleichsetzung. Als heilige Hochzeiten gelten die nützlichsten Hochzeiten. Was aber versteht er dabei unter „nützlich". Um dies zu erläutern, bedient sich Platon des Beispiels der Tierzucht:

> „Wie also werden sie am nützlichsten sein? das sage mir, o Glaukon. Denn ich sehe ja in deinem Hause sowohl Jagdhunde, als auch von dem edlen Geflügel gar mancherlei. Hast du also wohl auf etwas acht gegeben bei ihren Hochzeiten und Kindererzeugungen?
>
> Worauf doch? fragte er.
>
> Zuerst, wiewohl sie alle edel sind, sind nicht auch unter ihnen doch und werden immer einige die besten?
>
> Gewiss.
>
> Erzielst du nun aus allen ohne Unterschied Nachkommenschaft, oder strebst du nicht wenigstens darnach, dass es soviel als möglich nur aus den Besten geschehe?
>
> Aus den Besten.
>
> Und aus den Jüngsten oder Ältesten, oder denen, die am meisten in der Blüte der Jahre sind?
>
> Aus den Blühendsten.
>
> Und wenn es nicht so geschieht, so glaubst du, dass sich dir der Schlag der Hunde sowohl als der Vögel gar sehr verschlechtern werde?
>
> Ich gewiss, sagte er.
>
> Und was meinst du, sprach ich, von den Pferden und den übrigen Tieren? Etwa, dass es sich anders mit ihnen verhalte?
>
> Das wäre ja unerhört, sprach er.
>
> O weh, sprach ich, lieber Freund, wie ausnehmend vollkommen werden dann unsere Herrscher sein müssen, wenn es sich mit dem menschlichen Geschlecht ebenso verhält" (Pol 459a–b).[3]

---

3 „Πῶς οὖν δὴ ὠφελιμώτατοι ἔσονται; τόδε μοι λέγε, ὦ Γλαύκων· ὁρῶ γάρ σου ἐν τῇ οἰκίᾳ καὶ κύνας θηρευτικοὺς καὶ τῶν γενναίων ὀρνίθων μάλα συχνούς· ἆρ' οὖν, ὦ πρὸς Διός, προσέσχηκάς τι τοῖς τούτων γάμοις τε καὶ παιδοποιίᾳ; Τὸ ποῖον; ἔφη. Πρῶτον μὲν αὐτῶν τούτων, καίπερ ὄντων γενναίων, ἆρ' οὐκ εἰσί τινες καὶ γίγνονται ἄριστοι; Εἰσίν. Πότερον οὖν ἐξ ἁπάντων ὁμοίως γεννᾷς, ἢ προθυμῇ ὅτι μάλιστα ἐκ τῶν ἀρίστων; Ἐκ τῶν ἀρίστων. Τί δ'; ἐκ τῶν νεωτάτων ἢ ἐκ τῶν γεραιτάτων ἢ ἐξ ἀκμαζόντων ὅτι μάλιστα; Ἐξ ἀκμαζόντων. Καὶ ἂν μὴ οὕτω γεννᾶται, πολύ σοι ἡγῇ χεῖρον ἔσεσθαι τό τε τῶν ὀρνίθων καὶ τὸ τῶν κυνῶν γένος; Ἔγωγ', ἔφη. Τί δὲ ἵππων οἴει, ἦν δ' ἐγώ, καὶ τῶν ἄλλων ζῴων; ἦ ἄλλῃ πῃ ἔχειν; Ἄτοπον μεντἄν, ἦ δ' ὅς, εἴη. Βαβαῖ, ἦν δ' ἐγώ, ὦ φίλε ἑταῖρε, ὡς ἄρα σφόδρα ἡμῖν δεῖ ἄκρων εἶναι τῶν ἀρχόντων, εἴπερ καὶ περὶ τὸ τῶν ἀνθρώπων γένος ὡσαύτως ἔχει."

Das Beispiel der Tierzucht gibt einen ersten Hinweis auf die Bedeutung von „nützlich“ in diesem Zusammenhang. „Nützliche Hochzeiten“ werden hier in Analogie zur Tierzucht verstanden. Es gilt von daher auch:

> „Nach dem Eingestandenen sollten die Besten den Besten [korr.] am meisten beiwohnen die Schlechtesten aber den ebensolchen in umgekehrter Weise [korr.][4]; und jener Sprösslinge sollten aufgezogen werden, dieser aber nicht, wenn uns die Herde recht edel bleiben soll“ (Pol 459d–e).[5]

Damit ist freilich noch nicht geklärt, wer denn als „Bester“ gilt? Die Herrschenden müssen darum herausfinden, wie „gut“ die jeweiligen Partner sind. Sie müssen also eine Kriteriologie für die Selektion haben. Darüber hinaus müssen sie eine Rahmenordnung schaffen, damit es tatsächlich zu der beabsichtigten Menschenzucht kommt.

Diese Rahmenordnung hat zwei Aufgaben: Erstens dient sie dazu, die Menschenzucht zu regeln. Zweitens hat sie die Aufgabe, das staatliche Eugenikprogramm durchzusetzen.

Die Frage dagegen, ob überhaupt Selektion moralisch zulässig ist, hat Platon schon durch seinen Verweis auf die Tierzucht entschieden: Er hat dies ausdrücklich nicht nur als moralisch zulässig, sondern sogar als moralisch geboten bejaht und zwar im Sinne eines staatlichen Eugenikprogramms.

2.2 Auswahlkriterien und Regeln für die Menschenzucht

Platon entwickelt einige Kriterien, wie die „Besten“ gefunden werden können. Einerseits sind dies einfach biologische Grunddaten. Es sollen sich vor allem die fortpflanzen, die im besten Fortpflanzungsalter stehen:

---

4 Also möglichst wenig. Die Schleiermacher'sche Übersetzung ist hier leicht misszuverstehen.

5 „Δεῖ μέν, εἶπον, ἐκ τῶν ὡμολογημένων τοὺς ἀρίστους ταῖς ἀρίσταις συγγίγνεσθαι ὡς πλειστάκις, τοὺς δὲ φαυλοτάτους ταῖς φαυλοτάταις τοὐναντίον, καὶ τῶν μὲν τὰ ἔκγονα τρέφειν, τῶν δὲ μή, εἰ μέλλει τὸ ποίμνιον ὅτι ἀκρότατον εἶναι ...“

> „Dass die Frau mit dem zwanzigsten Jahre anfangend, bis zum vierzigsten dem Staat gebäre, der Mann aber die Zeit der größten Stärke im Laufen übergehen lasse, und von da an dem Staat erzeuge bis zum fünfundfünfzigsten Jahre“ (Pol 460e).[6]

Platon stellt Regeln auf, gemäß denen diejenigen, die sich in einem anderen Alter befinden, aber schon oder noch Kinder zeugen oder bekommen können, sich widerrechtlich verhalten, wenn sie dies tun (vgl. Pol 461a–b).

Dagegen hat er keine Einwände gegen den Geschlechtsverkehr von Menschen, die keine Nachkommen bekommen können. Neben diesen eher biologischen Überlegungen spielen die Charaktereigenschaften und Fähigkeiten eine entscheidende Rolle, in denen sich der Einzelne als gut erweist. Exemplarisch heißt es beispielsweise:

> „Und den Jünglingen, die sich als gut [korr.] im Kriege oder sonstwo gezeigt haben, sind auch andere Gaben zwar und Preise zuzuteilen, aber auch eine reichlichere Erlaubnis zur Beiwohnung der Frauen, damit zugleich auch unter gerechtem Vorwand die meisten Kinder von solchen erzeugt werden“ (Pol 460b).[7]

Platon hat darüber hinaus in der Politeia ausführlich dargelegt, wann jemand als „gut“ gilt. Es sind diejenigen Menschen, die gerecht sind. Dabei besagt Gerechtigkeit, dass der Mensch besonnen, tapfer und maßvoll zu leben versteht und die Vernunft in ihm regiert.

Da Frauen ebenfalls in dieser Weise gerecht sein können, wird ersichtlich, warum sie bei Platon gleichgestellt werden (vgl. Pol 451b–457b). Darum ließe sich der zitierte Satz frei so weiterführen:

> „Und den Frauen, die sich als gut gezeigt haben, sind auch andere Gaben zwar und Preise zuzuteilen, aber auch eine reichlichere Erlaubnis zum Verkehr mit Männern, damit zugleich auch unter gerechtem Vorwand diese Frauen möglichst viele Kinder bekommen.“

---

6 „Γυναικὶ μέν, ἦν δ' ἐγώ, ἀρξαμένῃ ἀπὸ εἰκοσιέτιδος μέχρι τετταρακονταέτιδος τίκτειν τῇ πόλει· ἀνδρὶ δέ, ἐπειδὰν τὴν ὀξυτάτην δρόμου ἀκμὴν παρῇ, τὸ ἀπὸ τούτου γεννᾶν τῇ πόλει μέχρι πεντεκαιπεντηκονταέτους.“

7 „Καὶ τοῖς ἀγαθοῖς γέ που τῶν νέων ἐν πολέμῳ ἢ ἄλλοθί που γέρα δοτέον καὶ ἆθλα ἄλλα τε καὶ ἀφθονεστέρα ἡ ἐξουσία τῆς τῶν γυναικῶν συγκοιμήσεως, ἵνα καὶ ἅμα μετὰ προφάσεως ὡς πλεῖστοι τῶν παίδων ἐκ τῶν τοιούτων σπείρωνται.“

Umgekehrt heißt dies freilich auch, dass die Menschen, die als „schlecht“ gelten, möglichst wenig Gelegenheit bekommen dürfen, Nachkommen zu zeugen. Selbst wenn sie Kinder zeugen, so bedeutet dies nicht, dass diese überleben dürfen. Platon hält ausdrücklich fest:

> „Weiter nun, die jedesmal geborenen Kinder nehmen die dazu bestellten Obrigkeiten an sich, bestehen sie nun aus Männern oder Frauen, oder beiden, denn die Ämter sind ja auch Frauen und Männern gemeinsam. Ja. Die der guten nun, denke ich, tragen sie in das Säugehaus zu Wärterinnen, die in einem besondern Teil der Stadt wohnen, die der schlechteren aber, und wenn eines von den andern verstümmelt geboren ist, werden sie, wie es sich ziemt, in einem unzugänglichen und unbekannten Orte verbergen. Wenn doch, sagte er, das Geschlecht unserer Hüter ganz rein sein soll“ (Pol 460b–c).[8]

Was Platon hier vertritt, ist ein klares staatliches Selektionsprogramm, das eugenische Züge trägt: Bestimmte Neugeborene werden in einem unzugänglichen und unbekannten Ort verborgen und das heißt: Sie werden dem Tod preisgegeben.

2.3 Die Implementationsstrategie

Platon ist sich bewusst, dass ein derartiges Programm auf Widerstand stoßen dürfte. Darum bekennt er sich ausdrücklich zu Täuschung und Betrug, um das Ziel der Annahme zu ereichen, die nach Platon gerade den Beherrschten nützt:

> „Es scheint, dass unsere Herrscher allerlei Täuschungen und Betrug werden anwenden müssen zum Nutzen der Beherrschten … und dies alles muss völlig unbekannt bleiben, außer den Oberen selbst, wenn die Gesamtheit der Hüter soviel möglich durch keine Zwietracht gestört werden soll“ (Pol 459c–e).[9]

---

8 „Οὐκοῦν καὶ τὰ ἀεὶ γιγνόμενα ἔκγονα παραλαμβάνουσαι ὰι ἐπὶ τούτων ἐφεστηκυῖαι ἀρχαὶ εἴτε ἀνδρῶν εἴτε γυναικῶν εἴτε ἀμφότερα — κοιναὶ μὲν γάρ που καὶ ἀρχαὶ γυναιξί τε καὶ ἀνδράσιν — Ναί. Τὰ μὲν δὴ τῶν ἀγαθῶν, δοκῶ, λαβοῦσαι εἰς τὸν σηκὸν οἴσουσιν παρά τινας τροφοὺς χωρὶς οἰκούσας ἔν τινι μέρει τῆς πόλεως· τὰ δὲ τῶν χειρόνων, καὶ ἐάν τι τῶν ἑτέρων ἀνάπηρον γίγνηται, ἐν ἀπορρήτῳ τε καὶ ἀδήλῳ κατακρύψουσιν ὡς πρέπει. Εἴπερ μέλλει, ἔφη, καθαρὸν τὸ γένος τῶν φυλάκων ἔσεσθαι.“

9 „Πρὸς τόδε, ἦν δ᾽ ἐγώ· συχνῷ τῷ ψεύδει καὶ τῇ ἀπάτῃ κινδυνεύει ἡμῖν δεήσειν χρῆσθαι τοὺς ἄρχοντας ἐπ᾽ ὠφελίᾳ … καὶ ταῦτα πάντα γιγνόμενα λανθάνειν πλὴν αὐτοὺς τοὺς ἄρχοντας, εἰ αὖ ἡ ἀγέλη τῶν φυλάκων ὅτι μάλιστα ἀστασίαστος ἔσται.“

Platon vertritt hier also die Position, dass Betrug und Lüge gerechtfertigt sind, wenn es darum geht, den nach seiner Überzeugung idealen Staat zu verwirklichen.

2.4 Zusammenfassung der ethischen Problemstellungen

Damit stellt das platonische Eugenikprogramm mehrere ethisch relevante Fragen. Die nach meiner Ansicht drei bedeutsamsten Fragen gilt es im Folgenden zu untersuchen: Ist es überhaupt gerechtfertigt, ein staatliches Eugenikprogramm aufzulegen? Wenn dies der Fall wäre, ist es dann gerechtfertigt, in der Weise vorzugehen, dass sowohl bei den Paaren als auch bei den Nachkommen nach bestimmten „hochwertigen" Kriterien selektiert wird? Ist es zudem gerechtfertigt, diese Selektion in einer Weise vorzunehmen, dass dabei Täuschung und Betrug im Spiel sind?

3 Auseinandersetzung mit der Platon'schen Vision

3.1 Die Frage nach der Zulässigkeit staatlicher Eugenik überhaupt

In Deutschland hat der Staat die Bildung und Erziehung der Kinder zur Staatsaufgabe gemacht. Es besteht Schulpflicht, ob die Eltern dies wollen oder nicht. Beispielhaft für die damit verbundenen Bildungs- und Erziehungsziele sei hierfür der erste Abschnitt des Bayerischen Lehrplans für die Gymnasien von 1990 zitiert:

> „(1) Die Bildungs- und Erziehungsarbeit des Gymnasiums wird bestimmt durch die Prinzipien des Grundgesetzes für die Bundesrepublik Deutschland, durch die Verfassung des Freistaates Bayern und durch das Bayerische Gesetz über das Erziehungs- und Unterrichtswesen, insbesondere durch den Bildungs- und Erziehungsauftrag, der mit der Verfassung des Freistaates Bayern allen Schulen gegeben ist: Die Schulen sollen nicht nur Wissen und Können vermitteln, sondern auch

> Herz und Charakter bilden. Oberste Bildungsziele sind Ehrfurcht vor Gott, Achtung vor religiöser Überzeugung und vor der Würde des Menschen, Selbstbeherrschung, Verantwortungsgefühl und Verantwortungsfreudigkeit, Hilfsbereitschaft, Aufgeschlossenheit für alles Wahre, Gute und Schöne und Verantwortungsbewusstsein für Natur und Umwelt. Die Schüler sind im Geiste der Demokratie, in der Liebe zur bayerischen Heimat und zum deutschen Volk und im Sinne der Völkerversöhnung zu erziehen" (Art. 131 Abs. 1 mit 3).

Der Staat hat also nicht nur die Schulpflicht vorgeschrieben, er hat darüber hinaus bestimmte Bildungs- und Erziehungsziele, ob die Eltern diese teilen oder nicht. Diese Bildungs- und Erziehungsziele sind gar nicht so weit von denen Platons entfernt, wenn etwa die „Aufgeschlossenheit für alles Wahre, Gute und Schöne" als Ziel benannt wird. Wenn aber der Staat in dieser Weise in Erziehung und Bildung der Kinder eingreifen darf, so stellt sich vor diesem Hintergrund in aller Schärfe die Frage: Darf der Staat dann noch einen Schritt weitergehen und sozusagen durch Selektion von Paaren und deren Nachkommen dieses Ziel verwirklichen, ein Volk zu bilden, dass für alles Wahre, Gute und Schöne aufgeschlossen ist? Es ginge also im Unterschied zum staatlichen Eugenikprogramm des Nationalsozialismus nicht um rassische oder nationale Ziele. Es würden die Menschen nicht aus Gründen von Rasse oder Nation selektiert, sondern nach Kriterien der physischen und geistigen „Gutheit". Doch lässt sich sofort die Frage stellen, ob der Vorgang einer solchen Selektion nach dem Kriterium der Offenheit für alles Wahre, Gute und Schöne nicht im Vorgang der Selektion selbst wiederum *etwas* Wahres, Gutes und Schönes wegselektiert, wenn er Paare selektieren würde.

So zeigt sich gerade im Selektionsverfahren der eigentliche Unterschied zum staatlichen Bildungsprogramm. Dieses ist offen für alle Schülerinnen und Schüler, unabhängig von ihrer Begabung, unabhängig von ihren körperlichen und geistigen Fähigkeiten. Die Schulpflicht ist inklusiv, auch wenn sie im gegliederten Schulsystem in unterschiedlichen Schultypen verwirklicht werden kann. Es wird vor allem niemand ausgeschlossen, niemand aus dem Gesamtsystem hinausselektiert.

Allerdings könnte Platon darauf erwidern, dass man ihn missverstehe, denn die Selektion der Nachkommen ist im Kontext des Verständnisses der damaligen Zeit nicht der Tötung sonstiger Menschen gleichzusetzen. Vielmehr gilt in vielen damaligen Gegenden ein Neugeborenes erst als Mensch im moralischen Sinn, wenn es vom Familienvater angenommen wird. Die Praxis, Neugeborene auszusetzen, war im antiken Griechenland nicht unüblich und wurde vielfach als rechtlich und moralisch zulässig angesehen. Würde er vor dem Hintergrund der Präimplantationsdiagnostik argumentieren, so könnte er auch mit weiteren Argumenten bezweifeln, dass es sich hier um Menschen im moralischen Sinn handelt. Ganz unzweifelhaft könnte er aber beispielsweise die Polkörperdiagnostik für seine Zwecke in Anschlag bringen. Bei diesem Verfahren werden mit Sicherheit keine menschlichen Lebewesen getötet, da die Diagnostik bereits an unbefruchteten Eizellen durchgeführt wird. Wenn die betreffenden weiblichen Eizellen auf Grund der genetischen Diagnostik bestimmte Krankheitsdispositionen befürchten lassen, werden sie nicht zur Befruchtung gebracht. Es ließe sich dann die Frage neu stellen: Ist es erlaubt, im Blick auf die Nachkommenschaft nach bestimmten Merkmalen physischer und, sofern dies überhaupt je möglich sein sollte, geistiger Fähigkeiten zu selektieren, wenn dabei keine Menschen im moralischen Sinn getötet werden? Könnte man für diese Fälle die Analogie zu Bildungs- und Erziehungsprogrammen in Anschlag bringen?[10]

Habermas (2001, 88) hält diese Analogie für fragwürdig, da sie die „Differenz zwischen Gewachsenem und Gemachtem, Subjektivem und Objektivem" einebnet, denn nach Habermas gilt (ebd., 95f):

> „Der eugenisch programmierte Mensch muss mit dem Bewusstsein leben, dass seine Erbanlagen in der Absicht einer gezielten Einflussnahme auf deren phänotypische Ausprägung manipuliert worden sind."

Diese Manipulierung, die Habermas als „Instrumentalisierung" (ebd., 96) versteht, sei deshalb abzulehnen, weil sie im Unterschied zu Bildungsprogrammen nicht mehr rückgängig zu machen ist:

> „Die interaktive Struktur von Bildungsprozessen, in denen das Kind stets die Rolle einer zweiten Person einnimmt, macht die charakterformierenden Erwartungen der Eltern [im Sinne unserer Frage: des Staates] grundsätzlich ‚anfechtbar'. Weil auch eine psychisch fesselnde ‚Delegation' der Kinder nur im Medium der Gründe zustande kommen kann, behalten die Heranwachsenden grundsätzlich eine Chance, zu antworten und sich davon retroaktiv zu befreien … Eine genetische In-

10 Vgl. Buchanan et al. 2000, 156ff, auch wenn diese ihre Argumente nur im Blick auf die so genannte liberale Eugenik formulieren. Auch die folgenden Gegenargumente sind vor dem Hintergrund der liberalen Eugenik gemacht worden. Sie lassen sich aber natürlich genauso im Blick auf Eugenik als Staatsprogramm gebrauchen.

tervention eröffnet nicht den kommunikativen Spielraum, das geplante Kind als eine zweite Person anzusprechen und in einen Verständigungsprozess einzubeziehen" (Habermas 2001, 107).

Hier zeigt sich der fundamentale Unterschied in Platons und Habermas' Voraussetzungen. Nach Platon wissen sich die Philosophenkönige im Besitz der vollkommenen Wahrheit. Alles, was sie unter dieser Voraussetzung tun, ist deshalb notwendig auch zum Besten der Bürgerinnen und Bürger des Staates. In der Tat besteht genau hierin die Gefahr, dass ein staatliches Eugenikprogramm bestimmte Überzeugungen totalitär durchsetzt und die Menschen irreversibel manipuliert – selbst wenn dies nur indirekt mit Hilfe negativer Eugenik nach Durchführung einer Polkörperdiagnostik geschehen würde. Andererseits muss dies nicht der Fall sein, beispielsweise wenn damit Eizellen mit vorher im demokratischen Diskurs bestimmten Krankheitsdispositionen nicht zur Befruchtung gebracht werden. Darauf wird später noch einzugehen sein. Jedenfalls bleibt vor diesem Hintergrund die Frage offen, ob jedes staatliche Eugenikprogramm im weiten Sinn des Wortes (also einschließlich der Bekämpfung bestimmter Krankheiten) unter das Verdikt des ethisch Unzulässigen fallen muss, wenn man von einem ethischen Ansatz ausgeht, der das Prinzip der Menschenwürde zugrunde legt.

3.2 Platons Auswahlkriterien und Regeln

Während also ein staatliches Eugenik-Programm im weiteren Sinn des Wortes als solches nicht von vornherein für jeden Fall ethisch unzulässig angesehen werden muss, gilt dies für die platonischen Auswahlkriterien und Regeln sehr wohl. Hier zeigt sich ein totalitärer Staat, der sich im Besitz der Wahrheit weiß und von daher grundlegende Rechte von Menschen, wie das Recht auf Partnerwahl und Nachkommen, im großen Maßstab einschränkt und bereit ist, bereits Neugeborene zu töten.

Vor dem Hintergrund ethischer Ansätze, die von der Menschenwürde als Prinzip prinzipieller Gleichheit und prinzipiellen Subjektstatus aller Menschen ausgehen, stellen die platonischen Auswahlkriterien und Regeln eine Missachtung der Menschenwürde dar. Die Menschen gelten, was die Partnerwahl und die Frage der Nachkommenschaft angeht, nicht mehr als gleiche. Sie verletzen zugleich die mit der Menschenwürde verbundenen

Menschenrechte. Was die Frauen und Männer angeht, werden deren Rechte verletzt, sich selbst die Partner zu wählen und über ihre Nachkommen zu bestimmen. Was die Neugeborenen angeht, wird deren Recht auf Leben verletzt. Alle ethischen Ansätze, die von den Menschenrechten ausgehen und diese ethisch begründen, unabhängig davon, ob sie dabei auf die Menschenwürde rekurrieren, würden deshalb ebenfalls das platonische Eugenikprogramm ablehnen.

3.3 Platons Implementationsstrategie

Platon ist bereit, auf Täuschung und Betrug zurückzugreifen, um sein staatliches Eugenikprogramm durchzusetzen. Damit verletzt er das Grundprinzip der eigenen Ethik, die ihr Maß am Wahren, Schönen und Guten nimmt und den Leitsatz vertritt, dass es besser ist, Unrecht zu erleiden, als Unrecht zu tun. Wie lässt sich nämlich vereinbaren, dass ein an der Idee des Guten, und damit auch der Wahrheit ausgerichtetes Staatsprogramm sich als Mittel bei der Durchsetzung von Einzelbestimmungen der Täuschung und des Betrugs bedient? Insofern ist Platons Implementationsstrategie in sich nicht mehr stimmig.

Aber selbst wenn die platonische Philosophie nicht ihr Maß an der Wahrheit nehmen wollte, ist eine Implementationsstrategie, die auf Täuschung und Betrug aufbaut, nach den meisten ethischen Ansätzen verwerflich. Sie verletzt das Kriterium der Transparenz und entmündigt damit die von den Maßnahmen Betroffenen. Das Kriterium der Transparenz ist eine notwendige Bedingung des Dialogs. Erst Transparenz eröffnet den von den Maßnahmen Betroffenen, in Freiheit diese Maßnahmen zu diskutieren und nach reiflicher Überlegung entweder zu billigen oder abzulehnen (vgl. Winnacker et al. 2002, 21).

4 Die Relevanz der Fragestellung

Das platonische staatliche Eugenikprogramm ist mit einer Ethik nicht vereinbar, die von der Menschenwürde aller Menschen und den damit verbundenen Menschenrechten ausgeht. Und doch hat Platon mit diesem Eugenikprogramm auf eine Frage geantwortet, die als Frage bis heute keine Lösung gefunden hat: Welche Verantwortung hat der Staat für das Fortpflanzungsverhalten seiner Bürgerinnen und Bürger? Es ist diese systematisch bedeutsame Frage, die von Verantwortlichen in der Politik gern mit der Behauptung „Kinderkriegen ist Privatsache" verdrängt wird. Dabei greifen Politikerinnen und Politiker permanent und entscheidend in das Fortpflanzungsverhalten ein. Sie schaffen beispielsweise in Deutschland Rahmenbedingungen, die diejenigen massiv benachteiligen, die Kinder haben. Dies geht bekanntlich so weit, dass das Bundesverfassungsgericht in dieser Sache tätig werden musste. Die deutschen Politikerinnen und Politiker haben Strafgesetze erlassen, die die Tötung von Ungeborenen straffrei lässt, und damit faktisch das Tötungsverbot für Ungeborene bis zum dritten Monat außer Kraft gesetzt. Sie haben durch die in der medizinischen Indikation verborgene Möglichkeit, Kinder nach einer Pränataldiagnostik abzutreiben, faktisch eine „liberale Eugenik" erlaubt: Frauen können abtreiben lassen, wenn das Ergebnis der genetischen Diagnostik zu sehr ihren Hoffnungen widerspricht, auch wenn sehr viele Frauen diese Möglichkeit nicht aus liberal eugenischen Gründen ergreifen, sondern weil sie sich durch ein derartiges Kind – zumal im Kontext der deutschen Gesellschaft – völlig überfordert fühlen. Politikerinnen und Politiker in Deutschland haben umgekehrt durch das faktische Verbot der genetischen Präimplantationsdiagnostik, durch das ausdrückliche Verbot der Keimbahntherapie und des reproduktiven Klonens Eltern bestimmte Möglichkeiten im Fortpflanzungsverhalten vorenthalten. Dies lässt sich für die Keimbahntherapie und das reproduktive Klonen als in ein Gesetz geronnener gesellschaftlicher Konsens gut nachvollziehen, da diese beiden technischen Möglichkeiten so unausgereift sind, dass eine schwere Schädigung der mit Hilfe dieser Techniken Geborenen zu befürchten ist. Anders dagegen verhält es sich mit der genetischen Präimplantationsdiagnostik, die freilich mehr noch als die Pränataldiagnostik als Einstieg in die Möglichkeit einer liberalen Eugenik verstanden werden kann. Fragwürdig bleibt freilich dieses faktisch ausnahmslose Verbot, selbst wenn dem menschlichen Keim Menschenwürde zukommt. So gibt es menschliche Keime, die sich bereits in einem sehr frühen Stadium in einem Sterbeprozess befinden, beispielsweise im Fall einer Trisomie 15. Eine Nicht-Implantation eines derartigen Keims einer durchgeführten genetischen Präimplantationsdiagnostik wäre darum strukturell einer passiven Sterbehilfe vergleichbar. Sie könnte freilich zugleich auch als eugenische Maßnahme gedeutet werden, insofern hier ein menschliches Lebewesen auf Grund seiner Genetik nicht implantiert wird. Wenn dem menschlichen Keim dagegen keine Menschenwürde zukommt, dann kann die Präimplantationsdiagnostik in Analogie zur Polkörperdiagnostik dazu gebraucht werden, genetische Veränderungen, die zu Krankheiten oder Behinderungen oder beidem disponieren, zu entdecken und deshalb von einer Implantation abzusehen. Es würde sich um eine eugenische Maßnahme handeln, die aber noch keinen Menschen im moralischen Sinn betrifft. Solange dabei eine derartige Diagnostik nicht staatlicherseits für alle Frauen verpflichtend durchgeführt wird, die sich einer In-Vitro-Fertilisation unterziehen, ist dies freilich keine eugenische Maßnahme im Sinne eines Staatsprogramms. Vielmehr handelte es sich dann um eine Maßnahme, die die Eltern frei gestalten können, wofür durchaus der Begriff der liberalen Eugenik gebraucht werden kann. Wäre es in diesen Fällen, wenn es um klare physische Dispositionen für Krankheiten geht, noch korrekt, einen Instrumentalisierungsverdacht zu äußern? Würden die menschlichen Keime, die beispielsweise von den Eltern danach ausgewählt wurden, keine genetische Anlage für Chorea Huntington zu haben, sich später als „gemacht" empfinden? Oder würden sie unter Umständen nicht vielmehr dafür dankbar sein, dass ihnen die Bedrohung und das Erleiden einer derartigen Krankheit erspart geblieben ist? Ist es nicht umgekehrt bereits der Fall, dass Kinder ihren Eltern Vorwürfe machen, weil sie Träger bestimmter Erbkrankheiten sind – und die Eltern haben nichts dagegen unternommen?

Literaturverzeichnis

Buchanan, A. et al. (2000): From Chance to Choice – Genetics and Justice. Cambridge University Press, Cambridge.

Habermas, J. (2001): Die Zukunft der menschlichen Natur – Auf dem Weg zu einer liberalen Eugenik? Suhrkamp, Frankfurt am Main.

Platon (1990): Werke in acht Bänden. Bd. 4: Politeia – Der Staat. Wissenschaftliche Buchgesellschaft, Darmstadt.

Popper, K. (1957 [1944]): Die offene Gesellschaft und ihre Feinde. Bd. 1, Francke, Bern.

Sacksofsky, U. (2001): Der verfassungsrechtliche Status des Embryos in vitro – Gutachten für die Enquete-Kommission des Deutschen Bundestages „Recht und Ethik der modernen Medizin" (ohne Verlag).

Sloterdijk, P. (1999): Regeln für den Menschenpark – Ein Antwortschreiben zu Heideggers Brief über den Humanismus. Suhrkamp, Frankfurt am Main.

Whitehead, A. N. (1978 [1929]): Process and Reality – An Essay in Cosmology. Corrected Edtion, Macmillan Publishing, New York.

Winnacker, E.-L. et al. (2002): Gentechnik: Eingriffe am Menschen – Ein Eskalationsmodell zur ethischen Bewertung. 4. Auflage (mit englischer Übersetzung), Utz, München.

Eugenik und die Zukunft im außermoralischen Sinn

Nietzsches furchtlose Perspektiven

Werner Stegmaier

Eugenik als staatlich organisierte Biopolitik[1] ist moralisch heute so befremdlich, dass man sich fragt, wie sie einmal moralisch plausibel sein und in die staatliche Gesetzgebung eingehen konnte, zunächst in den USA, dann auch in der Schweiz und in Nord- und Osteuropa, bevor die Nationalsozialisten ihr Vernichtungsprogramm ‚lebensunwerten Lebens' durch sie rechtfertigten (vgl. Kröner/Fuchs/Lanzerath 1998).[2]

Nietzsche wird immer wieder zu den geistigen Vätern des eugenischen Vernichtungsprogramms der Nationalsozialisten gezählt (vgl. Ottmann 1999, 436–446).[3]

Er gebrauchte den Begriff Eugenik zwar nicht und hatte auch die Etablierung der Genetik nicht mehr erlebt, jedoch Francis Galtons „Inquiries into Human Faculty and its Development" von 1883 ausführlich und mit deutlichen Zeichen der Zustimmung studiert (vgl. Haase

1 Zum Gebrauch des Begriffs „Biopolitik" in der gegenwärtigen bioethischen Diskussion vgl. Quante 2004, 4. Quante führt einen schwächer und einen stärker politischen Gebrauch des Begriffs an. Der schwächere hebt auf die immer mehr Wirklichkeit gewordene Möglichkeit des Menschen ab, durch die Biotechnologie seine eigene Natur umzugestalten, der stärkere auf den generellen Sachverhalt, „dass moderne Gesellschaften aufgrund der medizinischen und naturwissenschaftlichen Erkenntniserweiterungen sowie der damit einhergehenden technischen Weiterentwicklungen den neu gewonnenen Handlungsspielraum gestalten müssen". Der stärkere Begriffsgebrauch geht auf Michel Foucault zurück, der in „Surveiller et punir. La naissance de la raison" von der „Politik des Körpers" (Foucault 1976, 393) und im ersten Band seiner „Histoire de la Sexualité" von der „Bio-Politik" oder der „Politischen Ökonomie der Bevölkerung" gesprochen hat (Foucault 1977, 170, 39).

2 Zu den aktuellen Parametern der „Genethik" jenseits der Eugenik vgl. Irrgang 1996.

3 „Die alten Anklagen in neuem Gewand". Ottmann hat die immer wieder aufkommenden „traditionellen Vorwürfe an die Adresse der politischen Philosophie Nietzsches" (Ottmann 1999, 436) immer neu durch „historische Belehrung" entkräftet.

1989).[4] Und in der Tat scheinen in „Also sprach Zarathustra“ dunkle Ankündigungen und in seinen Nachlass-Notizen zur „Götzen-Dämmerung“ erschreckende Erwägungen auf das Denken des Nationalsozialismus vorauszuweisen.

Nietzsche folgte freilich nicht so leicht den Strömungen der öffentlichen Meinung, sondern setzte ihnen im Gegenteil, gerade wenn sie allzu gängig wurden – wie zu seiner Zeit der Antisemitismus –, furchtlos öffentlich Widerstand entgegen. Das galt umso mehr, wenn sich politische Bewegungen – wie zu seiner Zeit der Nationalismus und der Sozialismus – moralisch drapierten. Nietzsche wagte dann Unerhörtes an politisch-moralischer Inkorrektheit und begann geradezu reflexartig nach psychologischen, ökonomischen, soziologischen und religionsgeschichtlichen Gründen zu forschen, die solche Bewegungen zu solchen moralischen Drapierungen nötigten. So führte er sowohl Antisemitismus als auch den Nationalismus und den Sozialismus auf Defizite der „Schlechtweggekommenen“ zurück.[5] Er ging davon aus, dass Moral als solche unvermeidlich befangen macht. Denn gerade wenn ein moralisch Handelnder *aus Überzeugung* nach seiner Moral handelt, hat er keinen Abstand zu seiner Moral und darum auch kein Kriterium für das Gute und Schlimme an ihr. Daher kann gerade das Handeln aus moralischer Überzeugung, welcher auch immer, zur Blindheit und größten Gefahr werden – und unter *diesem* Gesichtspunkt wird man selbst den Betreibern des nationalsozialistischen Vernichtungsprogramms unterstellen müssen, dass sie aus *ihrer* Sicht und unter breiter Zustimmung in Deutschland, Europa und darüber hinaus moralisch handelten. Nietzsche hatte es sich darum zur Aufgabe gemacht, moralische Befangenheiten jedweder Art aufzubrechen, im Schlimmen, aber auch im Guten, und sein Weg bis dahin war, das moralische Handeln gezielt unter außermoralische Perspektiven zu stellen. In Anbetracht der möglichen Gefahr moralischer Überzeugungen

4 Nietzsche bedurfte zur Lektüre wegen seiner schwachen Englisch-Kenntnisse einer Übersetzerin. In seinen Exzerpten aus und seinen Notizen zu Galton taucht dessen Name nicht auf. Nach Haases Recherchen studierte Nietzsche aus den „Inquiries“ intensiv die Kapitel „Criminals and the Insane“, „Gregarious and Slavish Instincts“, „Antechamber of Consciousness“ und „Early Sentiments“. Dabei interessierten ihn offenbar weit mehr Galtons konkrete Beobachtungen als seine eugenische Intention. – Zu Nietzsches Reaktionen auf die zeitgenössische Eugenik im Ganzen vgl. Schank 2000, 392–403. Schank versieht die Kapitelüberschrift „Eugenik?“ mit Fragezeichen.

5 Vgl. Nietzsche, KSA 13.365, Nachlass Frühjahr 1888, VIII 14[182]: „... Die Antisemiten vergeben es den Juden nicht, daß die Juden ‚Geist‘ haben – und Geld: der Antisemitismus, ein Name der ‚Schlechtweggekommenen‘“. – Zu erneut aufgebrachten Antisemitismus-Vorwürfen an Nietzsche von Losurdo 2002 vgl. Gentili 2004.

war (und ist) dies gerade in moralischer Hinsicht zwingend geboten (vgl. Stegmaier 1994).

Am besonnensten und reifsten gelang Nietzsche dies am Scheitelpunkt seines Werkes, dem Abschluss seiner Aphorismen-Bücher vor dem Beginn seiner späten, zunehmend polemischen Schriften, im V. Buch der „Fröhlichen Wissenschaft", dem er den Titel „Wir Furchtlosen" gab. Eben dort nun findet sich in dem ausführlichen Aphorismus Nr. 377 mit dem Titel „Wir Heimatlosen" eine provokative Erinnerung an das eugenische Programm mit dem zentralen Satz:

> „wir denken über die Nothwendigkeit neuer Ordnungen nach, auch einer neuen Sklaverei – denn zu jeder Verstärkung und Erhöhung des Typus ‚Mensch' gehört auch eine neue Art Versklavung hinzu – nicht wahr?"

„Wir" – das sollen nach Nietzsche die „Kinder der Zukunft" sein. Ich versuche, in gebotener Kürze am Aph. Nr. 377 der „Fröhlichen Wissenschaft" die moralischen und außermoralischen Perspektiven zu entfalten, unter denen Nietzsche von „einer neuen Sklaverei" gesprochen hat.

Der Aphorismus beginnt folgendermaßen:

> „*Wir Heimatlosen* – Es fehlt unter den Europäern von Heute nicht an solchen, die ein Recht haben, sich in einem abhebenden und ehrenden Sinne Heimatlose zu nennen, ihnen gerade sei meine geheime Weisheit und gaya scienza ausdrücklich an's Herz gelegt! Denn ihr Loos ist hart, ihre Hoffnung ungewiss, es ist ein Kunststück, ihnen einen Trost zu erfinden – aber was hilft es! Wir Kinder der Zukunft, wie *vermöchten* wir in diesem Heute zu Hause zu sein! Wir sind allen Idealen abgünstig, auf welche hin Einer sich sogar in dieser zerbrechlichen zerbrochnen Uebergangszeit noch heimisch fühlen könnte; was aber deren ‚Realitäten' betrifft, so glauben wir nicht daran, dass sie *Dauer* haben. Das Eis, das heute noch trägt, ist schon sehr dünn geworden: der Thauwind weht, wir selbst, wir Heimatlosen, sind Etwas, das Eis und andre allzudünne ‚Realitäten' aufbricht …"

Nietzsche setzt mit der Metaphorik von Heimat und Haus ein – und verabschiedet sie, indem er sie zunächst gleitend verschiebt und dann ins Bodenlose auflöst:

„Wir Heimatlosen“ im „Heute“, in dieser Zeit, sind „in diesem Heute“ nicht mehr „zu Hause“. Nicht nur das Haus, diese „zerbrechliche zerbrochne Uebergangszeit“, ist unbewohnbar geworden, auch der Boden, auf dem Häuser stehen, ist brüchig, ist tauendes Eis, dessen ‚Realitäten‘ nicht mehr fest und von Dauer sind, was die, die an Heimat und Haus glauben, noch nicht wahrnehmen. Nietzsche lässt das schlechthin Unfeste, die Zeit, im Bild des Hauses zuerst fest werden, um sie dann wie Eis tauen, zerbrechen und zerfließen zu lassen. Was fest schien, war nichts als erstarrtes Wasser. Aber, so lässt er die Metaphern weiter gleiten, es sind „wir“ selbst, die „Heimatlosen“, die das Eis brüchig werden lassen. Wir selbst nehmen dem, worin wir zu Hause sind, unserem festen Zuhause in der unfesten Zeit, unserer Moral, von der wir „Europäer“ so überzeugt sind, dass wir sie zum Maßstab unserer Politik gemacht haben und auch zum Maßstab einer werdenden Weltgesellschaft machen wollen, ihre Festigkeit und lassen sie zerbrechen.

Auf einen metaphorischen Abschnitt zur verlorenen Heimat in der Moral folgt im 377. Aphorismus der „Fröhlichen Wissenschaft“ ein politisch-polemischer – gegen alle politischen Richtungen des damaligen Reiches. Er mündet in die schon zitierte politisch extrem inkorrekte Erwägung einer „neuen Art Versklavung“:

> „Wir ‚conserviren‘ Nichts, wir wollen auch in keine Vergangenheit zurück, wir sind durchaus nicht ‚liberal‘, wir arbeiten nicht für den ‚Fortschritt‘, wir brauchen unser Ohr nicht erst gegen die Zukunfts-Sirenen des Marktes zu verstopfen – das, was sie singen, ‚gleiche Rechte‘, ‚freie Gesellschaft‘, ‚keine Herrn mehr und keine Knechte‘, das lockt uns nicht! – wir halten es schlechterdings nicht für wünschenswerth, dass das Reich der Gerechtigkeit und Eintracht auf Erden gegründet werde (weil es unter allen Umständen das Reich der tiefsten Vermittelmässigung und Chineserei sein würde), wir freuen uns an Allen, die gleich uns die Gefahr, den Krieg, das Abenteuer lieben, die sich nicht abfinden, einfangen, versöhnen und verschneiden lassen, wir rechnen uns selbst unter die Eroberer, wir denken über die Nothwendigkeit neuer Ordnungen nach, auch einer neuen Sklaverei – denn zu jeder Verstärkung und Erhöhung des Typus ‚Mensch‘ gehört auch eine neue Art Verslavung hinzu – nicht wahr?“

Die zur Wahl stehenden Alternativen im Zweiten Reich, „konservativ“, „liberal“ und „fortschrittlich“, gehen, so deutet Nietzsche an, alle – mehr oder weniger – auf die Ideale der Französischen Revolution zurück,

Gleichheit der Rechte, Freiheit jedes Einzelnen und Brüderlichkeit aller, und kommen zumindest in einem zusammen, dem Ideal gemeinsamer und (mehr oder weniger) gleicher Zukunftssicherung. Nietzsche wird dies später im Aphorismus das Ideal einer „*kleinen* Politik“ nennen, einer Politik, die sich im sicheren Haus kollektiver moralischer Überzeugungen hält und unter deren Dach den kollektiven Vorteil sucht. Er setzt die politischen Schlagwörter seiner Zeit allesamt in Anführungszeichen – und spricht zugleich selbst in Schlagwörtern, grob und oberflächlich („das Reich der tiefsten Vermittelmässigung und Chineserei“), spricht in der Sprache eines politischen Manifests, acht Sätze in einem Satz, in stampfendem Rhythmus alle mit „wir“ beginnend, einander Schritt für Schritt überbietend, die Spannung immer weiter dehnend bis hin zur Parole von der „neuen Sklaverei“, – um die Spannung dann abrupt mit einem „nicht wahr?“ einbrechen zu lassen. Darauf lässt Nietzsche zwei Fragezeichen und vier Beteuerungen (mit Ausrufezeichen) folgen, und im Zug dieser Beteuerungen gebraucht Nietzsche dann, ohne explizit zur Eugenik aufzurufen, deren verführerisches pseudo-biologisch-medizinisches Vokabular der „absinkenden Kraft“, der „Krankheit“ und der „Schwäche“:

> „mit Alle dem müssen wir schlecht in einem Zeitalter zu Hause sein, welches die Ehre in Anspruch zu nehmen liebt, das menschlichste, mildeste, rechtlichste Zeitalter zu heissen, das die Sonne bisher gesehen hat? Schlimm genug, dass wir gerade bei diesen schönen Worten um so hässlichere Hintergedanken haben! Dass wir darin nur den Ausdruck – auch die Maskerade – der tiefen Schwächung, der Ermüdung, des Alters, der absinkenden Kraft sehen! Was kann uns daran gelegen sein, mit was für Flittern ein Kranker seine Schwäche aufputzt! Mag er sie als seine *Tugend* zur Schau tragen – es unterliegt ja keinem Zweifel, dass die Schwäche mild, ach so mild, so rechtlich, so unoffensiv, so „menschlich“ macht! – Die ‚Religion des Mitleidens‘, zu der man uns überreden möchte – oh wir kennen die hysterischen Männlein und Weiblein genug, welche heute gerade diese Religion zum Schleier und Aufputz nöthig haben!“

Mit seinem aggressiven Anti-Moralismus scheint Nietzsche bedenkenlos die eugenische Büchse der Pandora zu öffnen und, statt sich offen zu ihr zu bekennen, raffiniert zu ihr zu verführen. Was er hier schrieb – nicht nur in seinen Notizen, sondern in einem veröffentlichten Werk –, scheint Menschenzüchtung, Biopolitik der schlimmsten Art zu unterstützen. Doch wer schreibt, wie Nietzsche schreibt, zuerst in gleitender Metaphorik, dann im Stil eben der politischen Manifeste, die er angreift, warnt zugleich, ihn einfach beim Wort zu nehmen, seine Worte unreflektiert als Lehren zu übernehmen (vgl. Stegmaier 1995). Wer ihn so liest, hat ihn nicht genau genug gelesen, hat hier, in diesem Aphorismus, gleich zu Beginn überlesen, dass er schon für Europäer der Zukunft geschrieben ist, die „sich in einem abhebenden und ehrenden Sinn Heimatlose nennen" dürfen, also über die politisch-moralischen Überzeugungen seiner Zeit schon hinausgewachsen sind und nichts so leicht als Lehre akzeptieren, auch nicht die Rede von einer „neuen Sklaverei". Wer das nicht überliest, wird dann auch zögern, die Einladung zum „wir", die Nietzsche anbietet, unbesehen anzunehmen und sich so schon unter die „Heimatlosen in einem abhebenden und ehrenden Sinne" einzureihen. „Wir", das könnte Nietzsche noch ganz allein sein. Nietzsche wirbt wohl, wie jeder Autor, um „Freunde", Freunde, die ihn „gut" verstehen, und am Ende des Aphorismus spricht er die Leser auch so an („das wisst ihr besser, meine Freunde!"). Aber zugleich warnt er die Leser, sich für seine „guten Freunde" zu halten, weil „gute Freunde" „immer zu bequem sind und gerade als Freunde ein Recht auf Bequemlichkeit zu haben glauben", und gesteht ihnen „von vornherein einen Spielraum und Tummelplatz des Missverständnisses" zu.[6] Nietzsche, das ist ungewohnt und hat zu vielen Missverständnissen geführt, will niemandem eine ‚geistige Heimat' schaffen, in der er ‚zu Hause sein' kann, sondern er stellt im Gegenteil seine Leser unablässig auf die Probe, ob sie ohne eine solche Heimat auskommen können, und niemand kann sagen und soll sagen können, ob er Nietzsches Proben bestanden hat. Im bald folgenden Aphorismus Nr. 381 des V. Buchs der „Fröhlichen Wissenschaft" liest man dann:

> „Man will nicht nur verstanden werden, wenn man schreibt, sondern ebenso gewiss auch *nicht* verstanden werden. Es ist noch ganz und gar kein Einwand gegen ein Buch, wenn irgend Jemand es unverständlich findet: vielleicht gehörte eben dies zur Absicht seines Schreibers, – er *wollte* nicht von ‚irgend Jemand' verstanden werden. Jeder vornehmere Geist und Geschmack wählt sich, wenn er sich mittheilen will, auch seine Zuhörer; indem er sie wählt, zieht er zugleich gegen ‚die Anderen' seine Schranken. Alle feineren Gesetze eines Stils haben da ihren Ursprung: sie halten zugleich ferne, sie schaffen Distanz, sie verbieten ‚den Eingang', das Verständniss, wie gesagt, – während sie Denen die Ohren aufmachen, die uns mit den Ohren verwandt sind."

---

6 Nietzsche, Jenseits von Gut und Böse, Nr. 27, KSA 5.45 f.

Der Aphorismus Nr. 377 ist denn auch noch nicht zu Ende. Seine zweite Hälfte beginnt so:

> „Wir sind keine Humanitarier; wir würden uns nie zu erlauben wagen, von unsrer ‚Liebe zur Menschheit' zu reden – dazu ist Unsereins nicht Schauspieler genug!"

„... nie zu erlauben wagen" – Nietzsche stellt sich selbst unter ein moralisches Gebot, das Gebot eines moralischen Umgangs mit der Moral, von der zuvor die Rede war. Er war nicht der erste, der in der Philosophie über „die Nothwendigkeit neuer Ordnungen" nachgedacht hat.

Peter Sloterdijk hat in seiner ihrerseits noch provokativ wirkenden Elmauer Rede zum „Menschenpark" (Sloterdijk 2001) daran erinnert, dass es seit Platon ein Grundzug des europäischen Denkens war, über „Regeln" solcher neuer Ordnungen nachzudenken und die Menschen so zu erziehen, dass sie diesen erdachten Regeln gerecht würden.[7]

Es gehört zu den kennzeichnenden Ideen Europas, „gute Europäer" heranzuziehen, die Maßstab für den „guten Menschen" überhaupt sein sollten; die europäische Idee des Europäers war (und ist wohl auch noch) der überlegene und darum zur weltweiten, wenn nicht politischen, so doch moralischen Führung berechtigte und verpflichtete Mensch.[8] Für den antiken Griechen Platon hieß „gut" noch nicht allein „moralisch gut".

Seit der christlichen Spätantike wurde das moralisch Gute jedoch von dem, wie Nietzsche es dann nennt, „physiologisch" Guten isoliert und damit die Moral vom Leben. Die moralische „Verbesserung" des Menschen überhaupt zu einem „guten" Menschen nach den Normen der griechisch-christlich formulierten Moral wurde zum nicht mehr hinterfragten europäischen Projekt.

---

7 Vgl. vor Sloterdijk schon Ottmann 1999, 263: „Eine Art ‚Eugeniker' ist Platon auch gewesen. Aber wie niemand auf die Idee verfällt, die ‚Politeia' allein nach diesem Züchtungsgedanken erschließen zu wollen, so muß auch die ‚große Politik' [Nietzsches] nicht vom biologistischen Beiwerk, sondern von ihrer Moralbedeutung her verstanden werden."

8 Vgl. Derrida 1991, 22: „Europa ist nicht allein ein geographisches Kap [des asiatischen Kontinents], das stets sich selbst die Gestalt eines geistigen Kapitals verliehen hat im Sinne eines Entwurfs, einer unendlichen und folglich universellen Aufgabe oder Idee: Gedächtnis seiner selbst, das sich sammelt und akkumuliert, das sich in, an und für sich selbst kapitalisiert. Es hat sich stets als vorgeschobene Spitze des Denkens verstanden: Die Idee einer vorgeschobenen Spitze der *Beispielhaftigkeit* ist *die Idee der* europäischen *Idee*, sie ist deren *eidos*, sei es in der Form einer *arché* ..., sei in der Form eines *télos* ..."

Es war das Projekt einer fortschreitenden Normierung des Menschen, die man im 18. Jahrhundert pädagogisch „Erziehung“, im 19. Jahrhundert biologisch „Züchtung“ nannte, und in dieser Spur wurde dann auch Eugenik moralisch denkbar.[9] Und seit Beginn des 20. Jahrhunderts stand der Biopolitik im Namen einer normierenden Moral dann immer mehr naturwissenschaftlich gestützte Technik zur Verfügung. Gerade von einer solchen Biopolitik im Namen einer normierenden Moral aber distanziert sich Nietzsche.

Bei seinem Streben nach einer Normierung des Menschen überhaupt, das auf ein „Reich der Gerechtigkeit und Eintracht auf Erden“ hinausführen sollte, nahm Europa bis ins 18. Jahrhundert ohne weiteres auch die Versklavung von Menschen in Kauf (vgl. Flaig 1995).[10] Nach der Überwindung der Sklaverei aber wollte Europa sich dann glauben machen, dass nun keine „Art Versklavung“ mehr möglich sei. Die Verwirklichung ihres Ideals gemeinsamer und gleicher Zukunftssicherung sollte nun keine Kehrseite mehr haben – der Tugendterror der Französischen Revolution, der den Deutschen Idealisten noch so bitter aufgestoßen war, wurde mit der Zeit nur noch als vermeidbare Begleiterscheinung wahrgenommen.

Die moralische Normierung der europäischen Gesellschaft als Kehrseite der „Verbesserung“ des Menschen war der Zeit Nietzsches schon so selbstverständlich, dass sie nicht mehr auffiel; erst mit den resoluten Totalitarismen des 20. Jahrhunderts ist sie wieder auffällig geworden. Nietzsche sprach sie darum aufrüttelnd als „eine neue Art Versklavung“ an,[11] die Max Weber dann auf die berühmte Formel vom „stahlharten Gehäuse“ gebracht hat (Weber 1920, 203). Nietzsche verstand die europäische Moral wieder als Problem, als das Problem ihrer wachsenden Selbsttabuierung, und versuchte als erklärtermaßen furchtloser Philosoph, sie zugleich außermoralisch zu sehen – nach der methodischen Maxime, wie es im Apho-

9 Tatsächlich hatte schon Galton (1883, 73f) über die Entstehung sklavischer Haltungen (slavish aptitudes) bei der Bildung von Herden nachgedacht, die ihrerseits einen stärkeren Schutz gegen Raubtiere biete (vgl. Haase 1989, 644f). Nietzsche widersprach jedoch Galtons Tendenz, die Grausamkeit des Kampfes ums Dasein nach Darwin im Sinn der „greatest happiness of the greatest number“ zu entschärfen (ebd., 646).

10 Der ebenso materialreiche wie kämpferische Artikel wird den differenzierten Äußerungen Nietzsches freilich nicht gerecht.

11 Vgl. Ottmann 1999, 295f: „‚Sklave‘ war, wie alle provokanten Symbole Nietzsches, ein kritischer Begriff. Er besagte im Grunde ..., daß der Mensch der modernen Gesellschaft nicht erst zum Sklaven gemacht werden müsse, sondern schon einer sei. ... Lohn-Sklaverei war ‚Sklaverei‘, solange die Arbeit ein Geschäft und kein Dienst war. Arbeitsteilung und Zerstückelung des Menschen waren ‚Sklaverei‘. Das Jagen nach Geld und Glück – Kapitalisten und Arbeitern gemeinsam – war ‚Sklaverei‘, und es war für Nietzsches Begriff des modernen ‚Sklaven‘ wesentlich, daß er ihn am ‚Glück‘ festmachte.“

rismus heißt, bei diesen „schönen Worten um so hässlichere Hintergedanken“ zu haben. Das hieß für ihn, bei jedem Ideal, das jemand vor sich herträgt, zu fragen, warum er es *nötig* hat, es vor sich herzutragen, und das musste auch und gerade beim Ideal der moralischen „Verbesserung“ des Menschen gelten.

Wer hatte es nötig, welche Kultur hatte es nötig und warum hatte sie es nötig, den Menschen an sich verbessern zu wollen? Was sagte das über diese Kultur aus? Was ließ sie „den Menschen“, die Menschen im Allgemeinen, schlecht erscheinen? Was war los mit einer Kultur, die ihre Not zum Menschheitsbedürfnis erhob? Nietzsche war nicht mehr bereit, die im 19. Jahrhundert in Europa zum Ideal moralischer Politik gewordene gemeinsame und (mehr oder weniger) gleiche Zukunftssicherung als Ideal der Weltgesellschaft gelten zu lassen. Er brach mit dem Tabu seines Zeitalters, das „die Ehre in Anspruch zu nehmen liebt, das menschlichste, mildeste, rechtlichste Zeitalter zu heissen, das die Sonne bisher gesehen hat“, wenn schon nicht der moralischen Wirklichkeit, so doch wenigstens dem moralischen Ideal nach. Und die Zeit dieses Ideals dauert sichtlich noch an.

Nietzsche spricht dagegen von „neuen Ordnungen“ im Plural und legt sie nicht fest, unterwirft sie nicht wieder vorgegebenen Normen. Sein Ziel ist eine Öffnung des europäischen Denkens für andere und neue Alternativen seiner Moral – im Namen eines neuen moralischen Umgangs mit der eigenen Moral. Er verlangt, wie er dann schreibt, darin „rücksichtslose Rechtschaffenheit“ gerade im Blick auf die Zukunft, die unvermeidlich offen und ungewiss ist. Will man sie dagegen durch eine moralische Normierung sichern, wird man, darauf will er aufmerksam machen, auch deren Kehrseite in Kauf nehmen müssen, die Kehrseite in Gestalt einer neuen Art Versklavung. Doch man kann, davon geht Nietzsche aus, über „Zukunft“ nur schwer nachdenken, ohne sie schon moralisch festlegen zu wollen. Gerade aus Sorge um die Zukunft sucht man Halt an moralischen Normen. Darum schlägt er als paradoxen Gegenhalt den Mut vor, sich auf die Ungewissheit der Zukunft einzulassen, die „Gefahr, Krieg, Abenteuer“ bedeuten kann. Da man aber die Gefahr kaum wird vermeiden können, muss man sie „lieben“, um sich ihr vorbehaltlos zu stellen.

Was für die Zukunft im Allgemeinen gilt, müsste auch für die Eugenik im Besonderen gelten. Gerade hier wäre zu versuchen, in „rücksichtsloser Rechtschaffenheit“ mit der eigenen Moral umzugehen. Das bedeutet: *Eugenik ist genau dann moralisch verdächtig, wenn sie in den Dienst einer vorgegebenen normierenden Moral gestellt wird, wenn Menschen andere*

Menschen nach dem Bild ihrer eigenen Vorstellungen gestalten wollen. Sie ist dagegen moralisch nicht verdächtig, wenn auf eine solche normierende Moral verzichtet wird. Es gilt, was man, wenn heute von Eugenik die Rede ist, leicht vergisst, als völlig „natürlich", dass jedes sexuell sich fortpflanzende Lebewesen Partner wählt, die es für „gut" hält – nicht nur moralisch, sondern eben auch „physiologisch", dass es, in aktueller Sprache, seinen Genpool zu optimieren sucht. Auch Menschen, die es im Sinn der europäischen Moral für geboten halten, sich Schwächeren und Hilfsbedürftigen zuzuwenden, würde es nicht einfallen, sie darum auch als Partner zu wählen, um gemeinsame Nachkommen mit ihnen zu haben, und sie würden das auch von niemand anderem erwarten. Sie verhalten sich darin ganz selbstverständlich „eugenisch". Aber sie machen ihre Wahl darum nicht schon zur Norm für andere. Sie wählen individuell, zeugen als Individuen mit Individuen wieder Individuen. Und durch die Individualität ihrer Wahl bleibt die „Zuchtwahl" auch unter Menschen abenteuerlich und unberechenbar – und eben darin scheint ihr physiologisch Gutes zu liegen.

So betrachtet ist es Nietzsches Ziel in diesem Aphorismus mit seiner gefährlichen Rede von einer „neuen Sklaverei" und dem allzu „milden" Humanitarismus, die Moral zur Selbstbesinnung zu bringen, die Europa seine Biopolitik erlaubt hat. Er bringt den Aphorismus in kühnen Sprüngen zu Ende. Er spricht nun vom französischen Saint-Simonismus, dem Staatssozialismus als neuer Zivilreligion, zu dem man „… mit einem *gallischen* Uebermaass erotischer Reizbarkeit und verliebter Ungeduld behaftet sein [müsse], um sich in ehrlicher Weise sogar noch der Menschheit mit seiner Brunst zu nähern …"

Er stereotypisiert, wie man nun sogleich sieht, die stereotypisierte politische Sprache und hält mit wieder harten Gegenstereotypen dagegen: „Der Menschheit! Gab es je noch ein scheusslicheres altes Weib unter allen alten Weibern?"

Dann geht er zu Deutschland über, das sich seinerseits darin gefalle, „dem Nationalismus und dem Rassenhass das Wort zu reden", und von da aus zu Europa im Ganzen, das sich so von „der nationalen Herzenskrätze und Blutvergiftung" habe anstecken lassen, dass sich in ihm jetzt „Volk gegen Volk wie mit Quarantänen abgrenzt, absperrt", und das schließlich, was Nietzsche nicht mehr erlebte, im Freudentaumel in den Ersten Weltkrieg zog. Man müsse, so Nietzsche weiter im 377. Aphorismus der „Fröhlichen Wissenschaft", in Europa heimatlos sein, (wie er selbst) „auf Bergen ... leben, abseits, ‚unzeitgemäss', in vergangnen oder kommenden Jahrhunderten", um zu alldem Distanz zu gewinnen und zu halten. Und dazu wiederum müsse man von einer „Rasse" sein, die von jener „verlogenen Rassen-Selbstbewunderung und Unzucht" abgestoßen ist, weil sie *selbst* „der Rasse und Abkunft nach zu vielfach und gemischt" ist. Nietzsche redet nicht dem Rassismus das Wort, sondern bekämpft, wo er von „Rasse" und „Züchtung" gesprochen hat, gerade den damals aufkeimenden Rassismus und baut für Europas Zukunft auf „Rassen*mischung*" (vgl. Stegmaier 2000).

Er schließt dann den Aphorismus mit einem neuen Begriff des „guten Europäers". Das ist statt des „guten Europäers" nach einem vorgegebenen Kriterium des Guten ein Europäer, der gerade vorgegebene Kriterien des Guten in Frage stellen kann. Der neue „*gute Europäer*" ist der, der auch solche „neuen Ordnungen" zulassen kann, die er selbst nicht gewollt hat, weil er sie gar nicht vorab kennen und darum auch nicht wollen *konnte* – die aber gleichwohl „neue Arten Versklavung" mit sich bringen könnten, „neue", die man jetzt noch gar nicht kennt.

Aber auch als solche guten Europäer, so Nietzsche weiter, wären wir „Erben", Erben gerade der griechisch-christlichen Moral, aus der man bisher geglaubt hat, Normen des Menschlichen ableiten zu können,

> „... die Erben Europa's, die reichen, überhäuften, aber auch überreich verpflichteten Erben von Jahrtausenden des europäischen Geistes: als solche auch dem Christenthum entwachsen und abhold, und gerade, weil wir *aus* ihm gewachsen sind, weil unsre Vorfahren Christen von rücksichtsloser Rechtschaffenheit des Christenthums waren, die ihrem Glauben willig Gut und Blut, Stand und Vaterland zum Opfer gebracht haben."

Im vorausgehenden Aphorismus Nr. 357 hat Nietzsche ebenfalls von „Zucht" gesprochen, jedoch „einer zweitausendjährigen Zucht" des „europäischen Gewissens". Er spricht es als das Gewissen an, das sich zuletzt, wovon er selbst ein Beispiel ist, den naiven Glauben an die eigene Moral verbiete, eben weil ein solcher Glaube blind wird für die „neue Art Versklavung", die er unvermeidlich mit sich bringt. Das Erbe dieser Zucht aber wäre ein neuer freier Blick für individuelle Moralen von Menschen, die, soweit sie versucht sind, andere zu normieren, mit deren Widerstand rechnen und diesen Widerstand gutheißen können und eben dadurch Versklavungen entgegenarbeiten. Auch dies ist dann – als moralischer Umgang mit Moralen – eine Moral. Nietzsche schließt den Aphorismus Nr. 377 in der Sprache eines Versprechens („es soll unser Ehrenwort sein!") und der

Ermunterung – er geht nun zum „ihr" über, den (imaginären) Freunden, die es „besser wissen":

> „Wir – thun desgleichen [wie unsre christlichen Vorfahren]. Wofür doch? Für unsern Unglauben? Für jede Art Unglauben? Nein, das wisst ihr besser, meine Freunde! Das verborgne *Ja* in euch ist stärker als alle Neins und Vielleichts, an denen ihr mit eurer Zeit krank seid; und wenn ihr auf's Meer müsst, ihr Auswanderer, so zwingt dazu auch euch – ein *Glaube*! ..."[12]

Was bedeutet das letztendlich für die „Eugenik und die Zukunft"? Heißt das nicht: auch moralisch reflektierte Menschen werden das „verborgne" Ja zur Eugenik teilen, ihr selbstverständliches Streben, zu ihren guten Genen andere gute Gene zu finden, um mit ihnen zusammen bessere Gene hervorzubringen? Aber auch wenn dies ein „Glaube" ist, der so sehr zur Natur auch der Menschen gehört, dass sie ihn gar nicht als Glaube wahrnehmen, werden sie sich dennoch kaum mehr „erlauben", daraus irgendwelche Normen für genetische Manipulationen anderer abzuleiten, sondern die Zukunft des Lebens gerade im Mut zur Ungewissheit sehen.

Schlussanmerkung

Nietzsches berühmt-berüchtigte Erwägungen zu „Zucht und Züchtung" sind ebenfalls von Ottmann (1999, 262–265) („Der moralische Sinn der ‚Züchtung'"), und noch einmal detailliert von Schank (2000, 263ff), in ihren angemessenen Rahmen gestellt worden. Die Mehrzahl der inkriminierten Erwägungen entspringt nahe liegenden Bedenken – etwa ersichtlich Erbkranke anzuhalten, ihre Krankheit nicht noch weiter zu vererben. Nietzsche hat sie zum größten Teil nicht publiziert, sondern nur für sich notiert und einige, die schon im Druckmanuskript standen, zuletzt wieder zurückgezogen (vgl. KSA 14.772). Aber auch sie, so sehr sie, wie etwa die Notiz vom Frühjahr 1888, VIII 15[3], KSA 13.401f, an die staatlich verordnete „Verhütung erbkranken Nachwuchses" (so die Formulierung

12 Damit ist Nietzsche zuletzt zu seiner anfänglichen Metaphorisierung von Metaphern zurückgekehrt. Aus „wir Heimatlosen" ist „ihr Auswanderer" geworden, aus einer Beschreibung von nur noch scheinbaren „Realitäten" eine unauffällige Aufforderung zur Tat: Wer gesehen hat, dass er heimatlos geworden ist, sollte aus der nur noch scheinbaren Heimat auswandern.

der Nationalsozialisten in ihrem Gesetz von 1933) erinnern mögen, zielen bei Nietzsche nicht auf „Rassehygiene", sondern auf das Wohl der betroffenen Kinder selbst: Kinder sollten nicht „in die Welt gesetzt" werden, wenn sie absehbar in ihrem Leben Belastungen ausgesetzt sein werden, die man niemandem wünschen kann, und damit der absehbaren lebenslangen Gefahr, am „Werth" ihres Lebens (aktuell gesprochen: ihrem „wrongful life", das eine „eugenische Indikation" zur Abtreibung erlaubt; vgl. Quante 2004, 12) zu zweifeln, wenn nicht zu verzweifeln:

> „Ein Kind in die Welt setzen, in der man selbst kein Recht zu sein hat, ist schlimmer als ein Leben nehmen. Der Syphilitiker, der ein Kind macht, giebt die Ursache zu einer ganzen Kette verfehlter Leben ab, er schafft einen Einwand gegen das Leben, er ist ein Pessimist der *That*: wirklich wird durch ihn der Werth des Lebens aufs Unbestimmte hin verringert."

Nietzsche hatte den hier nur für ihn selbst formulierten Gedanken lange zuvor schon im veröffentlichten Werk vorgetragen, im Aph. Nr. 73 des II. Buchs der „Fröhlichen Wissenschaft" – zurückhaltend in Gestalt einer Legende:

> „*Heilige Grausamkeit.* – Zu einem Heiligen trat ein Mann, der ein eben geborenes Kind in den Händen hielt. ‚Was soll ich mit dem Kinde machen? fragte er, es ist elend, missgestaltet und hat nicht genug Leben, um zu sterben.' ‚Tödte es, rief der Heilige mit schrecklicher Stimme, tödte es und halte es dann drei Tage und drei Nächte lang in deinen Armen, auf dass du dir ein Gedächtniss machest: – so wirst du nie wieder ein Kind zeugen, wenn es nicht an der Zeit für dich ist, zu zeugen.' – Als der Mann diess gehört hatte, gieng er enttäuscht davon; und Viele tadelten den Heiligen, weil er zu einer Grausamkeit gerathen hatte, denn er hatte gerathen, das Kind zu tödten. ‚Aber ist es nicht grausamer, es leben zu lassen?' sagte der Heilige."

Nietzsche könnte hier durchaus auch an sich selbst gedacht haben. In einem Brief aus Sils-Maria an Franz Overbeck vom 4. Juli 1888 (KSB 8.347) beklagt er seinen „miserablen Zustand", eine „tiefe nervöse Erschöpfung", „eine gewisse Gesammt-Erschöpfung, die in der That mein eigentliches Leiden ist" – und beruft sich dabei auf Galton (hier im Brief nennt er ihn): „Man holt nicht nach in physiologicis, jeder schlechte Tag *zählt*: das habe ich von dem Engländer Galton gelernt."

Auch der in Ton und Sache erschreckende Text, den Nietzsche in der „Götzen-Dämmerung“ (Streifzüge eines Unzeitgemässen Nr. 36, KSA 6.134) unter dem Titel „Moral für Ärzte“ gleichwohl publiziert hat und der so beginnt:

> „Der Kranke ist ein Parasit der Gesellschaft. In einem gewissen Zustande ist es unanständig, noch länger zu leben. Das Fortvegetiren in feiger Abhängigkeit von Ärzten und Praktiken, nachdem der Sinn vom Leben, das *Recht* zum Leben verloren gegangen ist, sollte bei der Gesellschaft eine tiefe Verachtung nach sich ziehn. Die Ärzte wiederum hätten die Vermittler dieser Verachtung zu sein, – nicht Recepte, sondern jeden Tag eine neue Dosis *Ekel* vor ihrem Patienten … Eine neue Verantwortlichkeit schaffen, die des Arztes, für alle Fälle, wo das höchste Interesse des Lebens, des *aufsteigenden* Lebens, das rücksichtsloseste Nieder- und Beiseite-Drängen des *entartenden* Lebens verlangt – zum Beispiel für das Recht auf Zeugung, für das Recht, geboren zu werden, für das Recht, zu leben …“

spricht dem Arzt kein Recht über das Leben des Kranken zu und noch weniger einer Behörde (aktuell gesprochen: Nietzsche argumentiert strikt „individuenzentriert“). Stattdessen geht es Nietzsche im Hauptteil des Textes, was er zu Beginn nur andeutet, um den Stolz auf das eigene Leben, der es, wenn „eine stolze Art zu leben“ nicht mehr möglich sei, vorziehe, auf eine stolze Art zu sterben (vgl. schon „Also sprach Zarathustra“ I, Vom freien Tode, aber auch Schank 2000, 401, dem hier trotz der „von Nietzsche so stark betonten Freiwilligkeit“ doch „Platz für menschliche Wärme“ fehlt):

> „Hier gilt es, allen Feigheiten des Vorurtheils zum Trotz, vor Allem die richtige, das heisst physiologische Würdigung des sogenannten *natürlichen* Todes herzustellen: der zuletzt auch nur ein ‚unnatürlicher‘, ein Selbstmord ist. Man geht nie durch Jemand Anderes zu Grunde, als durch sich selbst. Nur ist es der Tod unter den verächtlichsten Bedingungen, ein unfreier Tod, ein Tod zur *unrechten* Zeit, ein Feiglings-Tod. Man sollte, aus Liebe zum *Leben* –, den Tod anders wollen, frei, bewusst, ohne Zufall, ohne Überfall …“

Auch wenn in der aktuellen Diskussion die Frage nun lauter wird, „ob nicht die Gesellschaft als solche Möglichkeiten zur Realisierung [der] Forderung nach einem selbstbestimmten Sterben schaffen muss“ (Quante 2004, 15), ist dies noch immer eine sehr furchtlose Perspektive.

Literaturverzeichnis

Derrida, J. (1991): Das andere Kap – Die vertagte Demokratie – Zwei Essays zu Europa. Aus dem Frz. von Alexander García Düttmann. Suhrkamp, Frankfurt am Main.

Flaig, E. (1995): Sklaverei. In: Historisches Wörterbuch der Philosophie, Bd. 9. Schwabe, Basel/Darmstadt, Sp. 976–985.

Foucault, M. (1976): Überwachen und Strafen – Die Geburt des Gefängnisses. Übersetzt von Walter Seitter. Suhrkamp, Frankfurt am Main.

Foucault, M. (1977): Sexualität und Wahrheit. Bd. 1: Der Wille zum Wissen. Übersetzt von Ulrich Raulff und Walter Seitter. Suhrkamp, Frankfurt am Main.

Galton, F. (1883): Inquiries into Human Faculty and its Development. London.

Gentili, C. (2004): Noch einmal: Nietzsche ein politischer Reaktionär und Antisemit? In: Nietzsche-Studien. Bd. 33, de Gruyter, Berlin, 388–393.

Haase, M.-L. (1989): Friedrich Nietzsche liest Francis Galton. In: Nietzsche-Studien. Bd. 18, 633–658.

Irrgang, B. (1996): Genethik. In: Nida-Rümelin, J. (Hg.), Angewandte Ethik – Die Bereichsethiken und ihre theoretische Fundierung. Kröner, Stuttgart, 512–551.

Kröner, H.-P./Fuchs, M./Lanzerath, D. (1998): Eugenik. In: Lexikon der Bioethik. Hrsg. von Wilhelm Korff, Lutwin Beck und Paul Mikat im Auftrag der Görres-Gesellschaft. Bd. 1. Gütersloher Verlagshaus, Gütersloh, 694–704.

Losurdo, D. (2002): Nietzsche, il ribelle aristocratico – Biografia intellettuale e bilancio critico. Bollati Boringhieri, Torino.

Nietzsche, F. (1980/KSA): Sämtliche Werke – Kritische Studienausgabe in 15 Bänden. Hrsg. von Giorgio Colli und Mazzino Montinari. Dtv, München et al.

Nietzsche, F. (1986/KSB): Sämtliche Briefe – Kritische Studienausgabe in 8 Bänden. Hrsg. von Giorgio Colli und Mazzino Montinari. Dtv, München et al.

Ottmann, H. (1999): Philosophie und Politik bei Nietzsche. Monographien und Texte zur Nietzsche-Forschung, Bd. 17, 2. verb. und erw. Aufl., de Gruyter, Berlin/New York.

Quante, M. (2004): Syndrom Bioethik – Neuere Literatur zur biomedizinischen Ethik. In: Philosophische Rundschau 51.1, 1–26.

Schank, G. (2000): „Rasse“ und „Züchtung“ bei Nietzsche. Monographien und Texte zur Nietzsche-Forschung, Bd. 44, de Gruyter, Berlin/New York.

Sloterdijk, P. (2001): Regeln für den Menschenpark – Ein Antwortschreiben zu Heideggers Brief über den Humanismus. In: ders.: Nicht gerettet – Versuche nach Heidegger. Frankfurt am Main, 302–337.

Stegmaier, W. (1994): Nietzsches Perspektivierung der Moral. In: ders.: Nietzsches „Genealogie der Moral" – Werkinterpretation. WBG, Darmstadt, 11–25.

Stegmaier, W. (1995): Philosophieren als Vermeiden einer Lehre – Inter-individuelle Orientierung bei Sokrates und Platon, Nietzsche und Derrida. In: Simon, J. (Hg.): Distanz im Verstehen – Zeichen und Interpretation II. Suhrkamp, Frankfurt am Main, 214–239.

Stegmaier, W. (2000): Nietzsche, die Juden und Europa. In: ders. (Hg.): Europa-Philosophie. De Gruyter, Berlin/New York, 67–91.

Weber, M. (1920): Die protestantische Ethik und der Geist des Kapitalismus. In: ders.: Gesammelte Aufsätze zur Religionssoziologie I. Tübingen.

Heideggers „Beiträge zur Philosophie“ als Ethik

Phronesis und die Frage nach der Technik im naturwissenschaftlichen Zeitalter

Babette E. Babich

1 Einleitung

Heideggers philosophische Befassung mit der Wissenschaft und der Technik ist ein grundlegendes Problem seines Denkens, und das muss zuerst zur Kenntnis genommen werden, bevor wir zu seinen ethischen Betrachtungen zum Wesen der Technik in unserem wissenschaftlichen Zeitalter gelangen. Seit Anfang seines Denkwegs fragt er nach der Natur der Wissenschaft, insbesondere der Natur der in Technik und mathematisches Kalkül zu übersetzenden Wissenschaft. Tatsächlich, und besonders relevant zu unserem Thema, indem er der Dominanz des englischsprachigen Begriffsgebrauchs Rechnung trägt, hebt Heidegger hervor: „Wissenschaft wird heute vielfach nur noch als Naturwissenschaft verstanden (angelsächsisch: *science* versus *arts*)“ (Heidegger 1987, 24).

Als Naturwissenschaft etabliert, in einem universitären oder anderweitig institutionalisierten Forschungskontext betrieben, schließt die Wissenschaft nicht weniger als die Technik Fragen über ihr eigenes Wesen aus. Aus diesem Grund erinnert Heidegger daran, dass die Frage nach dem Wesen der Wissenschaft, sei sie nun Technik oder Naturwissenschaft oder nicht, notwendigerweise aus einer philosophischen Perspektive gestellt werden muss, denn sie wird nicht und *kann* überhaupt nicht aus der Perspektive der Wissenschaft als solcher exponiert werden. Noch offensichtlicher ist es, dass Heideggers Nachdenken über den Gegenstand der Wissenschaft nicht als eine standardisierte (oder gar „allgemein anerkannte“) „Wissenschaftstheorie“ verstanden werden kann. In diesem Sinne wird

Heidegger kaum für einen Wissenschaftsphilosophen gehalten, ja nicht einmal für einen Philosophen, der etwas „Ernsthaftes" – geschweige Signifikantes – über die Wissenschaft zu sagen hätte.

Dennoch gibt uns Heideggers Interesse an den Fragen der Wissenschaft und Technik ernstlich zu denken, als ein kritisches Interesse, das seinen Denkweg im Ganzen umgreift. Wenn Heidegger nicht als ein „Wissenschaftstheoretiker" angesehen wird, so mag der Grund zumindest teilweise in der modernen Form disziplinären Expertenwissens zu finden sein. Deshalb schließt die ‚allgemein anerkannte' disziplinäre Wissenschaftstheorie Heidegger ebenso aus, wie sie alles in allem Husserl und Merleau-Ponty, aber auch Bachelard und heute noch dazu Foucault und Deleuze ausschließt und genauso wie sie noch selbstverständlicher – wer klagt darüber? – Nietzsche immer ausgeschlossen hat und -ausschließt. Doch dieses kann schwerlich bedeuten, dass keiner die philosophischen Implikationen für das Verständnis der Wissenschaften oder der Technik erforscht hätte, die in Heideggers Reflexionen aufzufinden sind. Viele Gelehrte haben genau das getan, so wie auch zahlreiche Forscher den Zusammenhang in Husserls und Nietzsches Nachdenken über die Frage der Natur von einzelnen Wissenschaften und die Wissenschaft im Allgemeinen erkundet haben.[1]

Wenn das Wesen der modernen Wissenschaft in der Mathematisierbarkeit besteht, so kann ihr Wert in der Effizienz von Berechnung und Prognostizierbarkeit gesehen werden, Werte, die im Zuge der immer weiter gehenden unbedingten Suche nach Kontrollierbarkeit verfolgt werden müssen. Ganz in diesem Sinn akzentuiert Heidegger diese Ambition als eine solche, die mit Erfolg anstrebt, die Erde zu beherrschen.

Doch die subtile Genauigkeit, die hier stillschweigend vorausgesetzt wird, die *phronesis* in der Fragekunst – ganz zu schweigen von der Ethik als solcher – ist nicht mathematisierbar, und sie entzieht sich dem Kalkül. Dies bedeutet aber keineswegs, dass ihr die Methode fehle. In diesem Sinn und zu diesem Ende hat Heidegger immer wieder auf Nietzsches Diktum Bezug genommen, das den Sieg der Methode über die Wissenschaft thematisiert. „Nicht der Sieg der Wissenschaft ist das", so schreibt Nietzsche, „was unser 19. Jahrhundert auszeichnet, sondern der Sieg der wissenschaftlichen Methode über die Wissenschaft" (Nietzsche 1980, 13, 442).

---

1 Da Studien zu Heidegger und die Technik als etwas bekannter gelten, erwähne ich hier ergänzend: Janicaud 1985 sowie Babich 1999, Boutot 2005, Pleger 1989, Volpi 1989. Zu Heidegger und die Wissenschaft siehe: Bast 1986, Glazebrook 2000, Neumann 1999, Kockelmans 1985 sowie Heelan 1995.

Heidegger verkennt die kritische Komponente in Nietzsches Behauptung nicht. Doch darin ist auch ein positiver Anspruch mit zu hören, und im fraglichen Zusammenhang fällt das Augenmerk auf ihn. Demgemäß unterstreicht Heidegger, dass vor seiner eigenen Anstrengung, dasselbe zu leisten, Nietzsche den Versuch unternahm, das Ideal von Wissenschaft der zunehmenden Reduktion auf (oder der Eingliederung in) das Schema der Naturwissenschaften zu entziehen. Heute streben alle Disziplinen danach, auf dem Niveau von (Natur-)Wissenschaften zu stehen, genauso wie Kant das für die Metaphysik beansprucht hatte; Heidegger hatte dieses Bestreben bereits am Anfang seines Denkwegs in Frage gestellt.

Im Geist von Kants kritischem Unterfangen, als kritische Reflexion, was für uns heute gleichzeitig zu dem Ursprungs- und Ausgangspunkt von Heideggers eigenem philosophischen Schaffen gilt, wirft Nietzsche die Frage der Wissenschaft als Problem auf. Für Nietzsche muss Wissenschaft als solche selbst in Frage gestellt werden, genau wie nach Nietzsche Heidegger die Technik in Frage zu stellen versucht hat. Besonders schwierig ist, das Problem als Problem für kritische Reflexion zu bewahren, so wie für das Schicksal der Wissenschaft, das als ebenso fraglich wie jeder Dogmatisierung entgegengesetzt verstanden werden muss (eben dies meint Heidegger mit *ein*spurigen oder *ein*seitigen Gedanken); und es wird als höchster, nämlich als kritischer Wert vorausgesetzt.

Nietzsche fordert uns auf, unsere Suche nach Wahrheit einer Analyse, oder im wörtlichen Sinn: einer Art Psychoanalyse zu unterziehen. Was in uns, so fragt Nietzsche, will wirklich Wahrheit? Unsere Präferenz für die Wahrheit gegenüber der Lüge und unser Vertrauen (in Erinnerung an Goethes stets verneinenden Mephistopheles) in das, was wir als das Gute oder Böse beurteilen – was, wenn nicht eine hochgradig sklavische, *selbst*dienerische Perspektive, steht hinter dieser Wertung? Und was ist, wenn die Wissenschaft sich als das letzte und größte Sklavenideal herausstellt, oder sich eher mit der Suche nach Wahrheit (man denke nur an das Kuhn Poppersche Problemlösen) befasst als mit der Wahrheit selbst? Schicht um Schicht wird von der phänomenologisch dekonstruierten Göttin der Wahrheit abgezogen, wobei eher als die zunehmend nackte, von den Dienern der Wissenschaft entkleidete Wahrheit der Vorgang des Enthüllens die Aufmerksamkeit in Beschlag nimmt und die Wahrheit selbst immer weniger die Forscher in Atem hält – diese Verlagerung ist wie Fetischismus, entziffert nach Nietzsche als eine Art sexuell besessenes Streben nach wissendem Bewusstsein, eine erztechnologische Libertinage; das ist in unserem Internet-Zeitalters immer mehr in wortwörtlichem Sinne als eine Alltagserscheinung zu verstehen.[2] Von da aus konnte Nietzsche nahe legen, dass die Wahrheit nicht der Gegenstand des Wissens sein kann, aber dass wir dem gegenüber, was uns lehrt, Rechenschaft ablegen müssen.

2 Nihilismus und die Frage nach der Technik

Bei dem, was wir als eine Technisierung der Technik beschreiben dürfen, sind wir immer noch bestrebt, wie Heidegger meint, uns der Technik zu bemächtigen und sie zu beherrschen: „Man will, wie es heißt, die Technik geistig in die Hand bekommen" (Heidegger 1978 [1954], 11).

Wir sind auf das ausgerichtet, was von Nutzen ist. Doch gerade deshalb, so Heidegger, sind wir der Technologie ausgeliefert. Wenn das nicht der von Heidegger erwähnten „Gefahr" der Technologie entspricht, ein Dichterbegriff geliehen von Friedrich Hölderlin, so ist es immer noch unser Schicksal. Auf diese Weise versucht Heidegger, die Frage nach dem Wesen der Technik zu stellen.

So betont er in seinem viel besprochenen, doch keineswegs leicht verständlichen Aufsatz „Die Frage nach der Technik" sowohl: „Die Technik ist nicht das gleiche wie das Wesen der Technik", als auch: „Das Wesen der Technik [ist] ganz und gar nichts Technisches" (Heidegger 1978, 9).[3]

Mit dieser Aussage weist er nicht nur darauf hin, wie er sagte, dass das „Wesen der Technik in einem hohen Sinne zweideutig" ist (Heidegger 1978 [1954], 37), sondern will auch hier andeuten, dass wir uns, bezogen auf das Wesen der Technik, in einem „Notstand im strengen Sinn" befinden, womit gemeint ist, dass „wir das Wesen der Technik vor lauter Technik noch nicht erfahren" haben (Heidegger 1978 [1954], 39).

Hierbei ist wichtig, dass Heidegger immer an seiner ursprünglichen Überzeugung hinsichtlich des Wesens der Wissenschaften, wie dem der Technik, festhielt. Denn schon Jahrzehnte früher hatte er in seinen Nietzsche-Vorlesungen mehrfach behauptet, dass die Wissenschaft nur wissenschaftlich sei, d. h. nur dann als „echtes Wissen" gelten könne, insofern sie „metaphysisch denkt", das heißt: nur so weit, als die Wissenschaft sich auf die *Philosophie* besinnt (Heidegger 1961, 523). Es ist daher kein Zufall, dass Heidegger das ganz selbstverständlich seinen Lesern in „Sein und

2 Dazu ist auch Pierre Hadots Buch zu erwähnen: „Le voile d'Isis" (Hadot 2004).

3 Weiter in Heidegger 1984, 53 hören wir wieder: „Das Wesen der Technik ist vor allem nichts Technisches." Siehe für eine weitere Besprechung Babich (Januar 1999) sowie Babich (2003).

Zeit“ abfordert.[4] Schwierig jedoch bleibt für uns immer noch – im derzeitigen höchst technologisierten Zeitalter – Heideggers ständiges Bestreben, die Philosophie und die Wissenschaften so aufeinander zu beziehen, dass ein gleichermaßen kritisches und nachdenkliches Verhältnis zwischen beiden entstehen kann, wobei nach Heidegger das kritische Denken einzig der Philosophie angehört, weshalb es unvermeidlich ist, dass dasselbe denkende Handeln für die Wissenschaften als Wissenschaften nicht vorhanden ist. Damit wurde Heidegger immer schon als Gegner der Wissenschaften sowie der Technologie bezeichnet; eine Behauptung, der er stets heftig, doch letztlich ohne Erfolg zu widersprechen versuchte.[5]

Damit wir den Komplex Wissenschaft, Technik und Ethik besser im Auge behalten können, wenden wir uns nicht nur den „Beiträgen“, sondern auch Heideggers Spätphilosophie zu. Zu vergleichen wäre Heideggers keineswegs zufällige Andeutung in den „Zollikoner Seminaren“, dass ausgerechnet die Phänomenologie selbst, vor allem in ihrem Husserlschen Muster, *wissenschaftlicher* sei als die Wissenschaft (Heidegger 1987, 265). Mit einer solchen Feststellung ergeht sich Heidegger nicht in einem Anti-Wissenschafts-Traktat; vielmehr gelingt es ihm, zusammen mit den Seminarteilnehmern, die Möglichkeit zu ergreifen, sowohl Theorie als auch Sachhaltigkeit wahrzunehmen, sollte sich die Frage nach den Wissenschaften an sich stellen. Dies besagt: Um „sachgemäß“ zu verfahren, muss man nach dem Sinn der „Sache selbst“ fragen (Heidegger 1987, 17–18), um gerade dort anzukommen, wo man sich als solches und an sich schon befindet. Denn „die Wissenschaft bewegt sich nicht fort. Sie tritt auf der Stelle. Es ist aber gar nicht leicht, auf der Stelle zu treten“.[6] Insoweit musste Heidegger auf die berühmte Frage nach dem Sein wieder ausrufen: „Die Schwierigkeit liegt jedoch in der Sache, dem Sein selbst“ (Heidegger 1987, 20). Hier zeigt sich, dass Heidegger bei der vorauszusetzenden Methoden-

4 Heidegger (1984 [1927], 11). Siehe auch I.1, (S. 50); I.6, 44 (S. 212–230)

5 Dementsprechend und in der Absicht Heideggers, Behauptungen nicht als gegen die „Wissenschaft als Wissenschaft, sondern nur gegen die *absoluten* Ansprüche der Naturwissenschaft“ gerichtet zu kommentieren, haben Franz Mayr and Richard Askay, die Übersetzer der englischsprachigen Ausgabe der „Zollikoner Seminare“, sich genötigt gesehen, in einem zuversichtigen Appell an die Autorität, auf den Kommentar eines früheren Übersetzers zurückzugreifen, der von der unvermeidbaren Frage der mathematisch-wissenschaftlichen Kompetenz spricht, und sie zitieren weiter David Farrell Krells Glosse auf S. 12 seiner Übersetzung von Heideggers „Basic Writings“ (Heidegger 1977). So hat Krell Heidegger bleibende Autorität attestiert, und diese würde demgemäß neulich wieder zitiert: „Heidegger never really abandoned his interest in mathematics and the sciences and remained capable enough in the former to serve on doctoral committees in the mathematics faculty“ (Heidegger 2001, 123).

6 Heidegger 1987, 20. Vgl.: „Wir möchten nur erst einmal eigens dorthin gelangen, wo wir uns schon aufhalten“ (Heidegger 1959, 12).

strenge seiner wissenschaftlich geprägten Zuhörer ansetzt und sich dann auf das Wesen der Wissenschaftlichkeit als solcher besinnt, – wobei er das aristotelische Ideal von Strenge voraussetzt:

> „Es ist nämlich Unerzogenheit, nicht einzusehen, mit bezug worauf es nötig ist, nach Beweisen zu suchen, und in bezug worauf es nicht nötig ist“ (Aristoteles, *Meta.* 1006a, cf., *Nic. Eth.* 1094b etc.).[7]

Dies sei eigentlich ein phänomenologisches Verfahren mit dem Sinn von Sein (hier beschrieben als „eigene Bereitschaft des Vernehmens“) und deshalb auch eine hermeneutisch gefasste Phänomenologie. Dies zu tun, verlangt nichts weniger als „eine Wandlung der Existenz“ (Heidegger 1987, 21), wozu offensichtlich viel mehr gehört als die vorher erwähnte „Alltagswelt“ der normalen Wissenschaftsverfahren. Aber diese, so klärt Heidegger, würde „kein Aufgeben der Wissenschaft“ bedeuten, sondern die Möglichkeit, ein besonnenes, „wissendes Verhältnis zur Wissenschaft zu [erlangen] und deren Grenzen wahrhaft zu durchdenken“ (ebd.).

3 Zu dem letzten Menschen und dem „Letzten Gott“

In einer wichtigen Äußerung zur Frage der Technik und der Wissenschaften erklärt Heidegger Nietzsche zum letzten Philosophen des Abendlandes, indem er gewissermaßen das Ende der Metaphysik mit Nietzsches Philosophie des Willens zur Macht als Kunst oder *techne* krönt. Obwohl die Nietzsche-Forschung üblicherweise Heideggers Interpretation Nietzsches als willkürlich und nicht korrekt ablehnt, beziehe ich mich auf die aus derselben Zeit stammenden Vorlesungen über Nietzsche, um meinen Beweis zu stützen, dass Heideggers Beschäftigung mit Nietzsche ein bedeutsames Licht auf Heideggers eigentümliche und erschreckend vernachlässigte – wenn nicht gar ignorierte – Besinnung auf die Logik der Wissenschaft und der modernen Technik wirft.[8]

---

7 Heidegger 1987, 6, Anm. 2: Aristoteles, *Metaphysik*, IV. Buch 4, 1006a 6f.

8 Heutige Philosophen und Soziologen der Technologie sprechen zunehmend von Technowissenschaft und bezeugen damit Heideggers vorrangiges Interesse an den spezifisch modernen Ausdrucksformen von Wissenschaft und Technologie.

In den späteren „Zollikoner Seminaren“ erklärt Heidegger mit Beziehung auf das Subthema „Vom Ereignis“ in den „Beiträgen“:

> „So lange man das Sein als Anwesen versteht, wie dies üblich war und ist, kann man die Technik nicht verstehen, und schon gar nicht das *Ereignis* ...“ (Heidegger 1987, 286).

Denn schon in den Nietzsche-Vorlesungen erwähnt Heidegger die Frage nach der Technik in Bezug auf Nietzsches eigene nachdenkliche Beurteilung seines Erstlingswerkes „Die Geburt der Tragödie“. Die „Aufgabe“, wie Nietzsche es in seinem „Versuch einer Selbstkritik“ ausdrückte, ist, „die Wissenschaft unter der Optik des Künstlers zu sehen, die Kunst aber unter der des Lebens ...“ (Nietzsche 1980 1, 14). Für Heidegger war das, was Nietzsche hier sagt, üblicherweise missverstanden worden:

> „Ein halbes Jahrhundert“, sagt er 1936/37, „ist über Europa hinweggegangen, seitdem dieses Wort niedergeschrieben wurde. In diesen Jahrzehnten ist das Wort immer wieder mißdeutet worden, und zwar gerade von denen, die einer zunehmenden Entwurzelung und Verödung der Wissenschaft entgegenzuarbeiten sich mühten“ (Heidegger 1961, 252).

Nietzsches Anliegen ist es hier nicht, dass wir der Wissenschaft mehr Leben und Glanz beizugeben hätten, damit sie lebendiger werde, auch nicht, dass wir der Welt des Wissenschaftlers einen Hauch von „Lebenskunst“ geben sollten und so die Wissenschaften künstlerischer machen.[9]

> „Das Wort fordert das Wissen vom Ereignis als Nihilismus, welches Wissen für Nietzsche zugleich den Willen zu seiner Überwindung einschließt und zwar aus den ursprünglichen Gründen und Fragen“ (Heidegger 1961, 254).

Gerade dieser Plan zur Überwindung lässt an Hölderlin denken wie auch an Heidegger selbst mit dem ihn prägenden Unternehmen des ständig wiederholenden Fragens, das heißt mit seiner Philosophie des Fragens an den Fragesteller selbst.

---

9 Der Abschnitt, den Heidegger als das Herzstück der ganzen Vortragsveranstaltung bezeichnet, bietet einen Zugang zum Lesen von Nietzsches erstem Buch in seiner zweiten Gestaltung: „Die Geburt der Tragödie, oder Griechenthum und Pessimismus“.

Bekanntlich findet Heidegger Nietzsches Infragestellung des Begriffs Wahrheit als einer „Art von Irrtum" nicht radikal genug. Obwohl, oder vielleicht: gerade weil, wie er behauptet, die „Ursprünglichkeit des Fragens, die Nietzsches Philosophie im Ganzen einnimmt", von zentraler Bedeutung ist, gilt es zu erkennen, dass „die Frage nach dem Wesen der Wahrheit" auch in Nietzsches Denken ausbleibt (Heidegger 1961, 175). Allerdings sei das als „ein Versäumnis eigener Art" zu betrachten, auch wenn dieses „nicht ihm allein und nicht erst ihm, zur Last gelegt werden könnte" (ebd.). In diesem Sinne, meint Heidegger, geht dieses „Versäumnis" „seit Platon und Aristoteles überall durch die ganze Geschichte der abendländischen Philosophie" (ebd.). Dies gilt nach Heidegger für die Philosophen insgesamt, von Descartes bis Nietzsche: „Sie alle lassen das Wesen der Wahrheit selbst unangetastet" (ebd.).

Was aber die Unabdingbarkeit von Nietzsches Denkens unterstreicht, ist gerade der vorläufige Ausdruck der Aufgabe des Denkens am Ende der Philosophie, wo Nietzsche für Heidegger eine wichtige Rolle spielt, nämlich eine, die mit dem epochalen *Ereignis* in den Beiträgen korrespondiert.[10]

> „Was Nietzsche erstmals und zwar in der Ausrichtung auf den Platonismus als *Nihilismus erkennt*, ist in Wahrheit von der ihm fremden Grundfrage aus gesehen nur der Vordergrund des weit tieferen Geschehens der Seinsvergessenheit, die gerade im Verfolg der Antwortfindung für die Leitfrage mehr und mehr heraufkommt" (§ 55, *Seinsverlassenheit*).

Wie Heidegger in den Nietzsche Vorlesungen erklärt, verfinstert der Satz „Gott ist tot", der üblicherweise mit dem Nihilismus in Verbindung gesetzt wird, den eigentlichen Bereich von Nietzsches Anspruch.

> „Das Wort ‚Gott ist tot' ist kein atheistischer Lehrsatz, sondern die Formel für die Grunderfahrung eines Ereignisses der abendländischen Geschichte" (Heidegger 1961, 183).

10 In diesem Zusammenhang schreibt Heidegger: „Eine der wesentlichen Formeln zur Kennzeichnung des Ereignisses des Nihilismus lautet: ‚Gott ist tot'" (Heidegger 1961, 158). „Mit Nihilismus meint Nietzsche die geschichtliche Tatsache, d. h. das Ereignis, daß die obersten Werte sich entwerten, daß alle Ziele vernichtet sind und alle Wertschätzungen sich gegeneinander kehren" (ebd., 157).

Was Heidegger idiosynkratisch als *Seynsverlassenheit* bezeichnet, ist somit das, was „vielleicht am meisten verhüllt und verneint wurde durch das Christentum und seine verweltlichten Nachfahren“ (§ 55, *Seinsverlassenheit*). Heidegger erinnert uns an die Tatsache, dass wir die Tendenz haben, uns von Nietzsches *Stil* einschläfern zu lassen, was zu einem Missverstehen der philosophischen Bedeutsamkeit der Aussagen von Nietzsche führt:

> „Man hat, mitverleitet durch die Form der Mitteilungsart Nietzsches selbst, seine ‚Lehre‘ vom ‚Nihilismus‘ als eine interessante Kulturpsychologie zur Kenntnis genommen, aber schon vorher sich vor ihrer Wahrheit bekreuzigt, d. h., sie offen oder stillschweigend als teuflisch sich vom Leibe gehalten“ (§ 72, *Der Nihilismus*).

Nietzsches Einsicht in die wachsende Herrschaft des Nihilismus ist keine Erkenntnis der bloßen Seynsvergessenheit. Weit entfernt davon, etwa die Notwendigkeit einer Rückkehr zur Theologie oder zu religiösen Werten zu eröffnen, zeigen Nietzsches Reflexionen Heidegger vielmehr das einzigartige Ereignis des Nihilismus, wie dieser in den wissenschaftlichen Bereich der Wahrheit und den logistischen Bereich des Beweisens einbricht.[11] Aus demselben Grund artikuliert sich Heideggers Nachdenken über Nietzsches zentrale nihilistische Aussage als Reflexion über die Kreuzung in dem wesenhaft rechnenden Begriff der „Wahrheit im Platonismus sowohl als auch im Positivismus“ (Heidegger 1961, 177)[12].

Heideggers Herausforderung an die westliche technisch-wissenschaftliche Rationalität äußert sich in seiner These vom Abschluss und Wendepunkt der Metaphysik. Diese Behauptung wird durch eine Topik Nietzsches ausgedrückt:

---

11 Eine längere Diskussion dieser Thematik kann unter Hinweis auf Heideggers Reflexionen geführt werden, die Nietzsche als die Überwindung und den Höhepunkt der Geschichte der westlichen Philosophie betrachtet, der Gesamtheit der westlichen Philosophie in Heidegger 1989, § 93 und dann mit spezifischem Hinweis auf den Deutschen Idealismus in § 102, § 104 und von dort zum logischen Positivismus in § 116 etc.

12 Platonismus sowie Positivismus zählen für Heidegger zu einer Art kalkulativen Denkens, die eine übersinnlich, die andere empirisch, aber beide nehmen an, „Erkennen als Erkennen von etwas ist immer eine Angleichung an das zu Erkennende, ein Sichmessen an ... Zufolge diesem Anmessungscharakter liegt im Erkennen der Bezug auf etwas Maßstäbliches“ (Heidegger 1961, 176).

„Die Wahrheit als Richtigkeit vermag nicht ihren eigenen Spielraum als solchen zu erkennen und d. h. zu begründen. Sie hilft sich, indem sie sich selbst in das Unbedingte aufsteigert und alles unter sich bringt, um so selbst des Grundes (so scheint es) unbedürftig zu werden" (§ 102, *Das Denken: der Leitfaden der Leitfrage der abendländischen Philosophie*).

Indem er die Relevanz von Nietzsches Kritik der Wahrheit als Geschichte der Illusion (oder besser, die Auflösung der Wahrheit in die und als die Illusion) anerkennt, umschreibt Heidegger seine eigene Aufgabe für das philosophische Denken in einer Liste, die sich an Nietzsches Liste von Aufgaben, Themen und Titeln in „Der Wille zur Macht" ausrichtet. Sinn der Vorlesungen war, „mit *Nietzsche* die Auseinandersetzung zu wagen als dem Nächsten und doch erkennen, daß er der Seinsfrage am fernsten steht" (§ 88, *In den Umkreis dieser Aufgabe gehören die „geschichtlichen" Vorlesungen*). Eben dies bezeichnet Heidegger anderwärts als Nietzsches Bedeutsamkeit für das Denken und demnach für die Philosophie.[13]

4 Heideggers „Beiträge" als politische Kritik

In schroffem Gegensatz zu der soziopolitischen Skepsis der späteren Frankfurter Schule stellt Heidegger die wohl berechtigte These auf, unsere Welt sei alles andere als ein entzauberter Bereich – eine These, die subversiv und buchstäblich ihrem Urheber gefährlich geworden wäre, hätten die „Beiträge" die Öffentlichkeit erreicht, was eben nicht der Fall war. Wir leben in einer – sei es auch illusorisch und, heute, „virtuell" – verzauberten Welt technologischer Macht mit immer schöneren neuen und ach so ame-

13 So muss denn inzwischen hinreichend klar sein, dass fast keine der Bemühungen von Heideggers Seite, die Bedeutsamkeit von Nietzsches Denken für sein eigenes Denkprojekt klarzustellen, irgendeine Konsequenz hatte angesichts der verhängnisvollen Kraft der Behauptung von Heidegger, dass Nietzsches Opposition gegenüber der Metaphysik ihn unheilbar in die Metaphysik verstrickte. Und diese Entwicklung ergab sich deswegen, weil Heideggers Nietzsche Kommentare von Heideggers Gelehrten als ein Freifahrtschein dafür angesehen wurden, Nietzsche, vielleicht mehr als jeden anderen Namen in der Geschichte der Philosophie, schlechthin zu ignorieren und Nietzsche als den Hauptmissetäter in der Geschichte der westlichen Metaphysik zu betrachten, wobei bequemerweise die Spannung zwischen dem Nahen und dem Fernen, dem Nächsten und dem Fernsten, ignoriert und gleichzeitig gerade die Praxis des Hinterfragens verdunkelt wurde, die für Heidegger der einzige Weg war (als ob dies je Heideggers eigener Wunsch sein konnte), mit der Aufgabe des Denkens gerade am Ende der Philosophie voranzukommen. Siehe weiter Babich 2005.

rikanischen Möglichkeiten für die Zukunft, wie wir sie uns nur vorzustellen wissen. Aber weit davon entfernt, der Nostalgie das Wort zu reden, erklärt Heidegger zu dieser Zeit:

„Die Behexung durch die Technik und ihren sich ständig überholenden Fortschritt ist nur *ein* Zeichen dieser Verzauberung, der zufolge alles auf Berechnung, Nutzung, Züchtung, Handlichkeit und Regelung drängt. Sogar ‚der Geschmack‘ wird jetzt Sache dieser Regelung, und Alles kommt auf ein ‚gutes‘ Niveau“ (§ 59, *Das Zeitalter der völligen Fraglosigkeit und Verzauberung*).

Die *Machenschaft*, auf die Heidegger hier hindeutet (das heißt, das „organisierte Geschrei“, das so provozierend aber so ohnmächtig in einem absichtlich zurückbehaltenen Text analysiert wird), bezieht sich auf die damaligen Parteiveranstaltungen:

„die Übertreibung und Überschreiung und das blinde bloße Anschreien, in diesem Schrei man sich selbst beschreit und sich von der Aushöhlung des Seienden wegtäuscht“ (§ 66, *Machenschaft und Erlebnis*).

In ethischer Hinsicht ist zu bemerken, dass insoweit, als dieser Text unveröffentlicht war und bleibt, er keinen „Widerstand“ gegen den Nationalsozialismus an sich beweist. Bestenfalls handelt es sich hier um eine Art „geistige … Zurückhaltung“ [*mental reservation*] an Stelle von wirklichem Handeln. In Heideggers Vorlesungsveranstaltungen zu Hölderlin sowie in denen zu Nietzsche finden wir doch klare und sogar parallele Aussagen, die als derartige Äußerungen von Widerstand betrachtet werden können, wie das eben für diese Feststellungen nicht zutrifft.

Wichtig für sein Technikverständnis sieht Heidegger die Unmittelbarkeit von Radioübertragungen an, ähnlich wie Rudolf Arnheim, der Radiosendungen aufgrund derselben Erfahrungen der Zwischenkriegszeit in Deutschland analysierte. In diesem Sinne erklären Arnheims phänomenologische Reflexionen die geradezu sakrale Macht des übertragenen Lauts:

„Das rein physikalische Faktum, dass die normale Distanz zwischen Lautquelle und Mikrophon beträchtlich ist, impliziert als eine Normalsituation der Feinkunst des Übertragens eine *geistliche* und *atmosphärische* Nähe des Senders und des Hörers“ (Arnheim 1972, 77–78).

Für Arnheim, der eine streng phänomenologische Analyse der auditiven Wahrnehmung bietet, ist es wichtig festzustellen, dass das Hauptmerkmal des übertragenen Tons, einer übertragenen Stimme und übertragener Musik gerade in der „Abwesenheit von Direktionalität" liegt (Arnheim 1972, 55–57). Später weist er darauf hin, dass es nicht im Bereich der Möglichkeiten des Rundfunks liegt, eine „riesige Massenmenge mit Enthusiasmus" (Arnheim 1972, 82), „anzufeuern", obwohl der Gebrauch (oder wie Arnheim die Dinge sieht: der Missbrauch) eines Lautsprechers dieser Aufgabe perfekt gerecht wird, insofern die durch das Mikrophon veranlasste Deformation sich somit explosiv in eine auf den visuellen Aspekt des Sprechers bezogene Intimhaftigkeit erweitert.

Desgleichen kann man an den noch roheren „Ventriloquismus" der Lautsprecher denken, wie man ihn zur „Belebung" der Parteiaufmärsche einsetzte, der aber auch auf dieselbe Weise wirkt wie die „strömenden Medien" des heutigen Internet. Heideggers Analyse bleibt für jede Art Medium in Kraft, nicht nur für den Journalismus, den Heidegger, wie Nietzsche vor ihm, ablehnend als Surrogatwissen kritisiert, welches immer noch mehr Surrogatbedürfnisse bedient, sondern auch für die interpersonelle Kommunikation jeglicher Art samt ihren jeweiligen Gerätschaften: E-Mail, STS-System und Mobilfunk-Technologien. Die von Lautsprechern angetriebene organisierte Massenpolitik des Nationalsozialismus und die viel subtilere Allgegenwart des heutigen Mobiltelefons wissen zum einen nichts von einer inhärenten oder fundamentalen Grenze und zum anderen fehlt es ihnen selbst an Zurückhaltung oder „Scheu". Diese Grenzenlosigkeit verbindet das Ideal des „Erlebnisses" – dessen, was wir heute als ein teilnahmezentriertes oder performativ wirkliches (oder gar als virtuelles on-line) Leben bezeichnen; vielleicht erklärt es sogar den wachsenden Zuspruch für Reality-TV – oder auch totale gängelnde Machination –, d. h. Machenschaft überhaupt, im Sinne Heideggers.

Wenn Heidegger den antizipatorischen Charakter intentionalen Vorstellens und Handelns deutet, geht es dabei um mehr als die Tatsache, dass der von ihm so bezeichnete Zufall machinaler Machenschaft und erlebter Erfahrung einer lebendigen oder wirklichen oder wahrhaftigen Macht die Möglichkeit eines Ortes in der postmodernen Welt einnimmt.

> „Der Entwurf des Vor-stellens im Sinne der vorgreifend-planend-einrichtenden *Erfassung* von allem, bevor es schon im Besonderen und Einzelnen gefaßt ist, dieses Vor-stellen findet am Gegebenen keine Grenze und will keine Grenze finden" (Heidegger 1989, § 70, *Das Riesenhafte*).

Derart betont Heidegger, die moderne technische Praxis sei wesenhaft und fundamental anders als die aristotelische *techne* zu interpretieren: „[e]s gibt grundsätzlich nicht das ‚Un-mögliche‘; man ‚haßt‘ dieses Wort“ (ebd.).

Dieselbe Ungeduld mit dem Begrenzten erscheint als kapitalistische Losung unseres eigenen technologischen Optimismus und unserer technischen Ambitionen im Informationszeitalter, als das, was Ivan Illich *Hybris* nennt. Zu jener Zeit jedoch, vor etwa fünfundsechzig Jahren, sah Heidegger hierin die treibende Logik des Faschismus:

> „Alles ist menschen-möglich, wenn nur Alles in jeder Hinsicht und diese wiederum im voraus in Rechnung gestellt und die Bedingungen beigebracht werden“ (ebd.).

Betrachtet man die Dinge mit der Begrifflichkeit und innerhalb der Schemata des technisch-wissenschaftlichen Komplexes, dann kann alles im Voraus gegeben oder als gewusst angesehen werden: „innerhalb der Machenschaft gibt es nichts Frag-würdiges“ (Heidegger 1989, § 51, *Der Anklang*).

Als das Zeitalter des Weltspektakels dargeboten, ermöglicht der wissenschaftliche Standpunkt oder die technische Sicht in der Neuzeit überhaupt erst die Unmittelbarkeit der vermittelten Erfahrung. Der wissenschaftliche Standpunkt erreicht dies, indem er in dramatischer Weise alles Fragbare ausschließt und das, was des Fragens würdig wäre, in lediglich technische Probleme umdeutet: das „Frag-würdige“ wird bloß zu einer Reihe potentieller Problemstellungen, die der Entdeckung ihrer Lösung entgegenharren.

Das optimistische Ergebnis wird experimentell erzielt, als „Erlebnis“, das jetzt in der Form wissenschaftlich erkennbarer und potentiell universal bereitgestellter oder zumindest ausdrückbarer Ergebnisse zugänglich ist. Derartige Ergebnisse finden eine eindeutige Interpretation auf dem einen Weg zu wachsendem Fortschritt und Wohlstand, für jedermann zu erwerben und bereitstehend zur Aufregung, zur Unterhaltung, zur Zerstreuung und so weiter.

Unter dem Thema „Die Not“ bedenkt Heidegger die Frage des spätmodernen Ethos der Freizeit und des Komforts – die Nietzsche früher schon gestellt hatte – und er hinterfragt dabei die gegenwärtige Hochschätzung der Freiheit von Not als eines unbedingten „Gutes“. Diese Abhandlung stellt ein Echo von Nietzsches Erwägungen in „Jenseits von Gut und Böse“ und in der dritten Abhandlung der „Genealogie der Moral" dar, im Hinblick auf den von Nietzsche so genannten sokratischen (alexandrinischen) Optimismus in der „Geburt der Tragödie" und wiederum, im Namen von Platon und Aristoteles, mit der ganzen philosophischen Tradition, der „Götzendämmerung" (vgl. Heidegger 1989, § 53 und § 55). Der Verlust des Seins spielt hier bei Heidegger eine entscheidendere Rolle als die Auseinandersetzung mit Freizeit und kultureller Bequemlichkeit und als kapitalistisches Spektakel medialer Zerstreuung oder allgegenwärtiger Reklame.

Dieser Verlust, der jetzt im grenzenlosen Ehrgeiz des Westens (den wir heute als Globalisierung bezeichnen) Ausdruck findet, spiegelt sich in dem gigantischen Ideal der Totalisierung wider – und ihn betont dann Heidegger in jenen Vorträgen, die sich später in den Essays in und um „Die Frage nach der Technik" verdichten. Und, was schon in diesem frühen Text in den Vordergrund gerückt wird, dieser Verlust ist gleichzeitig dasselbe wie unsere Selbstsicherheit. Er entspricht auch dem, was Heidegger in den „Beiträgen" als „Fraglosigkeit" in einer fraglosen Zeit bezeichnet. Denn damals wie jetzt orientieren wir uns fraglos an der gängelnden Machenschaft unserer Zeit und an unserer Technologie als Endzweck und Mittel. Dennoch hat diese Selbstsicherheit zahlreiche Wandlungen (und ebenso zahlreiche Verwerfungen) erfahren; und – das ist die tiefere Bedeutung jener Fraglosigkeit – wir sind weiterhin überzeugt, dass wir unsere Technik so gut wie unter Kontrolle haben. Wenn uns irgendetwas wahrhaft retten kann, dann ist die Rede nicht von „Gott" (vgl. Der Spiegel: „Nur noch ein Gott kann uns retten"), sondern von unserer Technologie. Und wenn die Technologie droht, Probleme aufzuwerfen, dann kann man sich auch dagegen absichern (wie zum Beispiel durch die Anti-Virus-Software, die entwickelt wurde, um unsere Cyber-Antennen oder Computer gegen die „Trojanische" oder Spitzel-Software zu schützen, die wir ungeahnt, aber automatisch herunterladen, wann immer wir im Internet surfen). Technologisch, wie wir eben sind (von Kopf bis Fuß), wollen wir die Kosten managen und die Vorteile der uns zur Verfügung stehenden Macht „erhalten" – in ökologischer Hinsicht als eine „Umwelt", die wir als „Natur" verstehen, und so letztlich als Mittel unserer Selbstdarstellung oder der Entwicklung der Welt oder „unseres Selbst" nach unserem Ebenbild.[14]

---

14 Eine nützliche Diskussion dieses Punktes hinsichtlich des ambivalenten Ideals einer „haltbaren Entwicklung samt favorisierenden Ökologie" ist in Davison (2002) zu finden. Im Zuge einer Kontextualisierung des Problemkreises mit Hinweis auf Technologieentwicklung und -planung, Politik und Theorien von Nord-Süd und europäischer (oder globaler) Wirtschaftslehre und politischer Praxis und Ermächtigung bezieht er sich auch auf eine Reihe von relevanten Texten.

5 Heidegger, die Technik und die Verwüstung des Stils nach Nietzsche

Zumindest bis zu seinem Tod schützte Heidegger das vollendete Werk, seine „Beiträge zur Philosophie", das sein „Wille zur Macht" werden sollte, als „Vermächtnis".[15] Er würde, um es mit seinen eigenen Worten zu sagen, „kaputt gemacht" werden bei dem Versuch, es mit Nietzsches Stil aufzunehmen, mehr noch, Nietzsche stilistisch nachzuahmen und ihm bis in den aphoristischen Stil der Betitelung von Abschnitten hinein zu folgen. Demgemäß – so meine These – sollten wir sein Bekenntnis, Nietzsche habe ihn kaputt gemacht, im Rahmen dieser sprachstilistischen Beziehung verstehen. Es handelt sich darin um Nietzsches stilisierte Ausrichtung seiner Texte auf bestimmte Leser hin (immer ein besonderer Erfolg bei einem veröffentlichten – und mithin, laut Nietzsche bei allen Büchern, einem allzu öffentlichen und daher allzu gemeinen – Werk).

Nach Heideggers Sicht betrifft Nietzsches esoterische Auszeichnung seine eigene, höchst esoterische Konzeption der Natur des Fragens in der immer noch schwierigen Unbestimmtheit seines endgültigen Rufes „Für die Wenigen – Für die Seltenen", und es ist diese stilistische Zurückhaltung, die sich in Heideggers eigenem (und unverzeihlich problematischem) Ausdruck des Schweigens fortsetzt. „Es verschlägt einem das Wort ... ursprünglich", schreibt Heidegger, „Das Wort kommt gar nicht zum Wort" (Heidegger 1989, § 13, *Die Verhaltenheit und die Sorge*). Beim Nachdenken über „Das Erschweigen und das Fragen" wird er behaupten, dass Suchen, Fragen *und* Stillschweigen enge, sogar wesenhafte Verbindungen eingehen. So können wir Heideggers Satz verstehen: „Das Suchen als Frage und dennoch Erschweigung."[16]

Wenn Heidegger das Fragen in seiner leitenden Modalität in den Vordergrund stellt, also als authentisches, „eigentliches" Fragen (im Gegensatz zu jener Art des Fragens, die, wie in den „Beiträgen" kontrastierend hervorgehoben, der „Neugierde" entspringt, und die, wie wir ergän-

15 Für eine ausführlichere Besprechung siehe Babich (Winter 2003).
16 Für ein deutsches Ohr hat „*und dennoch*" größere Resonanz als für ein französisches oder ein englisches Ohr. Diese Phrase hat eine bedeutsame Geschichte in dem, was schließlich die Debatte zwischen Hermeneutik und Dekonstruktion wurde, und Gadamer verwendete sie schließlich sogar im Titel seiner Reflexionen in seinem Dialog mit Derrida. Siehe als seine Antwort auf Derridas „Guter Wille zur Macht – Drei Fragen an Hans-Georg Gadamer" (Derrida 1984) Gadamers „Und dennoch: Macht des guten Willens" (Gadamer 1984).

zen können, ebenso der investigativen Forschung entspricht), so wird in den Nietzsche-Vorlesungen die Natur des Fragens weiter ausgearbeitet (Heidegger 1961, 142; vgl. 1989, § 5). Der Fragestil, dem man sich zu widersetzen hat, ist der der wissenschaftlichen Untersuchung: antwortgebundenes oder problemgerichtetes Fragen.

Für Heidegger bleibt solches Untersuchen vor dem eigentlichen Fragen stehen. Und im Gegenzug zur herrschenden Logik will Heidegger auf die Radikalität des Denkens selbst hinaus. Es ist hier zu bemerken, dass diese tradierte Logik nicht nur die der logischen Positivisten wäre (also die der Logik als solcher, die Rudolf Carnaps intellektuelles Kapital wurde), sondern sie entwickelte im Laufe der Zeit eine breiter gefächerte und weniger rigorose Anhängerschaft, und zwar in der journalistischen Selbsterhebung und der ihr entsprechenden überzogenen Selbstsicherheit der Kritiker von „Sein und Zeit", die Heideggers Nachdenken in anderen Kontexten zu bittereren Reflexionen weiterführten; ich beziehe mich hier auf Heideggers Bemerkungen zum Tod und das, was er als die „journalistischen" (und „philisterhaften") Interpretationen seines Werkes „Sein und Zeit" betrachtete, das, wenn es nicht als eine Anthropologie dargestellt wurde (die sich in die Begriffswelt des Existentialismus entfaltete), als eine Philosophie des Todes betrachtet wurde (Heidegger 1989, §§ 162, 163).

Heidegger kritisiert die modernen Wissenschaften in ihrer totalisierenden Logik, d. h. in ihrem technologischen Wesen. Viel später wird er, sehr im Geiste Nietzsches, schreiben: „Heute herrscht der Glauben, die Wissenschaft allein gebe die objektive Wahrheit. Sie ist *die* neue Religion" (Heidegger 1987, 18).[17]

Diese Kritik äußert sich in Heideggers Verwerfen der gängelnden Machination.

Hier ist hervorzuheben, dass uns heute, genau so wie in Heideggers eigener Nazi-politisierten Welt, Heideggers Beiträge zu einem Erfassen des Wesens der modernen Wissenschaften als begrifflich entgegengesetzt erscheinen insoweit als wir mehr oder weniger Anteil haben an einer sich kognitiv gebenden Wissenschaft im Allgemeinen so wie den kognitivistischen Sinngebungspräferenzen (und analytischen Gepflogenheiten) der Wissenschaftsphilosophie.

Wenn die heutige Wissenschaftsphilosophie nicht mehr von der scholastischen Philosophie beherrscht wird, oder, wie zu Heideggers Zeiten,

---

17 Siehe Paul Valadiers Abhandlungen zum selben Thema (Valadier 1999).

von einem Neukantianismus, dann ist sie aber immer noch beherrscht von einer weiterhin anhaltenden analytischen Ausgangsweise oder Herangehensweise an das grundsätzlich wissenschaftliche Problem der Wissenschaften auf der Basis eines modernen Weltbildes. Es ist auch bemerkenswert, dass Heidegger hier zwischen Wissenschaft und ihren äquivalenten Vorläufern und der Modernisierung, die mit ihrer Reduktion auf oder Gleichsetzung mit einer naturwissenschaftlichen und technologischen Wissenschaft einhergeht, unterscheidet.

Philosophie, die Magd der Theologie, und zwar aus tadellos metaphysischen Gründen, war indes für Heidegger nicht die Magd der Wissenschaften; das Verhältnis war vielmehr umgekehrt. So hatte die Darlegung Heideggers in „Sein und Zeit“ ähnliche Unterscheidungen gefordert. „Solche Grundlegung der Wissenschaften“ hinkt nie den Wissenschaften nach, sagt Heidegger; sie wirkt stattdessen als „produktive Logik in dem Sinne, daß sie in ein bestimmtes Seinsgebiet gleichsam vorspringt, es in seiner Seinsverfassung allererst erschließt und die gewonnenen Strukturen den positiven Wissenschaften als durchsichtige Anweisungen des Fragens verfügbar macht.“[18]

Eben dieses Beharren auf der modernen (und technologischen) wissenschaftlichen Weltanschauung führt uns zu der wohl meistgeschmähten Textstelle bei Heidegger. Denn die „Beiträge“ wiederholen das, was Heidegger in der bekannteren Passage der „Einführung in die Metaphysik“ vorbringt. Vergleicht man sie auf das rechnende, technologisch-rationale Ideal der Neuzeit hin, dann sind „Amerika“ und „Russland“, so Heidegger, tatsächlich „das Selbe“. Im Zusammenhang gesehen (oder zumindest in seiner eigenen Vorstellung), wird Heideggers Bemerkung zum Tribunal: Sie kritisiert das damals herrschende Regime als eines, das dieselbe dynamisch politisierende, technologisierende Ordnung und dasselbe ordnende Moment darstellt wie andere (und ansonsten andersartige) imperialistische Gesellschaften. Entsprechend ist die Triebkraft, die Heidegger *Machenschaft* nennt, dem „bolschevistischen“ Russland ebenso eigen wie dem „kapitalistischen“ Amerika, und eine solche technologische Machination wäre ganz genauso – und darum geht es Heidegger hier – dem „nationalsozialistischen“ Deutschland eigen. Darum erklärt Heidegger:

18 Heidegger, 1984, Int. I, (§ 3) ; siehe auch § I.1, S. 50; I.6, § 44, S. 212–230.

> „Die ‚völkische' [d. h. nationalsozialistische] ‚Organisation' der ‚Wissenschaft' bewegt sich auf derselben Bahn wie die ‚amerikanische'" (§ 76, *Sätze über die Wissenschaft*, 10).

Wir können weiter behaupten – mag es auch eine politisch heikle Aussage sein –, dass genau dieses globalisierende Ideal, d. h. die technologische Machenschaft selbst, ungehindert in dem monotonen, mehr totalisierten als monopolistischen, Kapitalisten- und Konsumentenethos unserer eigenen Tage weiterlebt.

An dieser totalisierenden Parallele kann man aber sehen, dass sie den Sinn der so genannten „inneren Wahrheit und Größe" des Nationalsozialismus in ein anderes Licht rückt, und zwar gerade im Kontext der in Parenthese folgenden Erläuterung, die wir alle kennen als einen vermutlich späteren Zusatz von Heidegger, „nämlich mit der Begegnung der planetarisch bestimmten Technik und des neuzeitlichen Menschen" (Heidegger 1976, 152). Sie entspricht jetzt Heideggers Behauptung, die moderne, die techno-rationalistische Weltanschauung des Nationalsozialismus wäre im Wesen dasselbe, oder: *nicht anders,* oder: *nicht bedeutsam anders als* amerikanische oder russische Alternativen.[19] Halten wir fest, dass hinsichtlich der Zweiteilung der Vernunft in eine kritische und eine objektive oder wissenschaftliche (oder nicht-kritische) Vernunft Herbert Marcuse eine ganz ähnliche These aufgestellt hat.[20] Marcuse weist hier darauf hin, dass die moderne Technologie die Tendenz hat, das Kritische dem Autoritären aufzuopfern, das ein Absolutes, will sagen, ein absolutes Ideal der Vernunft ist. In Heideggers Fall, und mithin anders als bei den Einsichten seines politisch (und dialektisch) gebildeteren Schülers, scheint klar zu sein, dass gerade seine am wenigsten ansprechenden politischen Werte hier mit seiner Überzeugung in Einklang stehen und seinem Widerstand gegenüber dem Kern der modernen Wissenschaften entsprechen. Denn es ist seine Skepsis bezüglich des Erlösungspotenzials der Demokratie, die ihn auf die

19 Aus diesem Grund befindet Alexander Schwan, dass eine präzise Interpretation der „Beiträge" (inklusive Heideggers unerbittlicher und ausnahmsloser Ablehnung dessen, was er „Liberalismus" nennt [oder anthropomorphisches Denken oder Humanismus]) eine hieb- und stichfeste „Widerlegung" von Farìas' Argument bietet, indem er zeigt, dass, was immer man vom erlösenden Wert der modernen Wissenschaft und der liberalen Demokratie halten mag, hier Heideggers Überzeugung gegen die Grundhaltung der modernen Wissenschaft und seine bis in die sechziger Jahre erhalten gebliebene Skepsis gegenüber dem erlösenden Potenzial von Demokratie deutlich hervortritt: „Die *Beiträge* bieten dementsprechend eine einzigartige Widerlegung von Viktor Farìas' Unterstellung, dass Heidegger in der Vergangenheit und weiterhin – auch im ideologischen Sinn, ein überzeugter Nationalsozialist war" (Schwan 1994, 79).

20 Marcuse 1998, 49 und *passim*.

Gegenseite zum Nationalsozialismus *und* dessen durchaus nicht singulärer Begeisterung für die Wissenschaften bringt.[21] Heideggers Behauptung ist atemberaubend prophetisch im Hinblick auf die Globalisierung als solche. Unter den neuesten Marktwirtschaften befinden sich Russland *und* Amerika. Sie werden, dessen kann man sicher sein, wenn der aufgewirbelte Staub des politischen Konfliktes sich gelegt hat, Afghanistan *und* Irak, das ganze Korea, Pakistan usw. umfassen. Alle Wirtschaftssysteme werden unter den einen Schirm der Weltwirtschaft gebracht werden, der die totalisierende Bedeutung des Globalen *an sich* darstellen wird, und zwar jetzt in einem rechnend-ökonomischen und zugleich produktiv-rationalistischen Sinn (*als* der globale Markt und *als* der Nicht-Ort, den wir als Internet bezeichnen). Sollte auch die wirkliche Marktwirtschaft der globalisierten Welt noch weiterhin mit altmodischen politischen Problemen konfrontiert sein, mit Grenzen und (so genannten) soziokulturellen Werten – Jihad (oder „Olive Tree Values“) vs. McWorld (oder „Lexus Economies“)[22] – wir kennen diese globale Zukunft jetzt besser, als Heidegger (wie hellsichtig auch immer er war) sie sich vorstellen konnte. Wir wissen nämlich, wie eine totalisierte, globalisierte Welt in einer praxisbezogenen Theorie aussehen würde, das heißt, wir wissen es „virtuell“. Heideggers absichtlich undifferenzierter Punkt gegen die Vorstellung von dem „Un-möglichen“ an sich, welches unser eigenes Regime von Freiheit prinzipiell so sehr wie das Naziregime „haßt“ (§ 70; cf. § 51, § 58), das er in den „Beiträgen“ anklagte, ist in der einen globalen Welt exemplifiziert, ist das Voll-Mögliche, das wir alle „schon“ (zumindest vom Ideal her) geworden sind.

In der Folge der fundamentalistischen islamischen Attacke auf die USA am 11. September 2001, vielleicht sogar mehr noch angesichts der darauf folgenden Angriffe auf Afghanistan und noch brutaler und andauernder jetzt in der US-Besetzung des Irak, ist eine frühere Debatte über

21 Zusätzlich zu der enthusiastisch forschungsfreundlichen Einstellung der Wissenschaften und der Politik des Nationalsozialismus müssen wir auch seine Abhängigkeit von und sein Engagement mit der Demokratie einbeziehen (wir sollten nicht vergessen, dass der Nationalsozialismus eben gerade eine Volks*bewegung* mit breiter politischer, will sagen, demokratischer Unterstützung war, und die Beliebtheit von Daniel Goldhagens kontroversem Buch spricht indirekt dafür). Das ist ein Punkt, den Peter Schneiders (13. Februar 2000) Essay über „The Good Germans“ in „The New York Times Sunday Magazine“ herausarbeiten will in seiner Darstellung der nichtheroischen oder eben genau alltäglichen und sehr kleinmaschigen Großzügigkeit der etwa 100 Deutschen, die ausschlaggebend waren für Konrad Lattes Rettung über die ganze Nazizeit hinweg. Aber wie bei allen nuancierten Interpretationen ist die Schwierigkeit mit seinem Argument, dass es den perfekten Konturen der politisch Korrekten und der Schwarzweißmalerei von Gut und Böse widerspricht.

22 Siehe Barber 1995 und vgl. Friedmann 2000.

die Autonomie der Technik, die nur Spezialisten interessierte, zu einer nur allzu genauen Einsicht geworden. Das ist Heideggers Frage nach der totalisierenden Mechanisierung von demokratisch *nutzerspezifischen* und *nutzerangeeigneten* Technologien; und die unmögliche und dennoch allzu wahre Darstellung der Nichtbeherrschbarkeit der Technik, selbst wenn (vielleicht gerade wenn) sie von ihren Nutzern *vereinnahmt* wird, unterstreicht nur seine ursprüngliche Einsicht.

Heidegger macht eindringlich darauf aufmerksam, dass wir nicht dann der Technik am meisten unterliegen, wenn sie uns erstaunen lässt, sondern genau dann, wenn wir sie als eine Selbstverständlichkeit hinnehmen: das heißt, wenn sie allgegenwärtig genug ist, dass wir auf ihren anthropologischen und instrumentalen Charakter bauen, in der Überzeugung „Alles liegt daran, die Technik als Mittel in der gemäßen Weise zu handhaben. Man will, wie es heißt, die Technik geistig in die Hand bekommen."[23] Das ist der Kern von Heideggers Kritik der Verzauberung der Entzauberung (der Verhexung durch die moderne Technik) in den „Beiträgen". Wenn Technikkritiker wie Marcuse oder, in jüngster Vergangenheit, Langdon Winner oder John Gray Besorgnis ausdrücken hinsichtlich des möglichen Verlusts gewisser Freiheiten, die vorher als unabdingbar betrachtet wurden, jedenfalls für Amerikaner in ihrem eigenen Land, sind solche Sorgen eben nicht gegenstandslos: Sie stellen die unerlässlichen Grundregeln für die amerikanische nationale Sicherheit dar.

Ausgerüstet mit einem bestimmten Programm technologischer Schulung, verwandelte ein Selbstmordattentat Flugzeuge in benzingetriebene Bomben. Das Modell war bereits hinreichend in den fortdauernden Konflikten des Mittleren Ostens bekannt: Ein Lastwagen wird durch die Barrikaden eines Militärkomplexes gerammt, wobei das Leben des Fahrers um ein Maß an wechselseitiger Zerstörung willen geopfert wird. So wie ein Selbstmordfahrer einen Lastwagen führt, steuern Piloten ein Flugzeug, nur mit einer größeren Masse und Geschwindigkeit und mit unvorstellbar stärkeren Konsequenzen. Wir sahen, wie zwei Wolkenkratzer aus dem südlichsten Horizont der Stadt New York herunterstürzten, sahen zu, wie sie in sich selbst versanken, im Tod zusammenbrachen, indem sie giftigen Staub verbreiteten; und jeder Lacanianer kann uns sagen, was kein New Yorker abstreiten kann: Wir sind gefangen im Rückstoß einer aufdringlichen Dauerhaftigkeit, die uns Jacques Lacan neulich als Zeugnis

23 Das ist Heideggers Hauptpunkt in seinem „Die Frage nach der Technik" (Heidegger 1978, 11).

für jenes Erkennen lehrte, das er unheimlich das jetzt wirklich *unmögliche* Register des „Realen“ nannte.[24] Das rationalistische Ideal nannte Heidegger Logik, jenseits des Reichs des imaginär Erhabenen, das sich jetzt überhöht als das virtuelle Bild der modernen Technologie darstellt. Die moderne wissenschaftliche Weltanschauung, die heute stets ungehemmter durch irgendwelche „möglichen“ (vorstellbaren) Alternativen herrscht, ist die einzige verbleibende Regel. Weder Pluralismus noch eine „Rückkehr“ zu traditionellen Gesellschaften kann das monotone Spiel der Technik abändern. Weder die moderne Welt noch vormoderne Gesellschaften (als was man insistent gemäß einer überholten Ideologie fundamentalistische islamische Gesellschaften gern darstellen möchte) können anders als technologisch angesehen werden. Es verbleibt nur die Modernität, liberal oder nicht, und das ist es, was Heidegger in diesem Text als *Machenschaft* bezeichnet.

Wie auch Pöggeler betont, werden aus dieser Sicht alle Reflexionen, die sich im Fahrwasser der Metaphysik halten, notwendig „übergänglich“ (Pöggeler 1963, 144). „Beiträge“ der scheinbar fragmentarischen Form des provozierend betitelten Aphorismus und des verknappten Umrisses bei Nietzsche folgend (was freilich bei Heidegger nicht immer voll gelungen ist) sind dann alles, was von Heideggers Erbe verbleibt – als sein „Wille zur Macht“. Das ist so, weil in dem schärfsten Übergang von dem Heidegger I zu dem Heidegger II, Hölderlins „Tod des Empedokles“ paraphrasierend und ebenso offenbar auf Nietzsche verweisend, Heidegger mit Bezug auf die Philosophie sowie auf sein erstes Buch schreibt: „Die Zeit der ‚Systeme‘ ist vorbei“ (Heidegger 1989, § 1, *Die „Beiträge“ fragen in einer Bahn*).[25]

Wenn Hölderlins Empedokles in seiner Ablehnung einer populären Ausrufung zum König erklärt, dies sei nicht mehr die Zeit der Könige, so

24 Jacques Lacan (1978, 45) schreibt: „Die Götter gehören zum Bereich des Realen.“ Der Epigraph findet sich nicht in der deutschen Übersetzung von Norbert Haas, jedoch der Anlass dafür lässt sich hören, indem Lacan erklärt das Reelle als das, „was stets an derselben Stelle wiederkehrt – an der Stelle wo das Subjekt als denkendes oder als res cogitans ihm nicht begegnet. Er schließt mit einem Hinweis auf den Unterschied zwischen dem aristotelischen *Tyché* und *Automaton* als dem, „was für uns die Begegnung mit dem Reellen ist.“ So fährt er in seiner Abhandlung zu „Tyché und Automaton“ auf andeutend theologische, wenn auch negative Weise fort: „es geht um ein Rendez-vous mit den Reellen, zu dem wir stets gerufen sind, das sich jedoch entzieht“ (ebd., 59).

25 Hölderlins „Empedokles“ war auf ähnliche Weise für Nietzsches Zarathustra bedeutsam. Das ist ein komplexer Bezugspunkt und eine komplexe Verbindung, die ich in Babich 2000 in Angriff nehme. Siehe auch David B. Allisons damit verbundene Diskussion von Zarathustra (Allison 2001). Einzusehen wäre auch Heidegger 1989, § 43, wo Heidegger Nietzsches „Götzendämmerung“ zitiert: „Der Wille zum System ist ein Mangel an Rechtschaffenheit“.

bezog sich das für Hölderlin selbst auf die Französische Revolution.[26] In einem veränderten politischen Klima bekräftigt Heideggers unveröffentlichter „Wille zur Macht“: „[d]ie Zeit der Erbauung der Wesensgestalt des Seienden aus der Wahrheit des Seyns ist noch nicht gekommen“ (ebd.).

Die Probleme der heutigen modernen Technik sind nicht nur die Probleme von Nationen und Diktatoren, von Politisierung und von Krieg. Heute liegen unsere Probleme auch in den Nahrungsmitteln, die wir einnehmen, der Luft, die wir einatmen, und in naher Zukunft werden die Probleme das Aussehen unseres eigenen menschlichen Fleisches annehmen: Unbedingt möchte die Technik im neuen Jahrtausend ein menschliches Gesicht annehmen. Es ist nicht eine freundlichere, sanftere Technik; stattdessen ist es eine Technik, die Reis und Getreide an Bauern verkauft, damit sie Reis- und Getreidearten anbauen, die besondere Eigenarten gegen Krankheiten, Ungeziefer und Unkräuter bieten, aber die auch (nur so rein zufällig und auch sehr vorteilhaft für Monsanto) nicht wieder wachsen können. Wie die Aktivierungsprogramme bestimmter Software sind diese neuen Samen Einwegsamen, und wenn man als Bauer weitermachen will, so wird man zum Hersteller dieser neuen und verbesserten Versionen zurückkehren müssen. Die Techniken sind recht einfach, recht ähnlich dem Aufpfropfen auf der Zellebene, das Bauern und Gärtner schon immer praktiziert haben.

Indem die Zellmechanismen von genetisch veränderten, aber immer noch allzu natürlichen Bakterien als vorhandene Technologien umgearbeitet werden (wir sind mit all unseren genetischen Modifikationen der Lebensprozesse weit davon entfernt, künstliches Leben erfunden zu haben), erstellen unsere Mechanismen dennoch nur Operatoren wie nucleotide Transkriptionen, das Aufgreifen von modifizierten Genen als Therapien oder als Transformationen. Bereits patentiert und bereits im Einsatz sind einzellige Organismen, einsatzbereit für die vorhandene Arbeit genau deshalb, weil der benötigte Mechanismus (Infektion/Ingestion) bereits vorhanden ist, selbst wenn er entschieden jenseits der Grenzen dessen liegt, was unsere gegenwärtigen Techniken herstellen können. Indem sie modifizierte Bakterien und Viren als Vektoren verwenden, wie das heutige Forscher tun, ist das technisierte Tier selbst neu geboren als der virale Vektor von profi-

26 Siehe Bertaux 1969 für eine Behandlung der Bedeutung dieses Ereignisses und zum Verständnis von Hölderlins Lebensgeschichte (ganz besonders und hoch brisant Hölderlins Wahnsinn) und siehe eine ganze Anzahl vorhandener historischer Abhandlungen zur politischen Involviertheit von Hölderlins Schriften für ein Verständnis dieser Allusion. Ich behandle dieses Thema zum Teil in Babich 2000.

tablen Mutationen, ebenso das bakterielle Plasmid, und Monsanto träumt bereits einem Tag entgegen, an dem es die Welt beherrschen kann.

Wenn Heidegger den Übergang vom humanen zum technisierten Tier beschreibt, so artikuliert das Bild, das er verwendet, eine organische Technizität, die dem voraus ist, was zu seiner Zeit vorhanden war. Es ist keine Darstellung von Shelleys „Frankenstein“, ein Mensch der nicht im Bilde Gottes, sondern des Menschen gemacht ist, von zusammengeschusterten Körperteilen; nicht einmal die Roboterfantasie, die uns immer noch in Bildern illusorischer Androiden belustigt; Illusionen, die dem ebenso imaginären Cyborg der Fantasie und nicht festmachbaren Verknüpfungen zwischen dem Virtuellen und Wirklichen den Platz geräumt haben, heute in der neuen Sprache der Gene. Dies bedeutet, dass wir menschlichen Wesen, und nicht nur Reis oder Sojabohnen und Mais, *unser eigenes Selbst* in unserer Essenz genannt finden werden.[27]

Was im heutigen digitalisierten Ideal verraten wird, ist nicht mehr die warnende Drohung, dass die Menschheit selbst, nicht nur die „natürliche“ Welt der „natürlichen Ressourcen“, die Gestalt von Heideggers „Bestand“ annehmen wird. Die letzten fünfzig Jahre haben diese Gefahr all zu wirklich und sie zu einem alltäglichen Phänomen werden lassen. In der Theorie könnten wir von dem Marktpotenzial der ganzen (patentierten) Bevölkerung von Island sprechen. In der Praxis wollen wir nur die Fruchtbarkeitskliniken erwähnen, als wahrhaftige Banken von „Menschen-Wesen“, potenzial und aktual. So viele Ova, so viele Phiole von Samen, so viele Embryos, ganz abgesehen von Stammzellen und geklonten Zelllinien, der Basis von genetischer Forschung und in einigen Fällen nun bereits für mehr als fünfzig Jahre kultiviert. All das sind *bereits* existierende Waren auf Lager und nichts verglichen mit dem virtuellen Versprechen der nämlichen Technologie. Wenn sich das Genomprojekt als ein solcher Fehlschuss herausstellt, wie es ja geschehen ist, so verführt uns der genetische Code, die einfach molekulare Idee einer erfassten und zugänglichen Essenz der Menschheit als einem Signifikans, welches wir einvernehmlich an die Stelle der gelebten Komplexitäten menschlichen Lebens zu setzen hoffen.

Ich habe am Anfang dieser Ausführungen von Heideggers „Willen zur Macht“ unter der Rubrik der akademischen Eitelkeit und der Buchmärkte

27 In den „Zollikon Seminaren“ hatte Heidegger mit einem gewissen ironischen Humor gegen den reduktiven Anspruch einer kybernetischen Definition des Menschen argumentiert, wie sie von Norbert Wiener geboten worden war. „Von der Methode des Zuganges als einer Naturwissenschaft her bestimmt sich, was der Mensch ist“ (Heidegger 1987, 119). Zitiert nach Wiener 1964, 124.

gesprochen. Ich habe von realer Politik gesprochen – im Bereich des Welthistorischen wie des Alltäglichen. Über das Schicksal eines Buches hinaus, das dem editorischen Wohlwollen ausgeliefert wird, jenseits der Verletzlichkeit aller Autorintentionen (ein Verhängnis, das verknüpft ist mit dem öffentlichen Schicksal der Worte eines Autors, mag er meinen, sie noch so sehr geschützt zu haben): Am wichtigsten sind die Fragen, mit denen ich soeben geendet habe: Dies ist die Substanz der philosophischen Reflexionen von Nietzsche und Heidegger in Bezug auf den Willen zur Macht. Indem Nietzsche die Allgegenwart des Willens zur Macht in der Welt der Lebendigen und der Toten, im organischen sowie im anorganischen Leben lehrt, vor allem aber als den Machinationen der Mächtigen sowie den Kalkulationen der Unterdrückten gemeinsam, deutet sein philosophisches Vermächtnis auf die erstaunliche Fähigkeit aller Schwachen, auf den Erfolg einer Sklavenmoral, in der nur zu treffenden und unheimlich kontraintuitiven Deutung biblischer Lehren, die uns in verschiedenen Tönen, in *Alten* wie in *Neuen* Testamenten, sagen, es sei das auserwählte Schicksal der Schwachen: Das Schicksal des reaktiven und sklavenhaften Willens zur Macht wird es sein, die Erde als Erbe zu erhalten. Und dies besteht darin, jegliche andere Lebewesen zu enteignen, Tier und Pflanze, im Meer, in der Luft und auf dem Land, und uns schließlich, nach getaner Arbeit, gegen uns selbst zu kehren. Es versteht sich, dass wir dazu auf dem besten Wege sind. Heideggers „Beiträge" als seinen „Willen zur Macht" lesen, heißt, damit den Blick auf die Machenschaften der modernen Technik und der modernen Wissenschaft unerbittlich festzuhalten.

Wir brauchen sowohl Nietzsche als auch Heidegger, um die Rolle der modernen Technik innerhalb der modernen Wissenschaften zu begreifen, vor allem, wenn wir so etwas wie eine philosophische Kritik zu liefern gedenken. Aber vielleicht bedürfen wir, jenseits der Seinsfrage, auch einer philosophischen Kritik im Sinne Adornos – der Kunst, wie Nietzsche es nannte – auf dem allzu ontischen Boden des Lebens.[28]

Literaturverzeichnis

Allison, D. (2001): Reading the New Nietzsche. Rowman & Littlefield, Lanham, Maryland.

28 Heidi Byrnes, im ersten Rang, Gundula Scherf, Harald Seubert und Stefan Lorenz Sorgner spricht die Verfasserin ihren tiefen Dank für die großzügige Übersetzungshilfe und Korrektur aus.

Angehrn, E. (2003): Kritik der Metaphysik und der Technik – Heideggers Auseinandersetzung mit der abendländischen Tradition. In: Thomä, D. (Hg): Heidegger-Handbuch: Leben – Werk – Wirkung. Metzler, Stuttgart/Weimar, 268–279.

Arnheim, R. (1972): Radio. Da Capo Press, New York.

Babich, B. (1999): The Essence of Questioning after Technology: technê; as Constraint and the Saving Power. In: Journal of the British Society for Phenomenology. 30, 106–125

Babich, B. (2000): Between Hölderlin and Heidegger – Nietzsche's Transfiguration of Philosophy. Nietzsche-Studien. 29, 267–301.

Babich, B. (2003): Der Wissenschaftsbegriff bei Martin Heidegger und Medard Boss – Philosophisches Denken und Daseinsanalyse. In: Seubert, H. (Hg.): Heidegger und Daseinsanalyse. Böhlau, Köln, 249–268.

Babich, B. (Winter 2003): Heidegger Against the Editors – Nietzsche, Science, and the Beiträge as Will to Power. Philosophy Today. 47, 327–359.

Babich, B. (2005): Dichtung, Eros, und Denken in Nietzsche und Heidegger – Heideggers Nietzsche Interpretation und die heutigen Nietzsche-Lektüre. In: Heidegger-Jahrbuch II. Karl Alber, Freiburg im Breisgau.

Barber, B. (1995): Jihad Versus Mcworld. Times Books, New York.

Bast, R. (1999 [1985]): Der Wissenschaftsbegriff Martin Heideggers im Zusammenhang seiner Philosophie. Fromann-Holzboog, Stuttgart/Bad Cannstatt.

Bertaux, P. (1969): Hölderlin und die französische Revolution. Suhrkamp, Frankfurt am Main.

Boutot, A. (2005): La science moderne et la métaphysique de l'humanisme. In: Pinchard, B. (Hg.): Heidegger et la question de l'humanisme: faits, concepts, débats. Presses universitaires de France, Paris, 347–364.

Davison, A. (2002): Technology and the Contested Meanings of Sustainability. State University of New York Press, Albany.

Derrida, J. (1984): Guter Wille zur Macht – Drei Fragen an Hans-Georg Gadamer. In: Forget, P. (Hg): Text und Interpretationen. Fink, München, 56–58.

Friedmann, T. (2000): The Lexus and the Olive Tree – Understanding Globalization. Anchor Books, New York.

Gadamer, H.-G. (1984): Und dennoch: Macht des guten Willens. In: Forget, P. (Hg): Text und Interpretationen. Fink, München, 59–61.

Glazebrook, P. (2000): From physis to Nature, techne to Technology – Heidegger on Aristotle, Galileo, and Newton. In: Southern Journal of Philosophy. 38, 95–118.

Hadot, P. (2004): Le voile d'Isis – Essai sur l'histoire de l'idée de Nature. Gallimard, Paris.

Heelan, P. (1995): Heideggers Longest Day. In: Babich, B. (Hg): From Phenomenology to Thought, Errancy, and Desire – Essays in Honor of William J. Richardson, S. J. (Phenomenologica) Kluwer Academic Publishers, Dordrecht, 579–587.

Heidegger, M. (1959): Die Sprache. In: Heidegger, M.: Unterwegs zur Sprache. Neske, Stuttgart.
Heidegger, M. (1961): Nietzsche I. Neske, Pfullingen.
Heidegger, M. (1976): Einführung in die Metyaphysik. Niemeyer, Tübingen.
Heidegger, M. (1977): Basic Writings. Hrsg. von D. Krell, Harper & Row, New York.
Heidegger, M. (1978 [1954]): Die Frage nach der Technik. In: Heidegger, M.: Vorträge und Aufsätze. Neske, Pfullingen.
Heidegger, M. (1984 [1954]): Was heißt Denken? Niemeyer, Tübingen.
Heidegger, M. (1984 [1927]): Sein und Zeit. Niemeyer, Tübingen.
Heidegger, M. (1987): Zollikoner Seminare: Protokolle – Gespräche – Briefe. Hrsg. von M. Boss, Klostermann, Frankfurt am Main.
Heidegger, M. (1989): Beiträge zur Philosophie. (Gesamtausgabe: 65), Klostermann, Frankfurt am Main.
Heidegger, M. (2001): Zollikon Seminars: Protocols – Conversations – Letters. Hrsg. von M. Boss, übersetzt von F. Mayr, E. A. & R. R. Askay, Northwestern University Press, Evanston.
Janicaud, D. (1985): La Puissance du rationnel. Gallimard, Paris.
Kockelmans, J. (1985): Heidegger and Science. University Press of America, Washington, D. C.
Lacan, J. (1978): Of the Network of Signifiers. In: Sheridan, S. (Hg.): The Four Fundamental Concepts of Psychoanalysis. W. W. Norton, New York.
Lacan, J. (1987 [1973]): Das Seminar – Buch XI – Die vier Grundbegriffe der Psychoanalyse. Quadriga, Berlin, Weinheim.
Marcuse, M. (1998): Some Social Implications of Modern Technology. In: Kellner, D. (Hg.): Technology, War and Fascism – Collected Papers of Herbert Macuse. Bd. 1, Routledge, London.
Neumann, G. (1999): Die phänomenologische Frage nach dem Ursprung der mathematisch-naturwissenschaftlichen Raumauffassung bei Husserl und Heidegger. Duncker und Humblot, Berlin.
Nietzsche, F. (1980): Werke – Kritische Studienausgabe. Hrsg. von G. Colli, & M. Montinari, de Gruyter, Berlin.
Pleger, W. (1989): Heideggers Kritik der neuzeitlichen Wissenschaft und Technik. In: Zeitschrift für philosophische Forschung. 43, 641–655.
Pöggeler, O. (1963): Der Denkweg Martin Heideggers. Neske, Pfullingen.
Schneider, P. (2000): The Good Germans. In: The New York Times Sunday Magazine, 13.02.2000.
Schwan, A. (1994): Heidegger's Beiträge zur Philosophie and Politics. In: Harries, K. & C. Jamme (Hg.): Martin Heidegger – Politics, Art, and Technology. Holmes & Meier, New York/London, 71–88.
Valadier, P. (1999): Science as New Religion. In: Babich, B. (Hg.): Nietzsche, Epistemology, and Philosophy of Science – Nietzsche and the Sciences II. Kluwer, Dordrecht, 241–252.

Volpi, F. (1989): Der Bezug zu Platon und Aristoteles in Heideggers Fundamentalverständnis der Technik. In: Biemel, W. & von Hermann, F. W. (Hg.): Kunst und Technik – Gedächtnisschrift zum 100. Geburtstag von Martin Heidegger. Klostermann, Frankfurt am Main, 67–92.

Wiener, N. (1964 [1948]): Mensch und Menschmaschine – Kybernetik und Gesellschaft. Metzner, Frankfurt am Main.

Gentechnische Manipulation und die Naturwüchsigkeit des Menschen

Bemerkungen zu Habermas

Kristian Köchy

Die Kritik von Jürgen Habermas an der liberalen Eugenik – wie sie in seinem Buch „Die Zukunft der menschlichen Natur" niedergelegt ist – fußt vor allem auf der Annahme, mit den neuen Handlungsoptionen der Gentechnologie sei eine Manipulation der „Bedingungen der Naturwüchsigkeit, unter denen wir uns allein als Autoren des eigenen Lebens und als gleichberechtigte Mitglieder der moralischen Gemeinschaft verstehen können" (Habermas 2001, 77) in den Bereich des Möglichen gerückt. Mit der Manipulation der Zusammensetzung des entschlüsselten menschlichen Genoms und der Erwartung der Genforscher, bald die Evolution selbst in die Hand nehmen zu können, komme es – so Habermas – zu einer Erschütterung von grundlegenden kategorialen Unterscheidungen wie der zwischen Naturwüchsigem und Gemachtem. Nicht nur, dass die Ebene biologischer Prozesse, auf die solche Herrschaftsansprüche zielen, sich bisher dem technischen Zugriff entzog, auch sei der Kontext zu berücksichtigen, unter dem die neuen Ansprüche angemeldet würden. Es gehe hier eben nicht mehr um den Zusammenhang des Heilens und der Achtung vor der Eigendynamik einer sich selbst regulierenden Natur, sondern vielmehr um die objektivierende Einstellung des interesselosen naturwissenschaftlichen Beobachters während eines technischen Eingriffs (ebd., 81). Die sich hier abzeichnende ethische Herausforderung neuer Art beschränkt sich allerdings auf die zu Merkmalveränderungen führenden Verfahren. Die diagnostische Analyse und der Eingriff unter therapeutischen Gesichtspunkten sind vom technischen Kontext des Eingriffs ins Genom explizit abgekoppelt (ebd., 52). Nach Habermas besteht die besondere ethische Herausforderung gentechnischer Verfahren nun darin, dass die durch sie mögliche technische Gestaltung des Menschen zu einer grundsätzlichen Verschiebung im tradierten Netzwerk normativer Absicherungen führt. Die für menschliche Gemeinschaften typische und konstituierende reziprok-symmetrische Anerkennung aller Mitglieder untereinander schlage in einen Paternalismus eigener Art um. Der eugenische Eingriff verstetige eine Abhängigkeit von Personen, die wissen, dass es für sie *prinzipiell* unmöglich ist, ihre sozialen Plätze zu tauschen. So werden einige Mitglieder der Gemeinschaft in dem grundlegendsten, weil elementarsten Bereich ihrer Naturwüchsigkeit nicht mehr als mögliche Dialogpartner in Rechnung gestellt, sondern vielmehr als bloßes Material behandelt. Diese Missachtung ihrer möglichen Gründe und Einwände gegen die Manipulation habe die Infragestellung ihres Mitgliedsstatus innerhalb der moralischen Gemeinschaft zur Folge.

Ausgehend von dieser Befundlage, ist es die Aufgabe der folgenden Erörterung, den von Habermas postulierten qualitativ neuen Charakter der gentechnischen Intervention und ihrer Rolle für das Selbstverständnis des Menschen kritisch zu hinterfragen. Dabei wird trotz dieses kritischen Ansatzes das Anliegen von Habermas – Argumente gegen das Programm einer eugenischen Gestaltung des Menschen via Gentechnologie zu sammeln – für grundsätzlich richtig und wünschenswert gehalten. Es wird allerdings davon ausgegangen, dass die von Habermas gewählte Strategie einer schablonenhaften Gegenüberstellung von Positionen diese argumentative Absicht nicht adäquat erfüllen kann. Hingegen verspricht die Strategie einer Aufweichung solcher dichotomer Strukturen eher Erfolg. Nur die detailgetreue und konturierte Darstellung der gentechnischen Chancen und Risiken ermöglicht eine überzeugende Abwehr eugenischer Schöpferphantasien.

Zwar ist diesbezüglich der mögliche Einwand bedeutsam, es komme hinsichtlich der eugenischen Absichten weniger auf deren tatsächliche Umsetzbarkeit als vielmehr auf die grundsätzliche Vermutung einer Erblichkeit bestimmter körperlicher oder geistiger Eigenschaften an[1], dennoch bleibt es im Sinne einer „Aufklärung“ technischer Potenziale und Risiken wichtig, den illusionären oder unrealistischen Charakter einer am Vorbild der Naturwissenschaften ausgerichteten und über die Gentechnologie umzusetzenden eugenischen Gesellschaftsutopie aufzudecken. Zudem ist gerade ein solcher Ansatz auch gegen ein bloßes Vermutungskonzept von Eugenik gerichtet. Diesbezüglich ist – vor der eigentlichen Detailargumen-

1 So Fuchs und Lanzerath (2000, 701f). Ein ähnliches Argument hatte schon Jonas (1985, 191) vorgebracht.

tation – sowohl die Grundlagenkritik Poppers an den Konzepten der Naturgesetzlichkeit sozialen Geschehens bedeutsam (Popper 1979, 83ff), als auch die einschlägige Kritik an sozialdarwinistischen Kurzschlüssen (vgl. etwa Bannister 1979; Hofstadter 1992; Bowler 1993). Nur wenn man nicht wieder seinerseits auf die Verwurzelung allen Menschseins in der Naturwüchsigkeit des genetischen Materials setzt, kann man den gegenwärtigen Aktualisierungen sozialgenetischer Naturalismen wirklich überzeugend entgegentreten. Was zunächst lediglich wie eine Destruktion von Habermas' Einwänden erscheint, hat deshalb vor allem die Funktion, eine Destruktion der eugenischen Phantasien einzuleiten. Dazu werden im Folgenden drei Dichotomien untersucht:

1) die Gegenüberstellung von Gemachtem und Gewachsenem,
2) die Gegenüberstellung von Diagnose und Manipulation,
3) die Gegenüberstellung von Natur und Kultur.

1 Gemachtes und Gewachsenes

Für Habermas implizieren die neuen Verfahren der Gentechnologie einen grundsätzlichen Wandel von Handlungskontexten und damit einhergehend auch des Verständnisses von Gegenstandsbereichen. Konkret stehen sich die Logik des aristotelischen Wissenschaftsprogramms mit seiner Achtung vor der Eigendynamik einer sich selbst regulierenden Natur einerseits und der objektivierende Handlungskontext der modernen Gentechnologie mit ihrer Synthese aus interesseloser Beobachtung und technischer Gestaltung andererseits gegenüber. Habermas' These ist, dass sich mit den neuen Eingriffspotenzialen der Gentechnik die in der lebensweltlichen Erfahrung immer noch trennscharfen Kategorien des Gemachten und des Gewachsenen entdifferenzieren.

Zu dieser These ist zunächst anzumerken, dass sie durchaus ein zentrales Moment der Gentechnik zum Ausdruck bringt. Jedoch macht sie nicht deutlich genug, dass es sich bei dieser vermeintlichen Spezifität der Gentechnologie um *das* grundlegende Merkmal der neuzeitlichen Wissenschaft überhaupt handelt, keinesfalls also erst um ein mit der Gentechnologie entstehendes Novum (Köchy 2002). Die kategoriale Unterscheidung, die Aristoteles zwischen *physis* und *techne* vornimmt, und die mit dieser Disjunktion einhergehende Anerkennung eines selbst bestimmten Status der Natur, ist spätestens seit den Ansätzen eines Galilei, Boyle oder Bacon gefallen. Seit dieser Zeit gilt der aktive Eingriff als einzig legitimes Verfahren der Naturwissenschaft. Auch erhält die *mechanike techne* die wissenschaftlichen Weihen, die ihr das klassische Konzept vorenthielt (Gaidenko 1996, 65ff). Zudem wird die Natur, wie es Bacons bekannte Metapher ausdrückt, nicht mehr in ihrem freien Lauf belassen, sondern in der Folter des Experiments gebunden und gemolken.

Eine neue Qualität besitzt der gentechnologische Eingriff lediglich insofern, als die Technik nun auch das elementare Niveau des Lebensgeschehens ergreift und solche Eingriffe bisher unmöglich waren. Die Geburtsstunde dieser neuen Technologie fällt in das Jahr 1972, als es Paul Berg, Stanley Cohen und Herbert Boyer gelang, Verfahren zur Manipulation auf molekulargenetischer Ebene zu entwickeln. Hinsichtlich der Unterscheidung von Gewachsenem und Gemachtem ist Habermas also insofern zuzustimmen, als die Gentechnologie tatsächlich diese klassische Grenzziehung in mehrerlei Hinsichten unterläuft. „Natürlich“ vorkommende Enzyme werden zu Werkzeugen, um „künstliche“ Molekülkonstellationen zu erzeugen. Die Verfahren des Trennens und Verbindens, des Transports, der Vermehrung und der Neukombination werden ebenfalls mittels solcher „natürlicher“ Werkzeuge vorgenommen. Der neue Status des Organismus als technischem Objekt zeigt sich jedoch vor allem darin, dass das Milieu der Zelle beispielsweise nun zu der angemessenen technischen Einbettung für zuvor künstlich hergestellte Molekülkonstellationen wird – der Organismus wird zum Labor (Rheinberger 2000, 661f). Allerdings – und dieses ist eine notwendige historische Relativierung von Habermas' Gegenüberstellung, die die Brisanz der gentechnologischen Herausforderung in gewisser Hinsicht entschärft – sind die genannten Charakterzüge dem gesamten Wissenschaftsprogramm der Neuzeit immanent. Ein neuer Punkt könnte dann ins Spiel kommen, wenn die Gen- und Biotechnologie in ein Stadium eintritt, in dem der Gegenstand der Forschung anders als im normalen Experimentalgeschehen nicht vorgefunden und dann manipulativ verändert, sondern tatsächlich erst hergestellt wird[2]. Dann wäre zu fragen, welche methodologischen, ontologischen und letztlich ethischen Unterschiede zwischen einer „normalen“ Konstruktion der Natur im Experiment und einer wirklichen Neuschöpfung im gentechnologischen Konstruktionsakt bestünden. De novo Konstruktionen (wie sie in einigen Projekten

---

2 Hans Jonas (1985, 164f) hat stets betont, dass die Gentechnologie im Gegensatz zur normalen Technik umplanend mit den bestehenden „Plänen“ der Lebewesen umgehe. Dieser Argumentation schließt sich auch Höffe (1991, 242f) an, für den in der Gentechnologie im Gegensatz zur Computertechnik der Gegenstand der Forschung nicht *er*funden, sondern *ge*funden und dann im Verfahren des Eingriffs intervenierend verändert wird.

zur Neuherstellung einfacher Organismen derzeit verfolgt werden) liegen allerdings nicht im Fokus der habermasschen Argumentation, der es vor allem um die Veränderung vorliegender Strukturen im gentechnologischen Verfahren geht.

2 Diagnose und Manipulation

Die Gegenüberstellung von Gewachsenem und Gemachtem betrifft – wie gesehen – nicht nur Gegenstandsbereiche, sondern vor allem Handlungskontexte und Handlungsmotive. Sie geht deshalb mit einer weiteren Gegenüberstellung einher, der nämlich von medizinischem Heilen und technischem Eingriff. Nach Habermas wird im Zuge der Gentechnologie die bisherige praktische Rücksicht auf die Verletzlichkeit organischen Lebens im kultivierenden oder therapeutischen Umgang durch den neuen Kontext einer technischen Verwertung abgeschnitten (Habermas 2001, 83). Die auf menschliche Erbanlagen ausgedehnte Manipulation mache die bisherige Unterscheidung zwischen klinischem Handeln und technischer Herstellung rückgängig. Solange der medizinische Eingriff noch vom klinischen Ziel der Heilung dirigiert wurde, konnte der Behandelnde stets das Einverständnis des Patienten unterstellen (ebd., 91). Bei einer vorgeburtlichen Intervention hingegen werde allein unter den Maßgaben instrumentell technischen Handelns agiert. Hinsichtlich der hierbei entstehenden ethischen Herausforderung neuer Art (ebd., 52) trennt Habermas zudem strikt die Kontexte der diagnostischen Durchdringung oder der therapeutischen Behandlung einerseits und den Kontext einer auf Merkmalveränderung abzielenden Gentechnik andererseits. Nur letztere entfalte eine ethische Brisanz durch die befürchtete Erosion des bestehenden Moralsystems.

Zunächst ist gegen die hier unterstellte klare Trennung von Beobachtung (genetischer Diagnose) und Eingriff (gentechnischer Merkmalveränderung) einzuwenden, dass sie von einer vereinfachten, wenn nicht gar falschen Vorstellung des diagnostischen Verfahrens ausgeht. Grundsätzlich ist an der Konzeption einer distanzierten, nicht eingreifenden Beobachtung oder Darstellung des Beobachteten von wissenschaftsphilosophischer und erkenntnistheoretischer Warte aus berechtigte Kritik geübt worden – man denke etwa an den manipulativen Aufwand und die erkenntnistheoretischen Bedingungen einer simplen mikroskopischen Beobachtung (Fleck 1983, 59–83 und 147–174), welche zudem in vielen Fällen in der Biologie nur über den Tod des lebenden Materials durch Fixierungs- und Aufarbeitungsverfahren erkauft werden kann. Die eindeutige und trennscharfe Unterscheidung von Diagnostik und Manipulation ist zweitens auch mit Blick auf die eingesetzten Techniken der Gendiagnostik wenig überzeugend. Beispielsweise operiert das Verfahren einer Diagnostik mittels Array-CGH (Mikroarray-basierte Comparative Genomic Hybridization) nicht nur mit einigen grundlegenden Techniken, die ebenfalls zur gentechnischen Manipulation eingesetzt werden (wie der Hybridisierung und Auftrennung von DNA oder dem Einsatz von fluoreszenzmarkierten DNA-Sonden), sondern die moderne Diagnostik insgesamt stellt ein hochtechnisches und mit großem apparativen Aufwand betriebenes quasi-industrielles Verfahren dar (vgl. u. a. Henn 1998; Hennen/Petermann/Sauter 2001). Drittens ist zur Unterscheidung der Verfahren auch nur bedingt die Trennung von Handlungskontexten oder Handlungszielen tauglich. Zwar ist für das Experiment anders als für die „bloße" Beobachtung eine gezielte Manipulation und Variation von Parametern typisch – aber einerseits stellt die moderne Gendiagnostik das Ergebnis bestimmter experimenteller Erfahrungen dar und andererseits ist die experimentelle Manipulation umgekehrt mit Akten der Beobachtung und Darstellung unauflöslich verbunden. Viertens ist die Abgrenzung der Handlungskontexte von Diagnose und Manipulation auch in ethischer Hinsicht keinesfalls trivial. Grundsätzlich wird in beiden Fällen gezielt und systematisch eine künstliche Bedingung geschaffen, so dass auch der Kontext der diagnostischen Beobachtung einen möglichen Akt der Kontrolle und der Macht darstellt. Da es in beiden Fällen nicht nur um Wissen, sondern immer auch um Handlungen geht, ist die Frage danach, ob solche Handlungen geboten oder verboten sind, stets zu stellen. Diese Frage ist im Fall der Diagnostik – das zeigt die kontroverse Debatte über ihre genetischen und pränatalen Versionen (vgl. u. a. Bundesärztekammer 2000; Bartram 2000; Bayertz/Ach/Paslack 2001; Kollek 2003; Krones/Richter 2003) – keinesfalls weniger brisant als die Frage der ethischen Bewertung von genetischer Manipulation zur Merkmalveränderung. Vor allem jedoch gehen in eugenischer Hinsicht Manipulation und Diagnose Hand in Hand: Vorstellbar wäre eine eugenische Strategie ebenso auf der Basis einer diagnostischen Erfassung von genetischen Merkmalen und deren nachträglicher gezielter Selektion wie auch auf der Basis eines gezielten manipulativ-verändernden Eingriffs. Dabei ist vor allem wegen des geringeren technischen Aufwandes, der möglichen Erfolgsquoten, der Kostenfragen, aber auch wegen der derzeit bereits faktisch gegebenen Rahmenbedingungen einer In-Vitro-Fertilisation (IVF) ein eugenischer Ansatz mittels Selektion auf der Basis von Präimplantationsdiagnosik (PID) wesentlich wahrscheinlicher als beispielsweise der gezielte Eingriff zur Reparatur defekter Gene durch Gentherapie.

Mit diesem Beispiel ist bereits ein weiterer Punkt angesprochen: Wie die klare Trennung von Diagnose und Manipulation, so ist auch die damit zusammenhängende Trennung von Therapie und Technik nicht überzeugend. Dieses gilt sowohl für den genannten speziellen Fall einer Gentherapie als auch für den allgemeinen Fall medizinischen Handelns überhaupt. Nicht erst seit der Apparatemedizin, sondern bereits seit den historischen Anfängen medizinischen Wirkens, wird der ideale Arzt als Verbindung von Heiler und Handwerker, von Seelsorger und Wissenschaftler vorgestellt. Wie es Heinrich Schipperges (1970, 7) formuliert: „Im Ursprung der Heilkunde steht der Eingriff."

Technischen Eingriff und therapeutische Absicht deshalb voneinander zu trennen, stellt einen künstlichen Akt der Separation dar[3]. Der gesamten Apparatemedizin beispielsweise zu unterstellen, sie verabschiede sich wegen der mit ihr verbundenen Verwissenschaftlichung und Technisierung grundsätzlich vom medizinischen Ziel des Heilens, wäre zweifelsohne eine ungebührliche Übertreibung. Ähnlich ist auch das Konzept der Gentherapie im Zwischenbereich von Therapie und Technik angesiedelt: Ziel der Gentherapie ist sowohl der direkte technische Eingriff in das Genom eines Menschen und damit die gezielte Merkmalveränderung als auch die grundlegende Therapie bestimmter Krankheiten durch Korrektur der krankheitsmitverursachenden Gene. Mehr noch erhebt man den Anspruch, nun erst wirklich zu einer Therapie auf der Ebene der Ursachen vordringen zu können, während bisherige medizinische Handlungen lediglich auf der Ebene der Folgen und deren Linderung verblieb (Winter 2001). Ähnlich wie im Fall des „therapeutischen" Klonens sind hier nicht nur die Grenzen zwischen Forschung und Anwendung, sondern auch von technischer und therapeutischer Anwendung fließend.

3 So formuliert Lüth (1986, 25): „Technik, als Werkzeug eingesetzt, läuft dem Ziel der Medizin nicht zuwider, stört auch die Funktionen innerhalb der Medizin nicht: sie entlässt vielmehr aus zeitraubenden, ermüdenden, demgemäß Unsicherheiten verursachenden Untersuchungsgängen. Die gewonnene Zeit kann genützt werden für das, was die philosophierenden Ärzte gern das Eigentliche ihres Berufes nennen: für die Kommunikation."

3 Natur und Kultur

Habermas' These von der neuen ethischen Herausforderung durch die merkmalverändernde Gentechnik basiert schließlich vor allem auf der Unterscheidung von sozialer und gentechnischer Manipulation sowie auf der damit verbundenen Trennung von Kultur und Natur. Auf der Basis der bisher genannten Unterscheidungen sieht Habermas die moralerodierende Kraft der Gentechnologie insbesondere in der Technisierung und Verobjektivierung des individuellen Menschen, der hinsichtlich eines fundamentalen Handlungskontextes von seinen Mitmenschen nicht mehr als möglicher Gesprächspartner behandelt wird, der seine Gründe hat, sondern als bloßes Material. Mit Hannah Arendt setzt Habermas die Grenze zwischen dem Sozialisationsschicksal einer Person und dem Naturschicksal ihres Organismus mit der Geburt (Habermas 2001, 103). Natur- und Sozialisationsprozesse unterscheiden sich demnach in einer moralisch relevanten Hinsicht, denn nur letztere laufen über kommunikatives Handeln im „Raum der Gründe". Bei aller sozialen Manipulation sei deshalb stets eine kritische Aneignung der je eigenen Lebensgeschichte möglich. Die hadernde Auseinandersetzung mit der genetisch fixierten Absicht einer dritten Person hingegen sei ohne Aussicht (ebd., 108).

Hinsichtlich dieser entscheidenden Grenzziehung ist nun neben den bereits genannten Einwänden eine Reihe weiterer anzuführen. Diese müssen sich im weitesten Sinne auf die Annahme einer eindeutigen Grenze zwischen der Natur eines individuellen Organismus einerseits und dessen ökologischem oder (im Fall des Menschen) kulturellem Kontext andererseits richten. Eine solche Annahme läuft nicht nur auf eine unbiologische, sondern vor allem auch auf eine falsche soziologische und philosophische Bestimmung des Menschen hinaus. Der Bürger zweier Welten wird gewissermaßen – trotz aller Betonung eines Entwicklungskontinuums auch bei Habermas – wieder in eine naturwüchsige und eine kulturelle Hälfte gespalten.

Beginnt man die Erwiderung am genbiologischen Ende der Skala, so hat gerade der Erfolg – oder besser die Umsetzung – der Genomforschung (auch des Humangenomprojekts) die Bedeutung von so genannten epigenetischen Faktoren in der Entwicklung deutlich gemacht (Hucho/Köchy 2003, 63ff). Ging die klassische Genomforschung noch von einem statischen und linearen Modell des Genoms aus, so dass die Aufklärung der Basensequenz als wichtiger Schritt bei der „Entschlüsselung" des menschlichen Genoms gelten konnte, so wurde im Zuge der Umsetzung des Programms die Frage nach der differentiellen Ablesung der Information im Verlauf der Individualentwicklung (Genexpression) immer gravierender. Damit entstand nicht nur ein entwicklungsdynamisches Bild des Genoms und ein Übergang von einer betont strukturellen zu einer zunehmend funktionellen Betrachtung, es wurde zudem die *Wechselwirkung* zwischen genetischer Information und den zellulären oder außerzellulären Umgebungen offensichtlich (Köchy 2003a).

Damit ist nicht nur die Wechselbeziehung zwischen Genom und Umwelt schon für das unterste Ende der biologischen Skala belegt, es ist auch das zentrale Sachargument zur Destruktion eugenischer Utopien vorgebracht. Bereits der Nachweis komplexer epigenetischer Wechselwirkungen im Entwicklungsgeschehen des biologischen Individuums verweist auf den fiktionalen Charakter eines Postulats umfassender und gezielter eugenischer Manipulation des Menschen. Gene sind stets nur verantwortlich für die Bildung bestimmter Proteine. Die Gleichsetzung aber von Genen mit bestimmten Merkmalen (Phänen) unterschlägt die Komplexität des Entwicklungsgeschehens und erst dieses suggeriert dann die Möglichkeit exakter Prognose durch Gentests oder gezielter Beeinflussbarkeit durch gentechnologische Manipulation.

Geht man von der genetischen zur organismischen Ebene über, dann wird die Unmöglichkeit einer klaren Grenzziehung zwischen Natur und Kultur noch offensichtlicher und Aristoteles' Konzepte vom *zoon logon echein* und vom *zoon politikon* oder auch Cassirers (1992, 26) Rede vom *animal symbolicum* gewinnen an Bedeutung. Dieses macht u. a. die schwelende Debatte um den Beginn menschlichen Lebens deutlich. Zwar geht es hier vordergründig um definitorische Kleinarbeit zur Abgrenzung einzelner Phasen des ontogenetischen Entwicklungsgeschehens und weniger um die Abgrenzung zwischen Natur- und Sozialisationsschicksal. Dennoch rückt gerade dieser Punkt bei näherem Hinsehen in den Mittelpunkt der Debatte. Die Schwierigkeit der Aufgabe, eine möglichst eindeutige und schlüssige Bestimmung des Beginns menschlichen Lebens vorzunehmen, hängt nicht nur mit unserem kulturellen und weltbildhaften Selbstverständnis als Menschen zusammen, sondern auch mit rein sachlichen Problemen, die sich aus der Prozessstruktur des Lebens ergeben. In einem Kontinuum (das betont auch Habermas) sind solche definitorischen Festlegungen niemals unstrittig. Dennoch gibt es in diesem biologischen Kontinuum eine Reihe von deutlichen Änderungen im Organisationsniveau des sich entwickelnden Lebewesens oder entsprechende Zugewinne an Komplexität respektive Qualität der Organisation. Diese bilden dann einen möglichen Anknüpfungspunkt für Definitionen der naturwissenschaftlichen Experten. Die Auswahl und die Bewertung dieser Merkmale ist dann erstens bereits ein normatives Unterfangen und es ist zweitens durch den jeweiligen disziplinen- und forschungsspezifischen Erwartungshorizont der Wissenschaftler mitbestimmt.

Betrachtet man die derzeit angebotenen Festlegungen (Köchy 2003b), so steigen diese – und das ist für die hier zu erörternde Frage nach dem Verhältnis von Kultur und Natur aufschlussreich – von der Ebene der Gene bis zur Ebene der Sprache an. Von der Warte der Molekularbiologie bietet sich eine Definition des Beginns menschlichen Lebens an, die an der Intaktheit des Genoms ausgerichtet ist. Maßgebliches Kriterium ist etwa die Fusion zweier haploider Chromosomensätze zu einem diploiden Chromosomensatz. Zellbiologisch wird die Verbindung von Ei- und Samenzelle zur Zygote bedeutsam. Entwicklungsbiologisch ist etwa die Tatsache wichtig, dass die Blastozyste ohne Einnistung in den Uterus das Wachstum einstellt oder degenerativ entartet, womit die Nidation zum entscheidenden Schritt wird. Neurobiologisch ist auf die Tatsache hinzuweisen, dass der Entwicklungsgrad des Nervensystems ein wichtiges Kriterium für „Mensch“ darstellt. Evolutionsbiologisch schließlich wird immer wieder betont, dass die Sprache das entscheidende Kriterium für die anthropologische Differenz ist.

Nicht nur, dass bei einem solchen Durchgang durch das Kontinuum der menschlichen Genese die oben genannte Wasserscheide der Geburt an Eindeutigkeit einbüßt, es wird auch erkennbar, dass die Naturwüchsigkeit des Menschen gerade dessen kulturelle Basisbefähigung als ein sprachbegabtes, symbolbildendes und gemeinschaftsfähiges Wesen einschließt, wie Plessners treffende Wendung von der natürlichen Künstlichkeit zum Ausdruck bringt (Plessner 2003, 383ff). Auf allen genannten Ebenen ist zudem die *Wechselbeziehung* zwischen „Innen“ und „Außen“ unverkennbar (Genom – Zelle, Zelle – Organismus, Organismus – Umwelt, Individuum – Gemeinschaft). Wie die Expression des Genoms im Medium des epigenetischen Faktorensystems stattfindet, so vollzieht sich die Genese der Blastozyste im Medium der Faktoren des mütterlichen Uterus, die Entwicklung des Nervensystems über Synapsensprossung und gezielten Zelltod im Medium der Reizeingänge oder die Entwicklung menschlicher Sprache im Medium der Kommunikation einer menschlichen Gemeinschaft. Selbst wenn sachliche und logische Gründe für die beizubehaltende Unterscheidung zwischen der Sphäre der Gründe und der Sphäre der Ursachen sprechen, so stellt doch mit Blick auf die Genese des Menschen die Trennung von Naturschicksal und Sozialisationsschicksal eine künstliche Grenzziehung dar – eine normative Festlegung, deren Legitimation fraglich ist.

Diese Einsicht macht erstens deutlich, dass auch die Möglichkeit, mittels *sozialer* Manipulation den anderen Menschen bloß als Sache zu behandeln, immer gegeben ist und dass sie unter moralischen Gesichtspunkten wie jede andere Instrumentalisierung zu verurteilen ist – worauf ja gerade Kants Instrumentalisierungsverbot in der *„Grundlegung zur Metaphysik der Sitten"* (Kant 1983, 61; GMS BA 67) abzielte. Die obige Einsicht bedeutet zweitens, dass sich die ethische Verurteilung der Instrumentalisierung eines Menschen mittels *gentechnologischer* Manipulation nur bedingt durch die (mehr oder minder) metaphysische Position der genetischen Naturwüchsigkeit des Menschen begründen lässt. Und – wie Volker Gerhardt (2004, 283ff) betont hat – sind schließlich drittens sowohl mit dem *Sozialisationsschicksal* als auch mit dem *Naturschicksal* unabänderliche Voraussetzungen der eigenen Existenz gegeben, zu denen sich jeder Mensch in seinem Leben aneignend oder ablehnend verhalten kann und muss. Diese Dialektik von *physis* und *thesis* gehört ebenso wie die Dialektik von *physis* und *techne* nun einmal zu den Bedingungen der Humanität.

Gegen eugenische Planspiele sprechen deshalb weniger der besondere Status der genetischen Naturwüchsigkeit oder die besonderen Bedingungen der gentechnischen Manipulation als vielmehr die komplexe Struktur des biologischen Entwicklungsgeschehens und die in diesem Entwicklungsgeschehen bereits angelegte *kulturelle* Verfasstheit des Menschen. Die Feststellung eines Kontinuums von Natur und Kultur ist deshalb keinesfalls als ultimative Bestätigung der Träume der Naturalisten auszulegen. Eine solche Deutung wäre nur dann legitim, wenn man den Gedanken des Kontinuums mit dem Gedanken der elementaren Bedingtheit alles komplexen Geschehens unauflöslich verbindet. Diese reduktionistische, elementaristische oder deterministische Lesart ist jedoch durch die Existenz der oben genannten Wechselwirkungsschleifen abgeschnitten. Gerade diese Wechselwirkung zwischen vielen Parametern im komplexen Systemgefüge Mensch entlarvt die meisten eugenischen Planspiele als phantastische Wunschträume. Je komplexer phänotypische Merkmale sind – etwa Intelligenz, musische Begabung, Mut, Kreativität etc. – desto stärker wird bei aller möglichen genetischen Mitbedingtheit der Anteil weiterer Faktoren im Netzwerk von Genprodukten und Umweltfaktoren. Das gezielte gentechnische Design von Menschen unterliegt aus diesem Grund faktisch-technischen Einschränkungen. Dabei ist das aufgewiesene Defizit an Prognose keinesfalls schon ein Argument zur Beschwichtigung ethischer Bedenken, im Gegenteil sollte es gerade als gewichtiges – auch ethisches – Argument gegen die eugenische Propaganda verstanden werden. Schließlich wird die Zugehörigkeit der genannten Merkmale Intelligenz und Kreativität (aber bereits auch Gesundheit) zum kulturellen Kontext schon an der kultur- und geschichtsrelativen Bestimmtheit dieser Größen bemerkbar. Deshalb unterliegt auch die Norm, auf die hin ein gezieltes eugenisches Design allererst vorgenommen werden könnte, solchen kulturrelativen Bedingungen – auch dieses ist ein gewichtiges, von Hans Jonas (1985, 170 und 176) bereits vorgebrachtes Argument gegen die Eugenik. Auch für die Eugenik der Zukunft dürften deshalb Jonas' Worte gelten: „Wer soll über Vorzüglichkeit der Exemplare richten und nach welchen Maßstäben?“

Literaturverzeichnis

Bannister, R. C. (1979): Social Darwinism – Science and Myth in Anglo-American Social Thought. Temple University Press, Philadelphia.

Bartram, C. R. et al. (Hg.) (2000): Humangenetische Diagnostik – Wissenschaftliche Grundlagen und gesellschaftliche Konsequenzen. Bd. 7: Wissenschaftsethik und Technikfolgenbeurteilung, Springer, Berlin.

Bayertz, K./Ach, J. S./Paslack, R. (2001): Wissen mit Folgen – Zukunftsperspektiven und Regelungsbedarf der genetischen Diagnostik innerhalb und außerhalb der Humangenetik. In: Jahrbuch für Wissenschaft und Ethik, Bd. 6, 271–307.

Bowler, P. J. (1993): Biology and Social Thought: 1850–1914. Office for History of Science and Technology, Berkeley/California.

Bundesärztekammer (2000): Diskussionsentwurf zu einer Richtlinie zur Präimplantationsdiagnostik. In: Deutsches Ärzteblatt. Heft 9, 03. März.

Cassirer, E. (1992): An Essay on Man, 1944. Yale University Press, New Haven/London.

Fleck, L. (1983): Erfahrung und Tatsache. Suhrkamp, Frankfurt am Main.

Fuchs, M./Lanzerath, D. (2000): Eugenik. 2. Ethisch. In: Lexikon der Bioethik. Hrsg. im Auftrag der Görres-Gesellschaft von Korff, W./Beck, L./Mikat, P., Bd.1. Gütersloher Verlagshaus, Gütersloh, 701–704.

Gaidenko, P. (1996): Natur- und Technikbegriff in der beginnenden Neuzeit. In: Gloy, K. (Hg.): Natur- und Technikbegriffe – Historische und systematische Aspekte: von der Antike bis zur ökologischen Krise, von der Physik bis zur Ästhetik. Bouvier, Bonn, 60–76.

Gerhardt, V. (2004): Geworden oder gemacht? – Jürgen Habermas und die Gentechnologie. In: Kettner, M. (Hg.): Biomedizin und Menschenwürde. Suhrkamp, Frankfurt am Main, 272–291.

Habermas, J. (2001): Die Zukunft der menschlichen Natur – Auf dem Weg zu einer liberalen Eugenik? Suhrkamp, Frankfurt am Main.
Henn, W. (1998): Der DNA-Chip – Schlüsseltechnologie für ethisch problematische neue Formen des genetischen Screenings? In: Ethik in der Medizin. Bd.10, 128–137.
Hennen, L./Petermann, T./Sauter, A. (Hg.) (2001): Das genetische Orakel: Prognosen und Diagnosen durch Gentests – eine aktuelle Bilanz. (Studien des Büros für Technikfolgenabschätzung beim Deutschen Bundestag 10). Edition Sigma, Berlin.
Hofstadter, R. (1992): Social Darwinism in American Thought. Beacon Press, Boston.
Höffe, O. (1991): Plädoyer für eine judikativ-kritische Forschungsethik. In: Lenk, H. (Hg.): Wissenschaft und Ethik. Reclam, Stuttgart, 233–247.
Hucho, F./Köchy, K. (Hg.) (2003): Materialien für einen Gentechnologiebericht – Grundlagenforschung, Medizinische Anwendung, Ökonomische Bedeutung. Spektrum akademischer Verlag, Heidelberg/Berlin.
Jonas, H. (1985): Lasst uns einen Menschen klonieren – Von der Eugenik zur Gentechnologie. In: ders.: Technik, Medizin und Ethik – Praxis des Prinzips Verantwortung. Suhrkamp, Frankfurt am Main, 162–203.
Kant, I. (1983): Grundlegung zur Metaphysik der Sitten. In: Immanuel Kant – Werke in 10 Bänden. Hrsg. von W. Weischedel, Bd.6, Schriften zur Ethik und Religionsphilosophie, Wissenschaftliche Buchgesellschaft, Darmstadt.
Köchy, K. (2002): Die Erweiterung menschlicher Herrschaft. In: Gegenworte. Bd.10, 39–42.
Köchy, K. (2003a): Vom Genom zum Proteom – Kündigt sich ein Paradigmenwechsel an? In: Gen-ethischer Informationsdienst, GID Spezial Bd. 4: Vom Genom zum Proteom, 13–20.
Köchy, K. (2003b): Zellen - Organe - Lebewesen – Stufen des Lebensbegriffs. In: Schweidler, W./Neumann, H. A./Brysch, E. (Hg.): Menschenleben - Menschenwürde – Interdisziplinäres Symposium zur Bioethik. LIT, Münster et al., 225–242.
Köchy, K. (2005): Die Methodologie der Humangenetik – Wahrnehmungsweisen, Begriffe, Verfahren und Modelle. In: Hofmeister, G. (Hg.): Der Traum vom perfekten Menschen. Evangelische Akademie Hofgeismar. Hofgeismarer Protokolle 338, 37–56.
Kollek, R. (2003): Nähe und Distanz – komplementäre Perspektiven der ethischen Urteilsbildung. In: Düwell, M./Steigleder, K. (Hg.): Bioethik – Eine Einführung. Suhrkamp, Frankfurt am Main, 230–237.
Krones, T./Richter, G. (2003): Kontextsensitive Ethik am Rubikon. In: Düwell, M./ Steigleder, K. (Hg.): Bioethik – Eine Einführung. Suhrkamp, Frankfurt am Main, 238–245.
Lüth, P. (1986): Von der stummen zur sprechenden Medizin – Über das Verhältnis von Patient und Arzt. Campus, Frankfurt am Main/New York.

Plessner, H. (2003): Die Stufen des Organischen und der Mensch – Einleitung in die philosophische Anthropologie, 1928. In: Helmuth Plessner – Gesammelte Schriften. Hrsg. von G. Dux, O. Marquardt, E. Ströker, Bd. 4, Wissenschaftliche Buchgesellschaft, Baden-Baden.

Popper, K. R. (1979): Das Elend des Historizismus. Mohr, Tübingen.

Rheinberger, H.-J. (2000): Kleine Geschichte der Molekularbiologie. In: Jahn, I. (Hg.) (2000): Geschichte der Biologie. 3. Auflage, Spektrum akademischer Verlag, Heidelberg/Berlin, 642–663.

Schipperges, H. (1970): Moderne Medizin im Spiegel der Geschichte. Deutscher Taschenbuch Verlag, Stuttgart.

Winter, S. F. (2001): Was ist Genmedizin? – Eine Einführung. In: Winter, S./Fenger, H./Schreiber, H.-L. (Hg.): Genmedizin und Recht – Rahmenbedingungen und Regelungen für Forschung, Entwicklung, Klinik, Verwaltung. Beck, München, 1–51.

Dynamische Integrität[1]

H. James Birx

Einleitung

Die Wertediskussion wurde im 20. Jahrhundert stark von zahlreichen beeindruckenden Entwicklungen in der Biologie, Anthropologie und Psychologie, aber auch von der evolutionären Ethik in der Naturphilosophie und den neuen Konzepten der Prozesstheologie beeinflusst. Diese Fortschritte in den verschiedenen Einzelwissenschaften umfassen die Entdeckung von Fossilien menschenartiger Lebewesen, Studien über das Verhalten wilder Affen und die Forschung in der Gentechnik. Die Unterschiede zwischen den vier großen Menschenaffen (Orang-Utan, Gorilla, Schimpanse und Bonobo) und der menschlichen Spezies verringern sich im Licht neuer Beweise, während die rekombinante DNA und das „Human Genome Project" unglaubliche Möglichkeiten für neue Lebensformen und eine unbegrenzte Lebensspanne für die menschliche Spezies bieten. Außerdem verdeutlichen neurologische Experimente die direkte Beziehung zwischen dem funktionierenden materiellen Gehirn und jeder mentalen Aktivität. Gemeinsam stellen diese erstaunlichen Neuerungen in Wissenschaft und Technik eine Herausforderung an festgefahrene Überzeugungen und alte Werte dar, was zur Grundlage einer neuen philosophischen Anthropologie und neuer Konzepte intellektueller Integrität führte.

Seit der konzeptionellen Revolution der darwinistischen Evolution in der Mitte des 19. Jahrhunderts mussten die Beständigkeit der Spezies und die traditionelle Überzeugung ewiger Wahrheiten für eine prozesshafte Sicht des Lebens und eine Neubewertung aller Werte Platz machen, ganz besonders im Licht empirischer Beweise, kritischer Reflexion, einer kosmischen Perspektive und dem evolutionären Rahmen. Das neue naturalistische Paradigma muss sowohl die kosmische Entropie als auch das Aussterben der Spezies ernst nehmen. Die Erde, das Leben auf diesem Planeten

1 Der Artikel wurde von Kerstin May aus dem Englischen ins Deutsche übersetzt.

oder die Entstehung der Menschheit wird nicht länger als Zentrum des Universums betrachtet. Weiterhin bewertet der naturwissenschaftliche Standpunkt alle religiösen Überzeugungen und theologischen Konzepte im Kontext der soziokulturellen Geschichte des Menschen. Kurz gesagt, die menschliche Spezies muss nun als ein erst kürzlich geschehenes Ereignis innerhalb dynamischer Realität betrachtet werden.

Die organische Evolution und die menschliche Erfahrung haben gezeigt, dass Werturteile sowohl kurzfristige als auch langfristige Auswirkungen auf die Anpassung, das Überleben, die Bereicherung und Erfüllung unserer Spezies haben. Der Konflikt zwischen Fakten und Glauben, der sich in dem immer größer werdenden Spalt zwischen naturwissenschaftlichem Evolutionismus und religiösem Kreationismus widerspiegelt, kann nur durch eine aufgeschlossene Akzeptanz empirischer Beweise und rationaler Überlegungen gelöst werden. Tatsächlich wird der Wert der dynamischen Integrität (wie man noch sehen wird) unbedingt notwendig sein für die fortschreitende Entwicklung der Menschheit.

Im Anschluss an das Zeitalter der Aufklärung begannen Naturalisten in den ersten Jahrzehnten des 19. Jahrhunderts, die wissenschaftliche Erforschung von Gesteinen, Fossilien and Artefakten ernst zu nehmen. Die empirischen Beweise sprachen unleugbar für eine konzeptionelle Sicht der Geschichte der Erde, die in alarmierender Weise von einer strengen und wortwörtlichen Interpretation des biblischen Mythos der Genesis abwich. Das Ergebnis war ein tiefergehendes Verständnis und eine größere Wertschätzung der Zeit und Veränderung als ein direktes Resultat der fortwährenden Forschung in der Geopaläontologie und Bioanthropologie. Diese Verschiebung in der Naturgeschichte von Beständigkeit hin zu Evolution hat verheerende Auswirkungen auf all diese geliebten Überzeugungen und traditionellen Konzepte, die der Menschheit ihren vermeintlich einzigartigen Platz und besonderen Wert in diesem Universum gegeben haben.

Charles Darwin und die Evolution

Als junger Naturalist an Bord der HMS *Beagle* blieb Charles Darwin (1809–1882) während seiner fünf Jahre währenden Entdeckungsreise (1831–1836) immer für eine Vielzahl empirischer Beweise und persönlicher Erfahrungen offen. Obwohl er einen Abschluss in Theologie erhalten hatte, war er doch bereit, die Geschichte der Genesis anzuzweifeln und neue Fakten und neue Konzepte der verschiedenen Wissenschaften ernst zu nehmen, zum Beispiel historische Geologie, Paläontologie, Biogeographie and vergleichende Morphologie. Beispielsweise sind in seiner evolutionären Interpretation der organischen Geschichte als „Descent with Modification“ (von einem gemeinsamen Vorfahren) durch natürliche Auslese und sexuelle Selektion die theoretischen Gerüste von Charles Lyellin und Thomas Malthus in die historische Geologie und die Bevölkerungsdynamik eingearbeitet; ihre kritischen Interpretationen der Gesteinsschichten beziehungsweise der reproduktiven Veränderungen hatten zu einem naturwissenschaftlichen Rahmen geführt, der es ermöglicht, die Menschheit mit Natur und Geschichte zu vereinen.

Es gehört zu Darwins Verdienst, dass seine analytischen Fähigkeiten durch eine rationale Vorstellungskraft ergänzt wurden. Durch Abduktion, d. h., durch die kreative Verbindung von Fakten und Konzepten war er in der Lage, seine eigene Methodologie über eine streng empiristische Herangehensweise zu erheben, um die natürliche Welt im Sinne der Geologie und Biologie richtig zu erforschen. Diese offene Orientierung an einer Synthesis ermöglichte es ihm, eine konzeptionelle Revolution im Sinne der biologischen Evolution allen Lebens auf diesem Planeten hervorzubringen.

Eine umfassende und verständliche Interpretation der organischen Geschichte wurde zum ersten Mal in den bedeutenden Schriften Darwins präsentiert, besonders in seinem Hauptwerk „On the Origin of Species“ (1859). Biologische Evolution ersetzte die ewige Beständigkeit der Lebensformen. Trotzdem hat Darwin in seinem Epoche machenden Werk weder die menschliche Evolution diskutiert noch hat er die philosophischen Implikationen und theologischen Verästelungen, die den unerschütterlichen Fakt der Evolution umgeben, betrachtet. Da unsere Spezies vor langer Zeit aus einer affenähnlichen Form entstanden ist, können Philosophen und Theologen nicht die Realität ignorieren, dass die Menschen selbst Ethik, Moral, und Werte in einer natürlichen Umgebung und in einem sozikulturellen Milieu geschaffen haben; man könnte von dem Menschen als bewertendes Tier sprechen und somit unsere eigene Spezies von Affen und Menschenaffen unterscheiden (aber nicht trennen).

Die naturwissenschaftliche Evolution hat die Ideen und Theorien von Platon, Aristoteles, Descartes, Kant und Hegel (unter vielen Anderen) deutlich überholt und stellte eine Herausforderung dar. Die Gewissheit der ehemaligen Werte, die in von Gott gegebenen Gesetzen oder göttlichen Offenbarungen gegründet waren, konnten die rigorosen Naturalisten nicht länger aufrecht halten. Die darwinistische konzeptuelle Revolution der modernen Wissenschaft führte sowohl zur Entstehung evolutionärer Ethik und pragmatischer Werte in der neueren Philosophie als auch zur Entstehung der Soziobiologie und evolutionären Psychologie in den modernen Wissenschaften.

Thomas Huxley prägte, als er mit den Implikationen der Evolution rang, das Wort „agnostisch", um seine eigene nicht-gläubige Position, was die Existenz Gottes betrifft, auszudrücken, während Ernst Haeckel in Deutschland den Pantheismus befürwortete, um seine dynamische Sicht der Welt als frei von übernatürlichem Glauben auszudrücken. Indem sie das taten, haben beide Evolutionisten anerkannt, dass die wissenschaftliche Tatsache der organischen Evolution für diese festgefahrenen Werte der westlichen Zivilisation, die sich auf traditionelle Religion und Theologie gründen, weitreichende Konsequenzen hat. Mehr als ein Jahrzehnt zögerte sogar Darwin, seine Theorie der Evolution zu erweitern und damit den Ursprung und die Geschichte der menschlichen Spezies zu begründen (obwohl Huxley und Haeckel sehr wohl in den elf Jahren nach der Veröffentlichung Darwins „Origin" die menschliche Evolution gelehrt und auch darüber geschrieben haben).

Letztlich behauptet Darwin in „The Descent of Man" (1871), dass unsere Spezies und die afrikanischen Schimpansen und Gorillas dieselben Vorfahren haben. Der Evolutionist war überzeugt, dass sich das menschliche Tier lediglich graduell, aber nicht der Art nach von diesen zwei Menschenaffen unterscheidet. Gleichermaßen behauptete er, dass die naturalistische Basis der menschlichen Moral ihren Ursprung in diesen sozialen Instinkten und altruistischen Gefühlen hatte, die die Anpassung und Verbreitung der sich entwickelnden *fossilen Affen* und später der *Protohominiden*, gefolgt von den zweibeinigen Hominiden, verbesserte. Diese Instinkte und Gefühle sind in den Verhaltensmustern lebender Primaten (besonders der vier großen Menschenaffen) sichtbar; dies ist zweifellos eine beunruhigende Tatsache für alle bibeltreuen Gläubigen, die immer noch die absolute Einzigartigkeit unserer eigenen moralischen Spezies vertreten.

Die traditionell statischen Sichtweisen von Natur, Leben und Menschheit wurden durch die Wissenschaft, Vernunft und einer dynamischen Interpretation des Universums diskreditiert. Seit der konzeptionellen Revolution der darwinistischen Evolution hat eine naturalistische Rahmentheorie alle festen und gesicherten Weltbilder durch eine prozesshafte Perspektive materieller Realität ersetzt. Innerhalb eines kosmischen Rahmens und von einem evolutionären Standpunkt aus wurden die zu eng gefassten Ansichten des Geozentrismus, Zoozentrismus und Anthropozentrismus, die frühere Philosophien boten, rigoros neu bewertet und als falsch befunden. Nichtsdestotrotz bedarf die Werteuntersuchung einer anthropozentrischen Sicht des Universums, wenn die Werte für die menschliche Spezies relevant, bedeutungsvoll und wahr sein sollen.

Von den zahllosen Millionen Spezies, die diesen Planeten bewohnt haben (die meisten von ihnen sind heute ausgestorben), war nur eine Lebensform in der Lage sowohl über seine eigene Existenz als auch über seine natürliche Umwelt zu philosophieren: Man könnte von dem *Homo sapiens sapiens* als das sich entwickelnde Universum sprechen, das sich seiner selbst bewusst wird. Die menschliche Spezies ist durch Wissenschaft und Technik immer mehr in der Lage, ihre eigene, immer fortwährende Evolution zu steuern und auch die Zukunft von Pflanzen und Tieren auf der Erde und anderswo zu bestimmen. Als Folge menschlicher Intervention kann man heute die Entstehung einer Teleologie beobachten. Diese unglaubliche Macht über die Kontrolle des Lebens schreibt den Menschen vor, solche Werturteile zu treffen, die ihre Anpassungsfähigkeit, ihr Überleben, ihre Bereicherung und Erfüllung verbessern: Die Weisheit der Evolution zeigt, dass die Menschheit als Lebensform, die sich der Spezies und der Evolution bewusst ist, auf andere Pflanzen, Tiere und eine geeignete Umwelt für eine fortwährende Existenz angewiesen ist. Die Unvermeidlichkeit des Aussterbens ist einer der harten Fakten, der für alle Lebensformen auf der Erde zutrifft.

Charles Darwin besaß offensichtlich sowohl intellektuelle als auch persönliche Integrität; er war dazu bereit, seine naturwissenschaftliche Interpretation der Natur so zu ändern, wie es die Einbeziehung empirischer Beweise und rationaler Konzepte nahe legte. Darwin ist ein Beispiel für einen aufgeschlossenen und mutigen Naturalisten, dessen beharrliches Engagement für den kontroversen Fakt der organischen Evolution sowohl eine Herausforderung der aristotelischen Philosophie der beständigen Spezies als auch der thomistischen Theologie der göttlichen Kausalität darstellte.

Ethik, Moral und Werte

Was gibt es aus der Perspektive der Evolution über Ethik, Moral und Werte zu sagen? Sicherlich hat die Tatsache, dass sich die menschliche Spezies aus einer fossilen, menschenaffenähnlichen Form aus grauen Vorzeiten entwickelt hat, eine signifikante Bedeutung für den Menschen und seine sozialen Verhaltensmuster als zweibeiniger, kulturgebundener, sprachabhängiger, denkender Affe *(oder dritter Schimpanse)*.

Um zu entscheiden, was richtig und falsch ist, bieten Philosophen ethische Prinzipien an, um menschliches Verhalten zu leiten, zum Beispiel Aristoteles' „goldene Mitte" und Kants „kategorischer Imperativ" (das Hauptaugenmerk mag auf individueller Erfüllung oder sozialer Harmonie liegen). In einem ethischen Rahmen wird menschliches Handeln als moralisch oder unmoralisch beurteilt, d. h., bestimmte Handlungen werden hinsichtlich einer ethischen Beurteilung, die individuelle und/oder soziale Konsequenzen des menschlichen Verhaltens betrachtet, als gut oder schlecht erachtet.

Als philosophischer Naturalist hat der biologisch orientierte Aristoteles (384–322 B.C.E.[2]) den sozialen Wert der Freundschaft geschätzt und in den Bemühungen einer Person Tugendhaftigkeit zu erreichen, die Relativität von Übermaß und Mangel (von Individuum zu Individuum) erkannt. Kurz gesagt, eine Ethik der Tugenden betont den rationalen Wert der Charakterentwicklung in einer menschlichen Gesellschaft.

In starkem Kontrast zu Aristoteles hat Immanuel Kant (1724–1824) auf seiner Suche nach moralischer Gewissheit sowohl Beweise als auch Erfahrung ignoriert. Er universalisierte eine Handlung, um ihren ethischen Wert zu bestimmen, zum Beispiel hat er behauptet, dass es immer falsch ist, zu lügen (andernfalls müsste das Lügen ein moralisches Gesetz sein). Letztendlich ist Kants kategorischer Imperativ in einer kryptischen Theologie begründet; die Ideen von Gott, Freiheit und Unsterblichkeit und einem göttlichen Schicksal für ethische Personen werden als Rechtfertigung, dem kategorischen Imperativ zu folgen, ins Feld geführt. Für Kant sind diese in Ideen in einer angenommenen, nichterkennbaren, noumenalen Welt begründet (eine metaphysische Annahme, die für Wissenschaftler und Philosophen der Evolution nicht nötig ist).

Natürlich waren weder Aristoteles noch Kant Evolutionisten. Heutzutage sieht ein pragmatischer Naturalist ethische Prinzipien und moralische Urteile als jüngste Produkte der menschlichen Evolution und als solche wird die Suche nach Gewissheit in menschlichem Handeln doch sehr pro-

2 BCE bedeutet *Before the common era* und soll laut Vertretern von säkularen Weltanschauungen BC *(Before Christ)* ersetzen. Im Wert sind BC und BCE identisch. Für die Zeit nach der Geburt Christi wird gewöhnlich im Amerikanischen AD *(Anno Domini)* geschrieben, was wiederum durch CE *(Common Era)* ersetzt werden soll. Im Wert sind CE und AD identisch: 2006 AD = 2006 CE (Hinweis der Herausgeber).

blematisch (ganz besonders, wenn eine göttliche Intervention und/oder eine transzendentale Welt abgelehnt werden).

Friedrich Nietzsche und die Selbstüberwindung

Es war Darwin, der englische Wissenschaftler, der den deutschen Philosophen Friedrich Nietzsche (1844–1900) aus seinem dogmatischen Schlaf weckte. Die Evolution bot einen neuen Rahmen, in dem Nietzsche die Stellung der Menschheit in diesem Universum schonungslos analysieren konnte. Nachdem er behauptet hatte, dass „Gott ist tot!" eine Wahrheit der Realität ist, forderte er eine gründliche Neubewertung aller Werte. Seine Analyse befand die philosophischen Ideen und religiösen Überzeugungen der europäischen Zivilisation als falsche Werte, die zu einer um sich greifenden Mittelmäßigkeit der menschlichen Kultur geführt haben (wie er es sah). Zweifellos an Platon und Hegel denkend, schrieb Nietzsche:

> „Der Wille zum System: bei einem Philosophen, moralisch ausgedrückt eine feinere Verdorbenheit, eine Charakter-Krankheit" (Nietzsche (1967–1977) Bd. 12, 450; N).
>
> „Ich misstraue allen Systematikern und gehe ihnen aus dem Weg. Der Wille zum System ist ein Mangel an Rechtschaffenheit" (Nietzsche (1967–1977) Bd. 6, 63; GD).

Für Nietzsche kam die Konstruktion eines metaphysischen Systems um der Moralität willen, ganz besonders zu einer Zeit da er Zeuge der Anfänge der modernen Wissenschaft und dem kühnen Evolutionismus wurde, einer kindischen Täuschung gleich.

Natürlich kann man systematisch sein und Integrität besitzen. Andernfalls ist nur schwer ersichtlich, wie die menschliche Spezies den niemals endenden Kampf in der sich entwickelnden Natur durchhalten kann.

Nietzsche lag mit seiner Kritik eines blinden Gehorsams irgendeines statisch metaphysischen oder rigiden theologischen Systems richtig. Tatsächlich hat er jedoch selbst versucht, sein eigenes ikonoklastisches und dynamisches Weltbild zu systematisieren. Von einem kosmologischen Standpunkt aus behauptete Nietzsche, dass Raum und Energie begrenzt sind, aber Zeit ewig sei. Deshalb ist dieses Universum für ihn ein Zyklus aus Evolution und Degeneration; dieser kosmische Zyklus hat und wird sich in absolut identischer Form in alle Ewigkeit wiederholen. Natürlich gibt es von Zyklus zu Zyklus keine Weiterentwicklung der Evolution, da alle kosmischen Zyklen gleich sind.

Was die Interpretationen der dynamischen Realität betrifft, spannt sich der Bogen der Evolution von mechanistischem Materialismus bis zu spirituellem Mystizismus. Nietzsches eigene Interpretation der Evolution ist in kreativem Vitalismus begründet. Außerdem ist für Nietzsche dieses Universum der Wille zur Macht und die menschliche, ja allzu menschliche Spezies ist nur ein vorübergehendes Verbindungsstück zwischen dem Affen der Vergangenheit und dem zukünftigen Übermenschen (ein überlegenes Wesen, welches neue Werte jenseits der traditionellen Konzepte von Gut und Böse schaffen wird).

Nietzsche sagte „Ja!“ zu der ewigen Wiederholung derselben Realität. Vielmehr betonte er in diesem dynamischen Universum der organischen Evolution den essentiellen Wert der menschlichen Kreativität und, als Atheist, forderte er die menschliche Spezies auf, neue Werte zu schaffen, die frei von Religion und Theologie sind. Indem er seine Theorie der ewigen Wiederholung ins Feld führt, lehrte Nietzsche, dass ein Individuum das Leben bestätigen muss, indem es bereit ist, es so zu führen, als wenn jede Entscheidung, die man fällt, ein Urteil für die Ewigkeit ist. Folglich hat für ihn jeder Moment ewigen Wert.

Leider konnte Friedrich Nietzsche seine Ansichten zur Wahrheit, Wissenschaft und zum Naturalismus nicht verdeutlichen. Trotzdem hat dieser ikonoklastische Philosoph Integrität bewiesen. Dies wird in seiner schonungslosen Kritik an ausgedienten Überzeugungen und in seinem Wunsch, die Funde der Wissenschaft und den Gebrauch von Vernunft zu integrieren, um seine herausragende Idee einer ewigen Wiederholung desselben Universums zu beweisen, sichtbar. Es war Nietzsches beharrliches Engagement für eine Suche nach Weisheit, die diese kosmische Vision über die sich ausbreitende Belanglosigkeit der menschlichen Existenz (wie er sie interpretierte) erhob.

Pragmatismus und Naturalismus

Vor den Schriften John Deweys (1859–1952) wurden auch die Pragmatiker Charles Sanders Pierce und William James von der evolutionären Bewegung der Spezialwissenschaften beeinflusst. Alle drei Denker repräsentieren den entscheidenden Übergang von religiösem Idealismus zu philosophischem Naturalismus in Amerika.

Für den Pragmatiker als evolutionärer Naturalist hat die Wissenschaft epistemologisch Vorrang und Materie (Energie) ist das ontologische Make-up dieses dynamischen Universums. Diese praktische Philosophie schließt nicht dogmatisch alle theoretischen Konstrukte oder rationellen Spekulationen aus, aber es bedarf tatsächlicher Beweise, um objektive Wahrheitsbehauptungen über die menschliche Gesellschaft und die natürliche Welt zu rechtfertigen.

Im Einklang mit der neuen Logik der Evolution hat Dewey einen pragmatischen Naturalismus entwickelt, der den Bedarf für Philosophie betont, um die Fortschritte in der Wissenschaft akzeptieren zu können. Im Besonderen haben die Entdeckungen von Galileo und Darwin frühere Deutungen der konkreten Natur verändert. Für Dewey hat die Philosophie die Verpflichtung, neue wissenschaftliche Funde in ihr Weltbild einzuarbeiten.

In seinem verständnisvollen Aufsatz „The Influence of Darwin on Philosophy" (1910) weist Dewey auf den scharfen Kontrast zwischen Veränderung und Beständigkeit hin. Er war überzeugt, dass ein moderner Denker sowohl die Überlegenheit der naturwissenschaftlichen Methode anerkennen muss als auch die Tatsache, dass das menschliche Wissen und die Natur selbst sich verändern. Mit Sensibilität für die moderne Situation geht Dewey hierbei davon aus, dass wir in einer intellektuellen Übergangszeit leben.

Dewey wusste genau wie der Philosoph Nietzsche, dass die konzeptuelle Revolution der darwinistischen Evolution eine Transformation falscher Überzeugungen, alter Werte und des statischen Weltbildes ahnen ließ.

Viele Phänomenologen und Existentialisten hatten, die Wissenschaft ignorierend und im starken Gegensatz zur naturalistischen Position, einen subjektive Standpunkt eingenommen und nicht zu vergessen sei die antiwissenschaftliche Bedrohung des Fundamentalismus und die intellektuelle Plage der Postmoderne. In der Tradition des philosophischen Naturalismus hat Marvin Farber (1901–1980) gelehrt, dass die menschliche Spezies vollkommen in der Natur ist; die Tatsache der Evolution hat ihn erfolgreich von einer engsichtigen Phänomenologie befreit (von der er zu der Überzeugung kam, dass sie nicht in der Lage ist, eine wahre Ontologie, eine vernünftige Epistemologie und humanistische Ethik zu liefern).

Farber wusste den objektiven Wert des Darwinismus für eine solide naturalistische Philosophie zu schätzen und verstand den Einfluss der Evolution als Befreiung vom Spiritualismus. Letztendlich gründet sich die Faber'sche Einstellung auf humanistische Werte und den um sich greifenden Materialismus.

Obwohl John Dewey und Marvin Faber Anhänger der sozialen Veränderung und der organischen Evolution waren, hielten sie an einer veralteten Idee fest. Obwohl Dewey Hegels Idealismus ablehnte, behielt er doch ein mehrdeutiges Konzept von Gott bei, welches nicht mit einem Naturalismus übereinstimmte; trotz alledem war er kein praktizierender Gläubiger. Obwohl Farber Husserls Idealismus ablehnte Trotz Farbers Ablehnung von Husserls Idealismus, war er dem Marxismus freundlich gesinnt, obwohl dieser intellektuelle Kreativität unterdrückte; außerdem war er auch nie in der Sowjetunion gewesen. Nichtsdestotrotz hat jeder der beiden Philosophen ein gewisses Maß an dynamischer Integrität bewiesen, indem sie Wissenschaft und Vernunft in ihr Denken mit einschlossen.

Dynamische Integrität

Ein aufgeklärter Denker ist sich der Komplexität des Raumes und des Zeitproblems, der Evolutionstheorie und der Psychologie bewusst. Leider steht die derzeitige Philosophie gewöhnlich in keinem Kontakt zu den unglaublichen Entdeckungen und außerordentlichen Perspektiven der modernen Naturwissenschaft. Dieses Universum umfasst Milliarden von Galaxien; die Erde ist Milliarden von Jahren alt; der Prozess der Evolution resultiert aus den zufälligen Variationen, die in der biochemischen Komplexität des DNA-Moleküls vorkommen; und unbewusste Vorgänge beeinflussen menschliches Verhalten. Außerdem verbirgt sich hinter all diesen unzähligen Bewertungen des menschlichen Lebens ein tiefer Wert: Das ist die Tugend der Integrität. Aber als direkte Folge der wissenschaftlichen Kosmologie und der modernen Anthropologie kann sich der Mensch nicht mehr an statische Weltbilder klammern, d. h., dass er sich nicht mehr dogmatisch einer kurzsichtigen und geschlossenen Philosophie festgesetzter moralischer Maximen oder universaler ethischer Prinzipien verschreiben kann (aristotelische Beständigkeit und kantische Gewissheit mussten einem evolutionären Pragmatismus weichen).

Für die Menschheit ist es nun nötig, dass sie den essentiellen Bedarf für eine dynamische Integrität erkennt und den offensichtlichen Fakt der sich entwickelnden Natur versteht und anerkennt, aber gleichzeitig mit den Neuerungen in Wissenschaft und Technik Schritt hält. Die dynamische Integrität, die sich der Neo-Aufklärung und dem offenen Diskurs verschrieben hat, vereinigt wissenschaftliche Funde, Prozess-Kosmologie und evolutionären Naturalismus in einer umfassenden und verständlichen philosophischen Anthropologie, die zur Neuschaffung und Neubewertung menschlicher Werte anregt. Solch eine interdisziplinäre Einstellung fördert einen holistischen Charakter, der zugänglich ist für soziale Veränderung, kritischen Dialog und ausgedehnte Untersuchungen.

Trotzdem muss dynamische Integrität mehr bedeuten, als einfach ein ethisch integriertes Leben zu führen oder ein moralisch vereintes Selbst zu haben. Es beinhaltet vielmehr ein aufgeschlossenes und offenes Engagement für Wissenschaft, Vernunft, neue Perspektiven und die Besserung der menschlichen Spezies. Prinzipiell basiert die dynamische Integrität auf der Evolution, z. B. erkennt sie die Einheit des Selbst, die Einheit der Menschheit, die Einheit des Lebens und die Einheit dieses Universums an.

Dynamische Integrität bedarf der kreativen Vereinigung von Denken und Handeln. Eine Person besitzt dann dynamische Integrität, wenn ihre Handlung nicht nur auf empirischen Beweisen und logischen Reflektionen basieren, sondern wenn diese Handlungen auch zur Anpassung, zum Überleben, zur Bereicherung und zur Erfüllung der Menschen beitragen. Folglich ist, ethisch und moralisch gesehen, die dynamische Integrität von deontologischer und teleologischer Natur: Man ist verpflichtet wissenschaftliche Beweise zu akzeptieren und sich ständig für die Verbesserung der menschlichen Spezies einzusetzen, indem man Wissen, Freiheit, Glück und die Langlebigkeit vermehrt.

Betrachtet man ihre kreativen Leben, stehen sowohl Darwin als auch Nietzsche für den zentralen Wert der dynamischen Integrität: Darwin revolutionierte die Wissenschaft, indem er seine Aufmerksamkeit auf die Fakten der Geobiologie und ihre weitreichenden Implikationen für das Leben richtete, während Nietzsche die Falschheit und Mittelmäßigkeit der modernen Zivilisation ablehnte und anschließend die menschliche Spezies dazu aufforderte, neue Werte zu schaffen.

Einige zusätzliche Gedanken

Der Geopaläontologe und Mystiker Pierre Teilhard de Chardin (1881–1955) bewies dynamische Integrität, als er die Fakten der Evolution in sein Denken einschloss, obwohl er von der römisch-katholischen Kirche für seine unorthodoxen Ideen und Ansichten zum Schweigen gebracht wurde. Dieser mutige Jesuitenpriester hat die unbestreitbaren Fakten der Geologie, Paläontologie, Biologie und Anthropologie in seinen Glauben eingearbeitet (obwohl diese Konvergenz empirischer Beweise einer neuen Interpretation der Menschheit in der Natur bedurfte, die eine Herausforderung an traditionelle Überzeugungen und Werte darstellte). Dazu stehen heutige bibeltreue Fundamentalisten und religiöse Kreationisten, denen es an dynamischer Integrität mangelt, in starkem Kontrast. Sie ignorieren oder lehnen alle empirischen Beweise ab, die ihren blinden Glauben, dogmatische Theologie oder kurzsichtigen Perspektiven diskreditieren. Mit ihren engstirnigen Überzeugungen und konservativen Werten schließen sie sich vor der wissenschaftlichen Tatsache der Evolution.

Leider fehlte es auch dem Harvard-Wissenschaftler Jay Gould an dynamischer Integrität, als er, ohne ausreichende Beweise, Teilhard Mittäterschaft an der berühmt berüchtigten Piltdown-Fälschung unterstellte und damit den Ruf des Jesuitenpriesters beschmutzte. Weiterhin kritisierte er Teilhards theistischen Evolutionismus. Ironischerweise hielt Gould selbst an einem veralteten und unsicheren, ontologischen Dualismus fest. Er vertrat die Ansicht, dass zwei getrennte Untersuchungsbereiche existieren: Die natürliche Welt des Wissenschaftlers und die transzendentale Welt des Theologen (zumindest hat Teilhard den Versuch unternommen, diese zwei Bereiche hinsichtlich eines sich entwickelnden und konvergierenden spirituellen Pantheismus miteinander zu verbinden). Nimmt man Goulds Position ernst und geht davon aus, dass zwei verschiedene Bereiche existieren, stellt sich die Frage, wie sie sich gegenseitig sinnvoll beeinflussen können? Bei genauer Betrachtung wird Goulds Dualismus schnell vollkommen überflüssig für die sich entwickelnde menschliche Spezies.

Leider wird Goulds dualistische Herangehensweise an den naturalistischen Neo-Darwinismus von bibeltreuen Fundamentalisten und religiösen Kreationisten benutzt, um die Evolution zu diskreditieren. Ein rigoroser Wissenschaftler (mit dynamischer Integrität) erkennt, dass es nur dieses materielle Universum gib und die entstehende menschliche Spezies ein Produkt, abhängig von und vollkommen in der Natur ist.

Die Ausbreitung von Fundamentalismus und Kreationismus in unserer modernen Welt zeigt einen wachsenden Widerstand gegen Wissenschaft und Vernunft, ganz zu schweigen von dem Fehlen einer Vision für die Zukunft der Menschheit. Leider verbreitert sich die Kluft zwischen Glauben und Fakten weiter. Ganz besonders die Ablehnung der Evolutionstheorie von Seiten einiger Philosophen und vielen Gläubigen zeigt deutlich, dass uns die innere Beständigkeit eines Weltbilds allein nicht zu Wahrheit und Weisheit bringt. Für die fortwährende Suche nach Wahrheit und Weisheit ist dynamische Integrität immer nötig.

In verstärktem Maße muss die potenziell vernünftige und manchmal mitfühlende menschliche Gattung heutzutage die neuen Ideen und gemeinschaftlichen Handlungen, die zu ihrem Überleben und ihrer Erfüllung beitragen, wertschätzen. (Dazu stehen diejenigen im scharfen Kontrast, die die Naturwissenschaften und die Vernunft ablehnen, und die demnach übernatürliche Weltanschauungen vertreten, die jedoch durch empirische Beweise widerlegt werden.) Die Evolution zwingt uns, dieses Universum, Leben auf der Erde und die menschliche Spezies vollkommen neu zu betrachten. Veränderung ist immer auch die Möglichkeit zur Verbesserung und die Menschheit muss sich jetzt für eine Evolution gegen Stagnation einsetzen. Um die Biodiversität und die Zivilisation zu erhalten, ist es der vielschichtige Wert der dynamischen Integrität, der zur axiologischen Basis für die entstehende menschliche Spezies auf der Erde und anderswo in diesem Universum wird.

Zukünftig werden Wissenschaftler und Philosophen für überzeugende Beweise und progressive Konzepte offen bleiben müssen, wenn ihr Denken und ihre Handlungen relevant, bedeutsam und wahr sein sollen. Für den evolutionären Naturalisten muss der philosophische Diskurs mit naturwissenschaftlichen Entdeckungen Schritt halten. Kurz gesagt, dynamische Integrität unterstützt sowohl Pragmatismus als auch Materialismus. Als solche ist die dynamische Integrität der zentrale Wert für ein weises soziales Verhalten und eine absichtsvolle, kreative Intelligenz dieses ganze neue Jahrtausend hindurch.

Quo vadis

Unsere hominide Spezies ist das Ergebnis von sieben Millionen Jahren darwinistischer Evolution von einer fossilen affenähnlichen Form zum Mensch, wie er heute ist. Nur wenn man die Geopaläontologie und Bioanthropologie vollkommen ignoriert, kommt man umhin zu erkennen, dass der Mensch eine erst kürzlich entstandene Spezies in der Evolution der Primaten ist. Für einen Evolutionisten ist die menschliche Spezies der erfolgreiche Menschenaffe, der diesen Planeten aufgrund erhaltener Zweibeinigkeit, seines sozialen Verhaltens, seiner materiellen Kultur und seiner symbolischen Sprache als artikuliertes Sprechen dominiert.

Aber die menschliche Spezies ist kein fest bestimmtes Tier innerhalb der organischen Geschichte und soziokulturellen Entwicklung. Außerdem ist die Menschheit nicht an die Erde gebunden. Trotz globaler Konvergenz aber mit kritischem Optimismus kann man von einer zukünftigen Divergenz der menschlichen Noosphäre jenseits dieses Planeten sprechen.

Indem sich die menschliche Spezies hier auf Erden und anderswo immer weiter entwickelt, bietet die Erforschung des Weltraums gemeinsam mit Nanotechnologie und Gentechnik die Möglichkeit einer nietzscheschen Vision: Die Entstehung eines gottähnlichen Überwesens in der Zukunft. Was die Manipulation und die Steuerung des Prozesses der organischen Evolution betrifft, hat die Menschheit zweifellos nur einen kurzen Blick auf die unglaubliche Macht der Wissenschaft und Technik werfen können. Zukünftige Generationen werden wahrscheinlich ein unbegrenztes Leben genießen können und sie werden miterleben können wie künstliche neue Lebensformen geschaffen werden (d. h. neue Spezies von Pflanzen und Tieren) und wie sich die menschliche Spezies selbst verändert aufgrund der Anpassung an und dem Überleben in neuen Umgebungen, z. B. Leben im Weltall und in anderen Welten.

Der planetare Fehlschluss (wie dieser Autor es nennt) behauptet fälschlicherweise, dass Leben, organische Evolution und Intelligenz auf die Erde beschränkt sind. Solch eine kurzsichtige Einstellung verneint die Möglichkeit einer Exobiologie und einer Exoevolution in diesem dynamischen Universum. Die ernsthaften und weitreichenden Konsequenzen, die mit einer immer fortwährenden Evolution verbunden sind, stellen zugegebenermaßen eine Herausforderung an die Werte dar, an die viele heute glauben, besonders an die Behauptung, dass die menschliche Spezies in der Realität absolut einzigartig ist. Will man den planetaren Fehlschluss überwinden, muss man eine wirklich kosmische Perspektive einnehmen, in der die Menschheit den Mut besitzt, den Weltraum zu erforschen und sich in eine überlegenere Form des Lebens sowohl was die Intelligenz als auch die Technik betrifft, entwickelt. Dann könnte man von der Entstehung des kosmischen Affen reden, wenn sich die mutige und neugierige terrestrische menschliche Spezies ins Weltall wagt (ein bedeutender Übergang der bereits begonnen hat). Natürlich ist es für dieses Schicksal der menschlichen Spezies nötig, dass die Menschheit die Probleme löst, die mit der Anpassung, dem Überleben und der Evolution in den Sternen einhergehen.

Für einen pragmatischen Naturalisten werden Bedeutung und Ziel des Lebens von der materiellen Existenz abgeleitet und Werte und Urteile entstehen innerhalb dieser. Zweifellos wird der Fortschritt in Wissenschaft und Technik sowie eine sich öffnende Perspektive zur Neubewertung der Werte führen. In einigen Jahrhunderten werden die alten Werte der jüdischen, christlichen und islamischen Religionen und der östlichen Philosophien sicherlich durch neue Werte ersetzt werden (vorausgesetzt, dass die menschliche Spezies auf diesem Planeten und/oder anderswo überlebt). Es besteht immer der Bedarf eines fortwährenden Diskurses, damit die Menschheit sowohl intellektuelle Stagnation als auch psychologische Langeweile überwindet.

Eine Gemeinschaft von Menschen, die immer wieder nachforscht, wird auch für die Evolution des *Homo sapiens futurensis* nötig sein, der dieses und andere Sonnensysteme unter diesen unzähligen Galaxien dieses Universums für sein Überleben und seine Erfüllung konstruiert. Um den Erfolg für dieses kosmische Abenteuer zu garantieren, muss die Menschheit sowohl die Freude des Lebens und den Wert der Existenz bestätigen.

In gleicher Weise muss die menschliche Spezies die Omegaillusion überwinden (so sieht es der Autor). Im 20. Jahrhundert hat Pierre Teilhard de Chardin eine mystische Vision des Endziels der menschlichen Evolution auf der Erde und darüber hinaus vorgeschlagen. Seine Spekulationen sprechen die psychologischen Bedürfnisse und emotionalen Wünsche der menschlichen Spezies an (besonders angesichts der Gewissheit des Todes). Aber der Wunsch nach persönlicher Unsterblichkeit ist kein Beweis, dass dieser Status wahr oder auch nur möglich ist.

Ohne Evolution macht nichts Sinn. Der pragmatische Naturalist erkennt die Entwicklung unseres modernen Weltbildes an, von Julian Huxleys Religion ohne Offenbarung bis hin zu Richard Dawkins Evolution ohne Theologie; man könnte von einer Entwicklung vom Heiligen hin zum Weltlichen sprechen. In diesem Kontext ist der Rückfall von der materiellen Evolution solch namhafter Denker wie Carl Sagem, Michael Ruse, Stephen Jay Gould und sogar Stephen Hawking (unter vielen) zutiefst bedauernswert und beweist eindeutig, dass sie Nerven gezeigt haben. Natürlich besteht immer ein menschliches Bedürfnis nach Liebe, Mitleid und Verantwortung (Aspekte, die zu einer naturalistischen Einstellung gehören).

Weiterhin besteht auch immer das Bedürfnis, ethische Richtlinien für wissenschaftliche Forschung zu erstellen. Diese müssen die Natur, Lebensformen, die Menschheit und kritisches Denken berücksichtigen und schätzen. Seit den bahnbrechenden Beiträgen von Charles Darwin und Friedrich Nietzsche haben der harte Fakt der organischen Evolution und die empirischen Beweise der Einzelwissenschaften eine materialistische Rahmentheorie weiter verstärkt, die den Weg ebnet für eine kosmische Neo-Aufklärung frei von Nonsens, Ignoranz, Aberglaube und Obskurantismus. Mit dynamischer Integrität als wesentliche Richtlinie wird die pragmatische menschliche Spezies weiter beachtlichen Fortschritt machen, was sowohl die naturwissenschaftlichen Erkenntnisse als auch die philosophischer Weisheit betrifft.

Literaturverzeichnis

Aristotle (1987): The Nicomachean Ethics. Prometheus Books, Amherst.

Birx, H. J. (1991): Interpreting Evolution – Darwin & Teilhard de Chardin. Prometheus Books, Amherst.

Birx, H. J. (1996): The Evaluating Animal. In: Ethical Record, 101 (99), Dezember-Ausgabe, 3–8.

Birx, H. J. (2000): Introduction / Nietzsche & Evolution. In: Philosophy Now, 29:7, Oktober/November, 24–25.

Darwin, Ch. (2000 [1887]): The Autobiography. 1876 geschrieben, Prometheus Books, Amherst, Refer to the Introduction by H. James Birx, vii–xxii.

Dewey, J. (1965): The influence of Darwin on Philosophy Now and Other Essays in Contemporary Thought. Indiana University Press, Bloomington.

Farber, M. (1968): Basic Issues of Philosophy – Experience, Reality, and Human Values. Harper Torchbooks, New York.

Flew, A. (1997): Darwinian Evolution. 2. Auflage, Transaction, New Brunswick.

Gould, S. J. (1997): Nonooverlapping Magisteria. In: Natural History, 106 (2), März, 16–20.

Haeckel, E. (1992): The Riddle of the Universe. Prometheus Books, Amherst, Refer to the Introduction by H. James Birx, ix–xiv.

Kant, I. (1987): The Fundamental Principles of the Metaphysics of Morals. Prometheus Books, Amherst.

Kaufmann, W. (1968): The Portable Nietzsche. Viking Press, 441, 470.

Nietzsche, F. (1993): Thus Spake Zarathustra. Prometheus Books, Amherst, Refer to the Introduction by H. James Birx, 13–27.

Rachels, J. (1991): Created from Animals – The Moral Implications of Darwinism. University Press, New York/Oxford.

Teilhard de Chardin, P. (1975): The Phenomenon of Man. 2. Auflage, Harper Colophon, New York.

Walsh, J. E. (1996): Unraveling Piltdown – The Science Fraud of the Century and Its Solution. Random House, New York, insbes. 128–148.

Nietzsche, F. (1967–1977): Kritische Studienausgabe. Hrsg. von G. Colli und M. Montinari, dtV, München.
- Band 6, 55–161: Götzen-Dämmerung (=GD)
- Band 12, 9–582: Nachlass 1885–1887 (= N)

Gen-Biologismen

Olaf Breidbach

Der moderne Parzival treibt Humangenetik

Es ist nun schon geraume Zeit her, dass die Zeitschrift „Nature" parallel zu „Science" eine erste umfassende Karte der neu erschlossenen Landschaft der Genetik des Humanen veröffentlichte. Die darin formulierte Idee, hierin das auf kleinstmögliche Größe herunterkopierte „Telefonbuch" der Moleküleinheiten aufgefunden zu haben, in dem sich die Anweisungen zum Bau des menschlichen Körpers aufweisen lassen, war nichts anderes als imposant. Lag damit doch – zum Heraustrennen durch den Leser vorbereitet – der *blueprint* zur Bemessung der organischen Konstruktion „Mensch" vor, über den nun die Elemente seiner Konstruktionsmechanik abrufbar schienen. Nur trügt ein allzu euphorischer Blick auf die in diesen Karten – mit deren bald folgenden Verbesserungen – vorgelegten Konstruktionsschemata (vgl. Honnefelder/Propping 2001).

Gefunden sind damit zunächst nur die Silben, in denen die Konstruktionsanweisungen geschrieben sind, die nur zum Teil schon als Wörter und damit als Bedeutungsträger benannt sind. Insofern ist der Meilenstein, der mit der Entschlüsselung des genetischen Codes des Menschen genommen ist, nur die Markierung eines ersten großen Schrittes auf einem sehr weiten Weg. Dieser Weg führt in ein Gelände, das nun nicht unbedingt einfach mit dem Vokabular zu erfassen ist, mit dem die molekulargenetisch operierenden Forscher bisher ihren Weg beschrieben.

Der Weg von der Analyse des Gens – der auch noch nicht zu Ende gegangen ist – führt auf eine Analyse der Genexpression. Es geht nun darum, die Bedeutung der in ihrer molekularen Zusammensetzung gekennzeichneten Abschnitte auf der DNA herauszulesen. Dies sei hier aber nur angemerkt, da wir in einer Analyse auch der heutigen Diskussion um eine Eugenik, die nicht zuletzt auch von führenden Gen-Forschern wie James Watson propagiert wird, einen öffentlich geführten und einen innerwissenschaftlichen Diskurs unterscheiden müssen. Wobei die Frage der Anwendbarkeit der modernen Forschung, die Hoffnung auf die Perspektiven einer neuen Technologie und die Optionen einer anvisierten Zukunft Teil eines öffentlichen Diskurses sind, der zunehmend auch die innerdisziplinäre Auseinandersetzung um die Genetik bestimmt. Dass sich auch hierzu eine historische Parallele in den Diskussionen um 1900 aufweisen lässt, sei zunächst nur vorgemerkt.

Kennzeichnend für diesen öffentlichen Diskurs ist etwa die Überschrift des ersten Kapitels des von der Zeitschrift „Nature" ausdrücklich gepriesenen Buches „Die Sequenz" von Kevin Davies (2001): „Ritter der Doppelhelix. Die Suche nach dem heiligen Gral der Biologie".[1] Für diese Suche sind nach Davis auch Neben- und Abwege zu tolerieren. So schreibt er:

> „Ein wichtiges Projekt war die Untersuchung der hibakashu, der japanischen Überlebenden der zum Ende des Zweiten Weltkrieges abgeworfenen Atombomben, bei denen mit einiger Sicherheit erhöhte Mutationsfrequenzen und Erbdefekte festzustellen waren" (Davies 2001, 32).

Die betonte Sachlichkeit dieser Argumentation, in der schlicht Fakten aufgewiesen werden, scheint auch in diesem Extrem aufzuzeigen, was die naturwissenschaftliche Argumentation gegenüber den auch von geschichtlichen und philosophischen Belangen geprägten Konturen einer umfassenderen, die Gesamtdimension des Humanen thematisierenden Forschung auszeichnet: die Objektivität ihrer Feststellungen, die dann auch gegenüber dem Grauenhaften Haltung zu bewahren und aus diesem Nutzen zu ziehen vermag. Ohne relativieren zu müssen, wird so auch solch ein Ereignis zu einem (gen-)wissenschaftlich verwertbaren Befund. Die Komplexität eines Phänomenbereiches vor dem derjenige, der philosophisch argumentiert, vielleicht meint passen zu müssen, wird derart in das geordnete Gefüge eines scientistischen Befundlagers eingepasst. Damit ist aufzeigt, wie mit den Dingen, die nun mal geschehen sind, „objektiv" umzugehen wäre.

Dies, und nur dies, soll hier an diesem Bespiel interessieren. Damit demonstriert es, in welche Richtung eine Diskussion führt, die die Objektivität des Befundes zum Maßstab nimmt, und den Befund so aus dem Kontext eines Gesamtverständnisses löst, um dann über jenen aber wieder ein neues Gesamtverständnis aufzubauen. Dieses Moment in der Diskussion um eine neue Eugenik soll im Weiteren betrachtet werden. Es ist zu fragen,

1 Zu dem Problemkontext vgl. auch Brown 1999.

ob die sich schon in diesen ersten Passagen andeutende Rückblendung der Diskussion auf die Dimensionen des technisch Machbaren oder – wie oben angedeutet – vielleicht Machbaren sich wirklich jenseits einer über die Disziplin hinausweisenden kulturell eingebundenen Argumentationslinie zu sichern vermag.

Darwinismus als Postulat – zur Situation um 1900

Die Analyse speziell der in diesem Zusammenhang formulierten bio- und neurowissenschaftlichen Positionen zeigt diese verwoben mit im Ausgang des 19. Jahrhunderts geführten Diskussionen und transportiert so in ihren Begriffen überkommene Positionen in unsere Diskussion. Es ist notwendig, diese Voraussetzungen für eine vertiefende wissenschaftstheoretische und wissenschaftsethische Bewertung auch von heutigen Wissenschaftspositionen aufzuzeigen. Es gilt dabei

1) dezidierte historische Analysen vorzunehmen, um diese ideengeschichtlichen Problemlinien aufzuzeigen, und
2) die ideengeschichtliche Analyse um strukturgeschichtliche und kommunikations- und mediengeschichtliche Problemansätze zu erweitern, so dass die Genese der Verflechtungen von Öffentlichkeit, Wissenschaft und Politik aufgezeigt und in ihren wechselseitigen Beeinflussungen dargestellt werden kann. Damit sind
3) Maßstäbe zu gewinnen, die es erlauben, die Verzahnungen im Begriffsgebrauch auf den verschiedenen Ebenen Wissenschaft, Politik und Öffentlichkeit und deren wechselseitige Beeinflussungen kritisch zu bewerten.

Die Evolutionstheorie Darwins stellte um 1900 die Biologen vor ein Problem. Darwin erzählte die mögliche Geschichte der Evolution, er beschrieb die Mechanik des historischen Entwicklungsprozesses, doch konnte er die Mechanismen nicht erklären, über die sich die Elemente dieser Geschichte (die verschiedenen Lebensformen) etablierten und konsolidierten. Ihm fehlte 1859 die Genetik und somit musste er ein Entwicklungsszenarium beschreiben, ohne die diesen Entwicklungen zugrunde liegende Mechanik der – im weiteren Sinne verstandenen – physiologischen Prozesse benennen zu können: Sein Prinzip einer natürlichen Auslese verschiedener Formen sah er in den funktionellen Spezifikationen der verschiedenen Organismen abgebildet, ohne doch beschreiben zu können, auf Grund welcher physiologischen Prozesse solch eine Anpassung zustande kommen und sich in der Folge von Generationen der verschiedenen Arten stabilisieren konnte. Das darwinsche Konzept einer Evolution war ohne Genetik nicht zu begründen.[2]

Offeriert wurde mit der Evolutionslehre Darwins insoweit zunächst ein Postulat. Als solches erhielt es eine Wertung. Postuliert wurde eine Entwicklung zum Besseren, die sich dann in der Rekonstruktion der Abfolgen von Generationen demonstrieren ließ. Das Bessere war das, was später kam. Insoweit wurde die Evolution nicht als eine in sich zu verfolgende Entwicklung beschrieben, sondern sie wurde nach einem Maßstab gezeichnet, der ihr vorgegeben war. Passte die Rekonstruktion auf diesen Maßstab, war dieser „erklärt". Insoweit integrierte die Konzeption einer Evolution der Organismen, die allein auf einem Vergleich der Formen basierte, Wertvorstellungen, die sie innerbiologisch zwar abbilden, aber nicht begründen konnte (Rádl 1909). Die Wertungen adaptierten die innerwissenschaftlich gewonnenen Beschreibungen an externe Vorgaben. Damit verwoben sie sich schon vor 1900 in eine gesamtgesellschaftliche Diskussion um die Bewertung in der Evolution entstanden gedachter Formen (Bowler et al. 1983). Bezogen auf den Menschen wurden in dieser Argumentation aus dem 18. Jahrhundert überkommene Wertungen zur Qualifikation der verschiedenen Rassen übernommen (Hoßfeld 2005). Der sich hierin abzeichnende Diskussionskontext ist in einer ersten Näherung über die Stichworte Sozialdarwinismus, Rassenlehre und Monismus zu kennzeichnen (vgl. Glick 1988 und Becker 1990).

Die neuere Forschung zeigt die Evolutionsbiologie in einem gesamtkulturellen Verflechtungsgefüge, das unlängst in der Ausstellung zur Lebensreform um 1900 zumindest in seinen Konturen nachgezeichnet wurde (vgl. Buchholz/Latocha/Peckmann/Wolbert 2001; Daum 1996). Aufzuzeigen sind dabei Diskussionsstränge, in denen sich innerwissenschaftliche und auf Wertorientierungen hinzielende innergesellschaftliche Diskussionslinien verzahnen (vgl. Nöthlich/Breidbach/Hoßfeld 2005). Ernst Haeckel ist derzeit der von der Forschung wohl am besten zu greifende Protagonist dieses Diskussionsgefüges zwischen Öffentlichkeit und Wissenschaft im beginnenden 20. Jahrhundert (vgl. Krauße 1984; Nöthlich 2002 und 2004). An ihm demonstriert sich, wie eine als Wissenschaft

2 Vgl. die historische Situation, wie sie sich etwa darstellt in: Reif/Junker/Hoßfeld 2000, 41–91; Hoßfeld, 1999, 189–225; Junker 2000.

formierende Weltanschauung weite Bevölkerungskreise in ihrer Auffassung von und Wertschätzung der Wissenschaft disponierte und dann in einem zweiten Schritt auch deren Naturbild bestimmte (vgl. Breidbach 2000a). Haeckel argumentierte dabei auch als Biologe von vornherein weltanschaulich (vgl. Breidbach 2001a). Begründung fand seine Evolutionslehre dabei nicht nur aus einer innerbiologisch zu sichernden argumentativen Stringenz, sondern vor allem daraus, dass sie in diesem weltanschaulich ausgerichteten gesamtgesellschaftlichen Dialog anwendbar war. Sie übernahm die in dieser Diskussion gefundenen Maßstäbe zur Qualifikation der von ihr beschriebenen Formen. Rückwirkend versah sie diese gesamtgesellschaftliche Diskussion damit dann mit dem vermeintlich objektiv gewonnenen Befundmaterial einer Biologie, verkennend, dass dieses nicht die Wertmaßstäbe dieser Gesellschaft skalierte, sondern umgekehrt nach diesen Wertmaßstäben skaliert war (vgl. Berentsen 1986). In seinen „Welträthseln“ propagierte Haeckel dann auch eine Wissenschaft, die sich selbst in eine Wissenschaftsreligion überführte (Haeckel 1899 und vgl. auch ders. 1914), und die sich dann konsequent im Kontext des Monistenbundes auch in nahezu klerikalen Strukturen organisierte (Hillermann 1976; Weber 2000).

Naturmaßstäbe?

Die Biowissenschaft offerierte um 1900 nicht die objektive Linie, anhand der die Diskussionen um eine Weltanschauung objektiviert werden konnten (vgl. Breidbach 2001b). Vielmehr gewann umgekehrt diese Biologie dadurch, dass sie Positionen dieser Diskussion adaptierte, Überzeugungskraft. In der Situation um 1900 war diese den Forschern kaum bewusste Öffnung der Biologie für eine letztlich philosophische Problemstellung entscheidend, um die innerwissenschaftlichen Schwierigkeiten der sich ohne die genetische Fundierung um 1900 unsicheren Evolutionsbiologie zu überwinden. Emanuel Rádl zeigte in seiner schon zu Beginn des 20. Jahrhunderts geschriebenen Analyse der Theoriegeschichte der Biologie auf, dass die Evolutionstheorie sich gerade dadurch vor den innerwissenschaftlichen Problemen rettete, dass sie aus dem Diskussionsraum der Wissenschaften ausbrach und sich zu einer weltanschaulichen Position mauserte (Rádl 1909). Die Evolutionsbiologie firmierte somit in den Konturen biologistischer Vorstellungen, sie offerierte Erklärungsmodelle, die dann Philosophen wie der italienische Positivist Tito Vignoli adaptierten, um im

Ausbau der so gewonnenen Szenarien möglicher Erklärungen weltanschauliche Positionen auf mögliche innerwissenschaftlich zu rekonstruierende Diskussionslinien rückzubinden (Vignoli 1879 und 1880). Die Evolutionslehre konsolidierte sich so um 1900 im Diskussionsgefüge um eine Eugenik und eine Rassenlehre (vgl. Weingart/Kroll/Bayertz 1988; Shipman 1994; Hoßfeld 2000). Dabei wurden alte Positionen, die an die Diskussion des 18. Jahrhunderts anknüpften, mit neuen Befunden unterlegt, die sich in die insoweit gewonnene Weltanschauung einpassen ließen und die Evolutionslehre somit nicht einfach als innerwissenschaftliche Theorie, sondern als Welterklärungsmodell konsolidierten. Diese weltanschaulich formierende Evolutionsbiologie gab dann zugleich aber auch wieder Problemstellungen für die Forschung vor. Dabei konnte die Wissenschaft mit dem ihr zur Verfügung stehenden Beschreibungsmaterial die Aussagen der weltanschaulich ausgerichteten Evolutionsbiologie wieder anschaulich machen. Eine ins Weltanschauliche ausgreifende Anthropologie konnte so durch die Befunde der vergleichenden Anatomie, einer vergleichenden Verhaltenslehre und einer vergleichenden Embryologie untermauert werden (vgl. Hoßfeld 2005). Zu attackieren war damit für einen Kritiker der Evolutionslehre nicht einfach ein innerwissenschaftlich zu falsifizierendes Erklärungsmodell, sondern die mit seiner Hilfe getroffene Konturierung einer evolutionistisch gegründeten Weltanschauung. Das heißt, innerwissenschaftlich war nicht einfach der Mechanismus klarzustellen, über den die Evolution funktionierte. Zu kritisieren waren vielmehr zugleich auch immer die (weltanschaulichen) Maßstäbe, an denen sich die Befunde der Biowissenschaften ausrichteten.

Wichtig für ein Verständnis der damit induzierten Entwicklungen ist, die entsprechenden Linien nicht erst mit den 20er Jahren des 20. Jahrhunderts – d. h. letztlich in direkter Verknüpfung mit dem Aufkommen der nationalsozialistischen Ideologie – zu verfolgen, sondern vielmehr die weiter zurückreichenden, in der späteren Diskussion dann nur mehr in besonders perfider Weise akzentuierten Diskussionslinien aufzuweisen (siehe etwa Gasmann 1971 und 1998; Weindling 1989; Baader 1989; Harrington 1996). Dabei sind dann in Fallstudien Diskussionsverzahnungen zwischen Wissenschaft, Öffentlichkeit und der Wissenschaftspraxis (etwa in der Berufspraxis von Ärzten) zu verfolgen und eingehender darzustellen (vgl. Thomann/Kümmel 1995). Aufzuweisen ist die Frage der Genese von öffentlichen Meinungen und deren Rückwirkungen auf eine Wissenschaftspraxis und deren Effekte für eine sich an der Wissenschaft orientierende Politik (vgl. Bayertz 1985; Ash 1999; vom Bruch/Kaderas 2002). Zu fragen ist damit nach den strukturellen Bedingungen, in denen entsprechende Diskussionen abliefen und nach den über diese Diskussionen initiierten Strukturentwicklungen.

Evolutionärer Opportunismus

Die innerbiologisch nachzuzeichnende Geschichte der Evolution, die eben nicht auf solche extern vorgegebenen Maßstäbe rekurriert, ist denn auch eine andere. Die Evolution kennt keine festgeschriebenen Werte, die eine Art prinzipiell vor anderen Arten auszeichnet. Selbst der an der Spitze einer Nahrungspyramide stehende Topkonsument wird Opfer so einfach gebauter Wesen wie Bakterien. Und er kann seine Position an der Spitze der Nahrungspyramide auch nur unter bestimmten Rahmenbedingungen erhalten. So war der ausgestorbene Säbelzahntiger nicht einfach „schlechter" als der heute noch lebende Sibirische Tiger, er war nur „anders". Irgendwann in seiner Entwicklungsgeschichte war er seinem Biotop zu fremd geworden, um sich noch darin einzupassen. In diesem Moment ging es ihm – als Art und gegebenenfalls auch als Individuum – schlecht. Dies und nur dies ist evolutionsbiologisch im Vergleich der verschiedenen hier benannten Formen zu konstatieren. Der Löwe, die Hyäne und der Mähnenwolf sind nicht, da es sie heute noch gibt, besser als der ausgestorbene Säbelzahntiger. Sie sind einfach da, und mehr kann eine Evolutionslehre über deren Wert auch nicht aussagen.

Der Leitstern der Evolution ist Opportunismus. Das Wappen einer an ihr zu bemessenden Moral ist Parasitismus. Das Zusammenleben der Formen ist in einer Dynamik von Auseinandersetzungen erwachsen, die alles andere zeigt als einen idealen Raum möglicher Selbstentfaltungen. In dem insoweit notwendigen Verzicht auf eine Statik von Ordnungsgefügen verliert sich dann aber auch jedes biologische Paradies (vgl. Breidbach 2002).

Die Einsicht, dass das, was wir an Lebensformen zu einem bestimmten Zeitpunkt finden, das Resultat einer Geschichte darstellt, in der einzelne Formen ihr Überleben durch Ausgrenzung des Anderen sichern, ist mit der Idee eines sich in der Geschichte schlicht fortschreibenden Idealzustandes unvereinbar. Die Biologie kann keine solchen Idealzustände rekonstruieren, als Evolutionsbiologie beschreibt sie die fortlaufende Veränderung des Zustandsgefüges, in dem sich die verschiedenen Lebensformen etablieren. Dabei gilt es für die Evolutionsbiologie, die verschiedenen Interaktionen zwischen den Arten einer Lebensgemeinschaft in ihrer Konkurrenz zueinander und miteinander aufzuzeigen (vgl. Schluter 2001).

Für den Bereich der Verhaltensanalyse etwa konstitutierte sich dazu in den 1960er Jahren eine eigene Disziplin, die Soziobiologie (vgl. Alcock 2001). Deren Konzepte taugen in einer Analyse komplexerer Verhaltensschichtungen für eine Deskription. Die Soziobiologie versteht die Verhaltensmechanismen, über die sich und in denen sich eine Population etabliert. Sie zeigt auf, in welcher Hinsicht eine Teilverhaltensfolge Selektionsvorteile bringt, und bemisst so die Vielfalt der biologisch darstellbaren Reaktionen. Damit sind diese Reaktionen in ihrem Effekt für eine Population beschrieben. Damit ist nun aber kein absoluter Wert solch einer Verhaltensweise festzustellen. Evolutionsbiologisch kann nur der evolutive „Wert" einer bestimmten Anpassung an eine bestimmte Situation, aber nicht eine von dieser Situation absehende Bewertung gesichert werden. Die Überlebensfähigkeit zu optimieren, hat nicht an sich, sondern nur für den, der hier sein Überleben findet, einen Wert.

Das altruistische Verhalten bestimmter Ameisen ist nicht an sich altruistisch, es wird von uns – bezogen auf die Situation, in der es sich etabliert – als altruistisch bewertet. Diese Bewertung können wir dann evolutionstheoretisch zu begründen suchen und schaffen so ein Modell, das uns die Entstehung eines entsprechenden Verhaltens erklärbar macht: So beschreiben wir die Honigtopfameisen, die sich für ihre Staatsgenossen als lebende Vorratsbehältnisse verwenden lassen, oder den Sozialverband der afrikanischen Löwen. Wir erklären damit einzelne Verhaltensweisen. Deren Bewertung bezieht sich einzig und allein darauf, dass sie sich unter den gegebenen Umständen als tauglich erwiesen haben. Dieses „tauglich" ist also jeweils nur auf den Moment hin definiert: Der Schmuck eines Pfaus ist genau dann ein Vorteil, wenn er ein Weibchen zur Paarung verführt und auch schon vorher den Züchter zur Aufzucht und Fütterung motivierte. Dieser „Selektionswert" begründet aber noch nicht eine etwaig von uns konstatierte Ästhetik seines Federkleides (vgl. Breidbach 2003a; auch Bayertz 1984).

Maßstäbe

Eine mögliche Skalierung in solch ein evolutionsbiologisches „Schlechter" und „Besser" kann nun aber, wird von den jeweils zu bestimmenden Rahmenbedingungen abgesehen, leicht zu einer Zuordnung von einem übergeordnet verstandenen „Gut“ und „Böse“ verleiten und damit die zunächst wertfreien Darstellungen von Prozessen über eine nicht mehr innerwissenschaftlich begründete Darstellung dessen, was ist, in ein innerbiologisch eben nicht zu begründendes Gesamtbewertungsmodell überführen. Innerbiologisch ist ein „schlechter“ oder „besser“ jeweils nur instantan auf die jeweiligen Möglichkeiten einer Population zu beziehen (vgl. Breidbach/Jost 2004). Macht man das Überleben zum Maßstab, an dem die Qualität der Individuen einer Population zu bemessen ist, so muss die Strategie vorgestellt werden, mit der sich eine bestimmte Lebensform auf die jeweiligen für sie gültigen Rahmenbedingungen bezieht. Bezogen auf diese Situation ist dann deren jeweiliger evolutiver Wert festzustellen. Es gilt sich in diesem Rahmen anzustrengen, um zu überleben. Genau diese Anstrengung messen die Evolutionsbiologen, wenn sie die Folgen von Generationen daraufhin bemessen, welche Genkombinationen sich stabilisieren. Der Fachterminus für diese Beschreibung des Adaptationswertes entsprechender Anpassungen ist die Fitness (vgl. Sober 1984).

Die Fiktion, in der Biologie das zu finden, was eine Diskussion um ein multikulturelles Ethikverständnis der klassischen Philosophie als Desiderat vorwarf, nämlich eine liberale, keine Hegemonien kennende eben schlicht objektive Bewertung des als besser und damit als gut Anzusehenden, wird hier offenkundig.

Die Folge von jeweils evolutiv besseren Zuständen konstituiert im Effekt das, was wir derzeit haben. Die derart in eine Reihung gebrachten Befunde sind insoweit darauf angelegt, das, was jetzt ist, als besser festzuschreiben als das, was vorher war. Wird dies nur auf den jeweiligen Schritt von einem zum nächsten Zustand angewandt, erscheint solch eine Beschreibung begründet. Diese einzelnen Schritte werden dann auf der im Evolutionsgeschehen zu skizzierenden Zeitachse zwangsläufig zu einer Reihe geordnet, die nun auch in ihrer Gesamtabfolge eine Linie vom Schlechteren zum Besseren zu zeigen scheint. Nur begründet sich diese Linie in ihrer Faktizität, nicht aber als ein über den Ausweis dieser Geschichte hinaus zu zeichnender Maßstab. Dieser kann nicht von der konkret nachgezeichneten Abfolge gelöst werden, um eine umfassende und abgehoben von den jeweiligen konkreten Situationen bestimmte Wertskalierung zu begründen. Denn diese wird ja auch immer nur in ihren einzelnen Schritten, etwa in der Entwicklung vom Waldelefant zum Mammut beschrieben. Die Feststellung, dass sich Typ a gegenüber Typ b durchsetzen konnte, ist eben nicht von der konkreten Situation der diesen Schritt ermöglichenden Randbedingungen zu lösen. Die Abfolge der Formen an sich sagt so auch nichts, erst wenn ich die Formen als Antworten auf bestimmte Umweltszenarien begreife, wird mir deren geschichtliche Abfolge verständlich. Damit findet sich in der insoweit zu rekonstruierenden Formreihe aber keine von den jeweiligen Umweltbedingungen zu lösende Abfolge, sondern ein Gefüge von Reaktionsformen, die sich bezogen auf die jeweiligen Umweltbedingungen konsolidierten. Die einfache Aussage, dass sich unter diesen Bedingungen eine bestimmte Form durchsetzen konnte, kann dann zu vereinfachenden Postulaten führen, die von den jeweiligen lokal wirkenden Kausalitäten absieht und Beschreibungen als Erklärungsformeln interpretiert. So wird von den in ihren minutiösen Wechselwirkungen nachzuzeichnenden Prozessbedingungen abstrahiert und eine Regel postuliert, die schon Darwins Mitstreiter Wallace auf die Formel brachte: Survival of the fittest (vgl. Wallace 1870). Es kann nur Einen geben, wird darin zum Grundansatz, über den sich das Bessere skalieren lässt. Der so gefundene Bewertungsmaßstab basiert auf dem Prinzip der Hegemonie. Die in ihr zu findende Strategie ist die Strategie der Ausschließlichkeit und – wie wir von oben wissen – des Opportunismus. Diese Strategie des Opportunismus schreibt insoweit immer nur eine auf die momentanen Bedingungen bezogene Bewertung fest, taugt aber nicht dazu, die insoweit entstandene Formvielfalt unabhängig von den jeweilig wechselnden Rahmenbedingungen zu bewerten.

Zwar kann man, von den lokalen Bedingungen absehend, ein Reaktionsmuster beschreiben, in dem das Prozessieren in der Entfaltung der Evolution verständlich wird, und so etwas wie eine Regel der Evolution gewinnen. Damit wird aber nur ein Reaktionsprinzip und eben kein Wertmaßstab entschlüsselt. Die mit dieser Regel umrissene Kontur einer Geschichte des Lebendigen umreißt insoweit nur das Bild, in dem die Entwicklung der Evolution in ihrer Vielfalt verständlich wird. Tenor dieser Geschichte ist die Einsicht in die Wertlosigkeit des Einzelnen. Das Einzelne bestimmt sich allein im und durch den Prozess. Dieser Prozess selbst wirkt immer nur im Moment. Er ist in seinen effektiven Bewertungsmaßstäben immer auf die zeitlich und strukturell eingegrenzten Bedingungen beschränkt.

Bewertungen

Eine Evolution, in der die Genese der Lebensformen derart als Resultat eines opportunistisch fundierten Prozesses zu schreiben ist, gewinnt demnach keinen Maßstab an sich selbst. In dieser Welt findet sich nichts, das sich in sich bestimmt. Alles geht auf in einem Prozess, der sich nur im Momentanen bestimmt, und der seine Resultate in seinem Fortschreiten immer wieder selbst annulliert. Dies ist die einzige Moralität, die eine Biologie vermitteln kann.

Traditionelle Bio-Philosophien

Wissenschaft als Basis allen Wissens und damit auch als letzte Fundierung einer Philosophie reklamierte schon im 19. Jahrhundert der Positivismus italienischer Prägung (vgl. di Bartolo 2005). Der italienische Positivismus erwuchs in einer Situation, in der sich eine liberale Intelligenz gegen ein Wertesystem wandte, das für sie die Ordnung des Alten, im *Risorgimento* Überkommenen präsentierte. Die dieses Wertesystem stabilisierende traditionelle Religion wurde abgelehnt, dieser gegenüber war das neue Wissen eben modern, wissenschaftlich zu begründen (vgl. di Giovanni 2003 und insgesamt Blé 1996).

Dabei sah dieser Umgang mit den Wissenschaften davon ab, dass die Naturforschung in ihrem experimentellen Tun die Dinge ertastet, sie in diesem Tun immer in Neues vorstößt und somit weiß, dass alle ihre Aussagen über die Welt immer nur vorläufig, gegründet auf den nur momentan verfügbaren Sicherheiten sein können. So galten dann in dieser Wahrnehmung die Hypothesen der Naturforschung als Gesetze. Diese Gesetze gaben dabei eine Orientierung, die weit über deren Anwendung im Aussagengefüge der Einzeldisziplinen hinaus führte. Der (Natur-)Wissenschaftler wurde so zu einer moralisch/philosophischen, d. h. Wertmaßstäbe gebenden Autorität.

Die in der Rezeption des italienischen Positivismus dabei durch Forscher wie Wilhelm Wundt, Hermann von Helmholtz und Ernst Haeckel repräsentierte Naturforschung diente jenem als Rechtfertigung seiner eigenen Positionierungen. So propagierte der Italiener Morselli, der einerseits als Mediziner, andererseits aber auch als Editor eines seinerzeit bedeutenden Review-Organs der italienischen Naturforschung wirkte, dass die positivistische Naturphilosophie in eine weltanschaulich ausgreifende Naturforschung zu überführen sei (vgl. Schirru 2005). Morselli vertrat damit eine extreme Position, die allerdings eine Schwierigkeit der damaligen positivistischen Philosophie aufzeigt. Seine Antagonisten, insbesondere das Umfeld des Paduaner Philosophen Ardigò, konnte nach 1900 nur mehr postulieren, ihre Philosophie naturwissenschaftlich zu begründen (vgl. Frigo 2001a und 2001b). Sie hatten dann aber nicht die Konsequenz gezogen, ihre Philosophie zugunsten eines explizit naturwissenschaftlichen Vorgehens aufzugeben. Die entsprechenden Vertreter eines nichtmonistisch kontaminierten Positivismus standen damit vor einem prinzipiellen Problem. Die Grundlage ihrer Philosophie war der Verweis auf die Naturwissenschaften, die sich selbst aber an dieser Philosophie vorbei entwickelt hatten, und nun aber in der Person Ernst Haeckels oder Wilhelm Ostwalds mit dem Anspruch auftraten, diese Philosophie selbst schreiben zu können (vgl. Breidbach 1998). Morselli, selbst Naturforscher, nahm diesen Anspruch auf und proklamierte mit Verweis auf Haeckel einen nicht nur naturwissenschaftlich fundierten, sondern in dieser Naturwissenschaft absorbierten Positivismus. Philosophie als ein eigenständiger Problemzugangsbereich hätte damit in dem haeckelschen Biologismus aufzugehen (vgl. Morselli 1904).

Hier ist noch einmal festzuhalten, wie sich in der Sichtweise des Monismus und in dessen Übernahme durch den Positivismus Wissenschaft konturierte. Sie wurde dort als Weltanschauung wahrgenommen (vgl. Simon-Ritz 1997). Geltung hatte diese Weltanschauung, da sie auf Fakten basierte. „Basieren" meint hier aber zunächst nur, dass diese Fakten in einen möglichen Interpretationszusammenhang einzuweben waren. Der Verweis auf das Faktische gab dem so begründeten Aussagengefüge Geltung. Es war demonstrabel. In dieser Demonstration schien es gesichert. Auch deren damit verbundener Ausschließlichkeitsanspruch wurde nicht bewiesen, er wurde demonstriert. Bei Haeckel musste die Natur so dazu herhalten zu demonstrieren, dass alle Philosophie Naturphilosophie und alle wahre Naturphilosophie Evolutionslehre ist (vgl. Breidbach 2000b). Haeckel sicherte seine Wahrheiten in dem Blick auf die Vielfalt der Formen und der für ihn dort augenscheinlichen Ordnung. Diese Ordnung interpretierte er als den augenfälligen Beleg für die strukturierende Kraft einer Evolution. Da auch der Mensch Teil dieser evolutiv entstandenen Ordnung ist, musste die Vielfalt der ihm möglichen Reaktionen – und damit auch sein Denken – als Resultat dieser Evolution beschrieben werden. Wie ist das zu begründen? Bei Haeckel ist das einfach: Diese Natur findet sich für ihn in der Anschauung; jede Einzelheit, an der demonstrierbar ist, dass sie Resultat einer Evolutionslehre ist, sichert ihm die Evolutionslehre: Jeder Organismus, der existiert, zeigt sich in einem Verwandtschaftsverhältnis zu anderen Arten. Diese Verwandtschaft ist evolutionsbiologisch erklärbar. Also gilt nach Haeckel die Evolutionslehre, und da jede neue Beobachtung von Lebensformen diese Sichtweise erweitert, erwächst aus ihr ein Allgemeinerklärungsanspruch, der plausibel gemacht werden kann und demnach geglaubt werden muss. Philosophisch ist diese Darstellung defizitär, aber wo gab es schon eine Philosophie, die die Bilder aufzuweisen vermochte, mit denen Haeckel seine Natur-Anschauungen illustrierte. Selbst der Besucher der Pariser Weltausstellung durchschritt mit dem Eingangstor eine ins Gigantische aufgeblasene, dem haeckelschen Formenspektrum entnommene Radiolarie (vgl. Krauße 1995). Die damit implizierte Botschaft wurde im Monismus – und in dessen Rezeption – auch im Positivismus programmatisch: Mit dem Durchgang durch die haeckelsche Naturanschauung werde für den sich ihm anschließenden Philosophen der Fortschritt greifbar. Im Angesicht dieser Möglichkeiten ihres Anspruchs schwand die zögernd tastende Haltung eines sich in Hypothesen bewegenden Empirikers und machte der Sicherheit eines sich bei den Dingen wähnenden Wissenden Platz. Wissenschaft formierte sich derart zu einem Glauben, der sich in der Hoffnung auf den Fortschritt der Zukunft nährte (vgl. Breidbach 2003b).

Fiktionen

Asimovs Foundation-Serie führte dieses Denkgefüge in der Science Fiction Literatur der 1960er Jahre weiter (vgl. Asimov 1991). Die Ideologisierung einer sich derart nicht mehr pragmatisch, sondern in der Faktizität ihres Glaubens gründenden Wissenschaft wird in der angenommenen Ausschließlichkeit ihrer Perspektive zementiert. Diese Wissenschaft sieht ab von dem, was sie nicht weiß. Sie gewinnt ihre Sicherheit dadurch, dass ihr all das außer Blick gerät, was sie nicht abzubilden vermag. Das, was nicht in diese Anschauung passt, ist nicht Teil des augenfällig zu machenden Fortschrittspotenzials. Welche Konsequenzen diese Ideologisierung für die Kultur nach 1900 insgesamt hatte, bleibt noch im Detail zu untersuchen (vgl. Daum 1998). Feststellen ist aber schon hier: Ihr Einfluss war umfassend. Das, was für uns Natur ist, und die Wertungen, was wir heute mit den Naturwissenschaften verbinden, sind zu großen Teilen Resultat der Zuschreibungen, die diese Wissenschaften in der Situation um 1900 erfuhren (vgl. Breidbach/Lippert 2000).

Stellt sich diese Diskussion aber nun, da die Mechanik der Evolutionsprozesse genetisch abzubilden ist, in einem neuen Problemhorizont? Die Darstellung der Evolution hat auf der Ebene der Gen-Bausteine die Prozesse einer Entwicklungsmechanik skizziert, in denen sie als in sich gefestigte, innerwissenschaftlich begründete Theorie nunmehr aus objektiver

Warte die vormaligen Postulate aufnehmen und als innerwissenschaftliche Aussagen zu konsolidieren vermag.

Wäre damit dann auch ein Zukunftsbild des Menschen zu umreißen, in dem dieser ganz analog den Möglichkeiten eines Legostein-Kastens jeweils kurzfristig entsprechend auf verschiedene Nutzungszusammenhänge umgebaut werden könnte? Die Idee wäre, hiermit in (bio)technischen Verfahren nur das zu verbessern, was in der Evolution der Natur – dieser Auffassung zufolge – ohnehin schon abläuft. Die Evolution erscheint in dieser Vorstellung als ein Baukastenspiel, in dem die einzelnen Bausteine zunächst frei kombiniert und in einem zweiten Schritt dann ausgewählt werden. Kriterium dieser Auswahl ist, dass die Formen in vorgegebene Funktions- und Nutzungszusammenhänge passen.

Der Vorschlag wäre nun, in diesem Funktionsgefüge den zunächst vergleichsweise ziellos arbeitenden Baumeister Evolution durch den im Letzten mit den gleichen Mitteln, aber doch sehr viel gezielter arbeitenden Gen-Designer zu ersetzen. Damit wäre es dann unter Umständen auch möglich, schon von der genetischen Anlage her sein Wunschkind zu konzipieren und mittels moderner Technologien auch zu realisieren. Die Kleidermoden der Jetztzeit könnten sich dann in die Kindermoden der Zukunft übersetzen. Stellen sie sich nur vor, was das für einen einem Pop-Star anhängenden Teenager bedeuten könnte, wenn dieser dann, nur wenig älter, die Möglichkeit fände, sein Jugendideal in der Planung seiner Familie auf Dauer umzusetzen.

In solch einer Kultivierung des uns Möglichen sind wir dann aber auch nicht mehr einfach einer Natur mit den auf uns wirkenden äußeren Faktoren, wie etwa Wind, Hitze, Licht etc., überantwortet. Die Faktoren, in denen wir unser Überleben garantieren müssen, sind mittlerweile in großem Maße durch unsere „Kultivierung" der Natur geprägt und damit zusehends hausgemacht. Wir formen in unserer Kultur die Natur um, die so für uns keinen unmittelbaren Maßstab mehr bilden kann, da sie sich durch uns und mit uns verändert. So gibt es nicht mehr einfach das Andere einer Natur, der wir uns aussetzen; es ist die kultivierte, massiv durch uns geprägte Natur, in der wir uns zu positionieren haben. Wir evolvieren nicht mehr nur in der Natur, wir evolvieren die Natur. Aber wir können, wie schon Shelleys Frankenstein, hier nicht einfach ins Fantastische bauen. Unsere Ressourcen sind begrenzt, das, was wir ausgegeben haben, ist verloren. Entsprechend vorsichtig und vor allem umsichtig ist zu verfahren.

Zusammenhänge

Die Evolution arbeitet nicht einfach an der Konstruktion einzelner Formen, sie funktioniert in einer komplexen Verzahnung von Wirkungen, in der sich einzelne Formen verfestigen, stabilisieren oder auch ändern (vgl. Hall 1999). Der Mensch ist nun aber nicht einfach Spielball in diesem Gefüge, das er dann, wenn er dessen Regeln begriffen hätte, auch gezielt verändern könnte. Solch ein Gefüge, an dem er dann werkeln könnte, ist keine einfach ihm vorgegebene Größe, dieses wird durch ihn fortlaufend verändert. Indem er es nutzt, greift er in dieses Gefüge ein. Genau damit sind wir dann in der Dimension, in der wir auch unsere, uns mögliche Evolution beschreiben müssen. Diese ist nicht einfach in Fantasien über die Entwicklung neuer Organe zu beschreiben. Beschreiben müssen wir Verzahnungen in der Entwicklung eines komplexen Systems von Wirkungszusammenhängen. Wichtiger als alle Entwicklungen neuer Augen, neuer Zähne oder neuer Hirnwindungen ist es, diese Verzahnungen zu studieren, um etwas von dem Gefüge zu begreifen, das wir nötig haben, um überhaupt – als Art – überleben zu können (vgl. Breidbach 2003c).

Diese vorsichtige Stellungnahme bestreitet nicht die Möglichkeit, dass mit den über diese Techniken gewonnenen Analyseinstrumentarien neue Korrelationen erarbeitet werden können, um damit etwa in der Diagnose und der Therapie einzelner Krankheiten Neuland betreten zu können. Hier ist in den letzten Jahren, durch die Fokussierung einer Vielfalt von Talenten auf dieses neu eröffnete Feld eine Menge geschehen. Zu fragen ist aber, ob diese in der Praxis weiterführenden Schritte die auf der ersten Stufe des Wegs gezeichneten Pfade ausbauen oder gänzlich neu konturieren.

Dabei geht es mir in diesem Zusammenhang nicht um die aus den Visionen des Machbaren abgeleiteten Zukunftsbilder, in denen oft erschreckend naiv die Szenarien einer Lebensreformbewegung von 1900 noch einmal gezeichnet werden, und das Heil einer biologisch sauberen, nur mehr biotechnisch geläuterten Welt beschworen wird.

Hier interessieren zunächst die Denkmuster, die die Forscher auf ihrem Forschungsweg (und nicht in dessen gesellschaftspolitischer Interpretation) anlegen. Das Problem besteht darin zu erkennen, wo uns bestimmte operativ genutzte Begriffe – auch in der Forschung – einengen und wo sie uns weiterführen.

Gen-Weltformeln?

Die Aussage, die Weltformel sei im Genom zu finden, scheint eben nur in einer ersten Näherung plausibel. Was wir erreicht haben, ist zunächst eine neue Notationsform für das, was wir konventionell über eine Darstellung der Gestalt, der chemischen Zusammensetzung, der Reaktionsmöglichkeiten und gegebenenfalls des Verhaltens zu kennzeichnen suchten. Zu fragen ist dabei, inwieweit in dieser neuen Notation eine neue analytische Dimension oder nur eine viel präzisere Darstellungsform für schon vorliegende Konzepte gewonnen ist, oder ob sich in dieser Notation nur mehr die alten Beschreibungsformeln erweitern.

Konkret ist ja nur sehr wenig gewonnen, wenn wir die Darstellung eines Organismus einfach in Form einer genetischen Sequenz notieren. Erstens sagt uns diese noch nichts über die spezifische Textur eines Organismus: Schließlich ist das Genom der Zellen eines Körpers identisch. Das Problem und das Charakteristikum eines Organismus ist, dass er eben kein einfaches Kristall, das heißt, keine einfache Agglutination einer Serie uniformer Grundbausteine ist, sondern vielmehr in seinem Gewebe und in den einzelnen Zellen, die diese Gewebe konstituieren, enorm variiert. Hier gilt es, die verschiedenen mit „einer" Genetik erarbeiteten Teilprodukte als solche eingehender zu kennzeichnen.

Mit der Sequenzierung des Genoms sind uns die Bausteine, aus denen sich ein Komplex von chemischen Reaktionselementen „verlebendigt", in einer neuen Weise charakterisiert. Die Bausteine, in denen sich der Chemismus der Zellreaktion organisiert, sind im Genom nur in ihren Anlagen charakterisiert. Diese können für verschiedene Reaktionen gebraucht werden und können in ihrer genetischen Notation dabei unpräzise oder redundant formuliert sein. Die resultierenden Baupläne können insoweit störanfällig oder störresistent sein. Im fertigen Produkt ist diese Dimension seiner Entstehung meist kaum abzulesen.

Traditionelle Bioanthropologien

Rudolph Wagner, der mit von Baer 1861 auf der ersten Tagung der Anthropologen in Göttingen die Methoden einer Anthropometrie fixierte, war kein Darwinist (vgl. Hoßfeld 2005). Die von diesen beiden Forschern vertretene biologische Anthropologie war parallel zur Evolutionslehre entstanden und führte sich dann unabhängig bis ans Ende des 19. Jahrhunderts fort. Hier kodierte sich dann im Zusammenhang der alten Rassenlehre mit der neu diskutierten Evolutionslehre eine Rassenkunde. Zugleich fixierten sich etwa bei Ploetz die Vorstellungen einer Rassenlehre in einem sozialdarwinistischen Kontext (vgl. Kaupen-Haas/Saller 1999). Aus diesen erwuchs dann eine von vorneherein politisch kontaminierte Eugenik. Forels Buch über die Sexuelle Frage – ein Bestseller um 1900 – fixiert an diesen Rassevorstellungen zugleich auch die Vorstellungen einer Kulturentwicklung (vgl. Forel 1906). Eugenik – so Forel – sei notwendig, um die europäische Rasse und ihre Kultur gegenüber der asiatischen Rasse zu konsolidieren. Die Diskussion lief dann weiter in die Bahnen einer Rassenkunde, in die sich dann in den 20er Jahren der Faschismus nahezu nahtlos einklinken konnte (vgl. Hoßfeld 2005).

Im deutschen Sprachraum schreckte die Philosophie vor dieser naturwissenschaftlichen Positionierung des Machbaren und dem daraus abgeleiteten Menschenbild seinerzeit weitgehend zurück. Sie schaltete sich – bei Plessner und Scheler – denn auch bewusst aus dem Diskussionskontext der Wissenschaften aus und wurde so in den 30er Jahren im Kontext einer biologischen Anthropologie bedeutungslos (vgl. Arlt 2001; Klages/Quaritsch 1994; Brede 1971; auch Bergmann et al. 1981). Philosophen wie Arnold Gehlen nahmen demgegenüber aber auch im deutschen Sprachraum die Positionen der biologischen Anthropologie auf. Die über Gehlen in die moderne Verhaltensforschung führende Linie sei hier nur kurz angedeutet. Gehlen protegierte Lorenz. Dessen Verhaltenslehre ersetzte dann auch eine philosophische Diskussion um die Grundlagen einer biologischen Anthropologie (vgl. Eibl-Eibesfeldt 1970 und 1986). Lorenz' Intermezzo in Königsberg erhält unter diesen Prämissen eine sehr eigene Bedeutung.[3]

Festzuhalten sind zwei Aspekte: In Italien erwuchs der Positivismus aus der medizinischen Anthropologie und der Psychologie. Die Thesen der positivistischen Philosophen münden dann gegen Ende des 19. Jahrhunderts darin, die Philosophie in die Wissenschaften zu überführen. Konsequent ruft der im Umkreis von Lombroso arbeitende Morselli, der als Herausgeber der „Revistas scientifica“ eine publizistisch herausragende Bedeutung besaß, um 1900 Haeckel zum Italienischen Nationalphilosophen aus (vgl. Morselli 1904). Auch hiermit zog sich die Philosophie in Konsequenz letztendlich vor den Wissenschaften zurück. Sie definierte sich in der Lesart von Morselli nur mehr als Standartenträger des in den

3 Hier schrieb er: Lorenz, Konrad (1941): Kants Lehre vom Apriorischen im Lichte gegenwärtiger Biologie; vgl. Taschwer/Föger 2003; Föger/Taschwer 2001.

Wissenschaften gefundenen neuen Wissens. In der internationalen Rezeption geriet zeitgleich der biologisch argumentierende Psychologe Wilhelm Wundt zum Philosophen. Seine Philosophie gründete auf seiner Physiologischen Psychologie. Auch seine Logik wurde von Wundt an den Gesetzen des Geistes, wie sie die Hirnforschung darzustellen vermochte, festgemacht (vgl. Wundt 1880). Wundts Physiologische Psychologie wird damit – im Übrigen bis in die Details der von ihm reklamierten Traditionen – zu einem Vorläufer der sich in den 1980er Jahren etablierenden *Philosophy of Mind* (vgl. Churchland 1984). Die Analyse des Hirns wird schon vor 1900 zu einer der zentralen Forderungen einer sich derart begründenden Menschenlehre: Vertreter der Zunft wie Sigmund Exner, Raymon y Cajal, der Anatom Flechsig oder der Kliniker Forel wurden somit zu den ersten expliziten Protagonisten einer – modern gesprochen – kognitiven Neurowissenschaft.[4] Schon diese Andeutungen zeigen: Um 1900 sind die Konturen einer biologischen Anthropologie, wie wir sie heute finden, vorgezeichnet.

Bio-Technologismen

Die heutigen Konzeptionen einer biologischen Anthropologie schreiben Traditionen des 19. Jahrhunderts fort (vgl. Hoßfeld/Preuß/Breidbach).[5] Die modernen bioanthropologischen, neurowissenschaftlichen und humangenetischen Resultate werden in Denkmustern eingebunden, die schon um 1900 etabliert waren. Auch die Diskussion um eine in der Genetik gewonnene „neue Natur“ baut neue Techniken in alte begriffliche Muster ein. Dies sollte bedacht werden. Die Einsicht in die Grenzen des eingangs beschriebenen Fundamentalreduktionismus kann helfen zu verstehen, wonach wir wirklich fragen müssten. Sie lehrt Bescheidenheit gegenüber dem Alleinvertretungsanspruch einer Technik, da sich zeigt, dass sich die entsprechenden Techniker Wege bedienen, die schon vorgezeichnet sind. Techniken konstituieren an sich keine Weltbilder. Techniken offerieren Instrumente, mit denen Weltbilder zu schaffen sind. Dieser Unterschied mag minimal erscheinen, sein Effekt ist aber für ein Verständnis nicht nur der Naturwissenschaften, sondern auch für den Fortschritt des Verstehens in den Naturwissenschaften entscheidend.

---

4 Zu den Details vgl. Breidbach 1997.

5 Hoßfeld, U./Preuß, D./Breidbach, O. (Hg.): Anthropologie nach Haeckel. Stuttgart. In Vorbereitung.

Der, der sich aus der Geschichte seines Denkens ausblendet, versäumt die Chance, seine argumentativen Ausgangspositionen klar zu umreißen. Den Ballast einer Geschichte seiner Ideen endlich los zu werden, um ohne moralische Manschetten Dinge und Thesen angehen zu können, ist für eine vorurteilsfreie Forschung sicher erstrebenswert. Nur darf dieser Abbau von Vorurteilen nicht durch neue Vorurteile erkauft werden. Der neue Moralist ist nicht der, der seine Geschichte ablegt; es ist der, der seine Geschichte findet.

Literaturverzeichnis

Alcock, J. (2001): The Triumph of Sociobiology. Oxford University Press, Oxford et al.

Arlt, G. (2001): Philosophische Anthropologie. Metzler, Stuttgart.

Ash, M. (1999): Wissenschaftswandlungen und politische Umbrüche im 20. Jahrhundert. In: Acham, K. (Hg.): Geschichte der österreicherischen Humanwissenschaften. Bd. 1, Historischer Kontext, wissenschaftssoziologische Befunde und methodologische Voraussetzungen. Passagen-Verlag, Wien, 215–246.

Asimov, I. (1991): The Foundation Novels. Spectra, New York.

Baader, G. (1989): Rassenhygiene und Eugenik – Vorbedingungen für die Vernichtungsstrategien gegen sogenannte „Minderwertige“ im Nationalsozialismus. In: Bleker, J./Jachertz, N. (Hg.): Medizin im Dritten Reich. Deutscher Ärzte-Verlag, Köln, 22–29.

Bayertz, K. (1984): Die Deszendenz des Schönen – Darwinisierende Ästhetik im Ausgang des 19. Jahrhunderts. In: Bohnen, K. (Hg.): Text & Kontext. Sonderreihe, Bd. 20: Fin de siècle – Zu Naturwissenschaft und Literatur der Jahrhundertwende im deutsch-skandinavischen Kontext. Verlag Text & Kontext, Kopenhagen et al., 88–110.

Bayertz, K. (1985): Spreading the Spirit of Science – Social Determinants of the Popularization of Science in 19th-century Germany. In: Shinn, T./Whitley, R. (Hg.): Expository Science – Forms and Functions of Popularisation. Reidel, Dordrecht et al.

Becker, P. E. (1990): Sozialdarwinismus, Rassismus, Antisemitismus und völkischer Gedanke – Wege ins Dritte Reich. Teil II, Thieme, Stuttgart.

Berentsen, A. (1986): Vom Urnebel zum Zukunftsstaat – Zum Problem der Popularisierung der Naturwissenschaften in der deutschen Literatur (1880–1910). Reihe: Studien zu deutscher Vergangenheit und Gegenwart, Bd. 2. Oberhofer, Berlin.

Bergmann, W. et al. (1981): Soziologie im Faschismus 1933–1945. Darstellung und Texte, Pahl-Rugenstein, Köln.

Blé, B. (1996): Die „Welt“ aus den Wissenschaften – der Positivismus in Frankreich, England und Italien von 1848 bis ins zweite Jahrzehnt des 20. Jahrhunderts – Eine wissenssoziologische Studie. Klett-Cotta, Stuttgart.

Bowler, P. J. et al. (1983): The Eclipse of Darwinism – Anti-Darwinian Evolution Theories in the Decades Around 1900. Johns Hopkins University Press, Baltimore et al.

Brede, W. (1971): Anthropologische Antinomien – Herrschaft und Anthropologie im Werk von Arnold Gehlen. Phil. Diss., Gießen.

Breidbach, O. (1997): Die Materialisierung des Ichs – Zur Geschichte der Hirnforschung im 19. und 20. Jahrhundert. Suhrkamp, Frankfurt am Main.

Breidbach, O. (1998): Monismus um 1900 – Wissenschaftspraxis oder Weltanschauung? Stapfia 56, 289–316.

Breidbach, O. (2000a): Neue Natürlichkeit? In: Breidbach, O./Lippert, W. (Hg.): Die Natur der Dinge. Springer, Wien et al., 4–26.

Breidbach, O. (2000b): Alle für Eines – Der Monismus als wissenschaftsgeschichtliches Problem. In: Ziche, P. (Hg.): Monismus um 1900 – Wissenschaftskultur und Weltanschauung. VWB, Berlin, 9–22.

Breidbach, O. (2001a): Der Gegenpapst – Über Ernst Haeckels Welt- und Naturanschauung. In: Röder, H./Ulbrich, M. (Hg.): Welträtsel und Lebenswunder. Vacat-Verlag, Potsdam, 19–37.

Breidbach, O. (2001b): Neue Natürlichkeit. In: Buchholz, K./Latocha, R./Peckmann, H./Wolbert, K. (Hg.): Die Lebensreform – Entwürfe zur Neugestaltung von Leben und Kunst um 1900. Bd. 1, Häusser, Darmstadt, 571–574.

Breidbach, O. (2002): Genese der Moral aus biologischer Sicht. In: Engelhardt, D. v./Nolte, J. (Hg.): Von der Freiheit und Verantwortung in der Forschung. Wissenschaftliche Verlagsgesellschaft, Stuttgart, 263–275.

Breidbach, O. (2003a): The Beauties and the Beautiful – Some Considerations from the Perspective of Neuronal Aesthetics. In: Voland, E./Grammer, K. (Hg.): Evolutionary Aesthetics. Springer, Berlin et al., 40–68.

Breidbach, O. (2003b): Naturwissenschaft ohne Natur? In: Dierksmeier, C. (Hg.): Die Ausnahme denken. Bd. 2, Königshausen & Neumann, Würzburg, 177–189.

Breidbach, O. (2003c): Gene, Entwicklung und Gestalt – Einige Überlegungen. Heft 12/2003 Gen-ethischer Informationsdienst, GID Spezial Nr. 4, 42–49.

Breidbach, O./Jost, J. (2004): Working in a multitude of trends – species balancing population. Journal of Zoological Systematics and Evolutionary Research 42, Blackwell, Berlin, 202–207.

Breidbach, O./Lippert, W. (Hg.) (2000): Die Natur der Dinge. Springer, Wien et al.

Brown, A. (1999): Darwin Wars – How Stupid Genes Became Selfish Gods. Simon & Schuster, London et al.

Bruch, R. v./Kaderas, B. (Hg.) (2002): Wissenschaften und Wissenschaftspolitik – Bestandsaufnahmen zu Formationen, Brüchen und Kontinuitäten im Deutschland des 20. Jahrhunderts. Steiner, Stuttgart.

Buchholz, K./Latocha, R./Peckmann, H./Wolbert, K. (Hg.) (2001): Die Lebensreform – Entwürfe zur Neugestaltung von Leben und Kunst um 1900. Institut Mathildenhöhe, Häusser, Darmstadt.

Churchland, P. M. (1984): Matter and Consciousness. MIT-Press, Cambridge, Mass.

Daum, A. (1996): Das versöhnende Element in der neuen Weltanschauung – Entwicklungsoptimismus, Naturästhetik und Harmoniedenken im populärwissenschaftlichen Diskurs der Naturkunde um 1900. In: Drehsen, V./Sparn, W. (Hg.): Vom Weltbildwandel zur Weltanschauungsanalyse. Akademie Verlag, Berlin, 203–215.

Daum, A. (1998): Wissenschaftspopularisierung im 19. Jahrhundert – Bürgerliche Kultur, naturwissenschaftliche Bildung und die deutsche Öffentlichkeit, 1848–1914. Oldenbourg, München.

Davies, K. (2001): Die Sequenz – Der Wettlauf um das menschliche Genom. Hanser, München/Wien.

Di Bartolo, M. (2005): Il monismo psicologico italiano. In: Frigo, G. F./Breidbach, O. (Hg.): Scienza e filosofia nel positivismo italiano e tedesco. Il Poligrafo, Padova. 47–88.

Di Giovanni, P. (2003): Filosofia e psicologia nel positivismo italiano. Laterza, Rom et al.

Eibl-Eibesfeldt, I. (1970): Liebe und Haß – Zur Naturgeschichte elementarer Verhaltensweisen. Piper, München.

Eibl-Eibesfeldt, I. (1986): Die Biologie des menschlichen Verhaltens – Grundriß der Humanethologie. Piper, München.

Föger, B./Taschwer, K. (2001): Die andere Seite des Spiegels – Konrad Lorenz und der Nationalsozialismus. Czernin, Wien.

Forel, A. (1906): Die Sexuelle Frage. Reinhardt, München.

Frigo, G. F. (2001a): Canestrini e Ardigò ossia Darwin a Padova tra scienza e filosofia. In: Minelli, A./Cesellato, S. (Hg.) (2001): Giovanni Canestrini. Zoologist and Darwinist. Istituto Veneto di Scienze, Lettere ed Arti, Venezia, 200–231.

Frigo, G, F. (2001b): La „formazione naturale" del pensiero in Roberto Ardigò – ossia il rapporto tra filosofia e scienzia. Padova: Quaderni per la storia dell'Università di Padova, 34, 45–59.

Gasmann, D. (1971): The Scientific Origins of National Socialism – Social Darwinism in Ernst Haeckel and the German Monist League. Macdonald, London et al.

Gasmann, D. (1998): Haeckel's Monism and the Birth of Fascist Ideology. Lang, New York.

Glick, Th. F. (Hg.) (1988): The Comparative Reception of Darwinism. University of Chicago Press, Chicago et al.

Haeckel, E. (1899): Welträthsel – Gemeinverständliche Studien über Monistische Philosophie. Emil Strauss, Bonn.

Haeckel, E. (1914): Gott-Natur (Theophysis) – Studien über die monistische Religion. Kröner, Leipzig.

Hall, B. K. (1999): Evolutionary Developmental Biology. Kluwer, Dordrecht.

Harrington, A. (1996): Holism in German Culture from Wilhelm II. to Hitler. Princeton University Press, Princeton et al.

Hillermann, H. (1976): Der vereinsmäßige Zusammenschluß bürgerlichweltanschaulicher Reformvernunft in der Monismusbewegung des 19. Jahrhunderts. Henn, Kastellaun.

Honnefelder, L./Propping, P. (Hg.) (2001): Was wissen wir, wenn wir das menschliche Genom kennen? DuMont, Köln.

Hoßfeld, U. (1999): Die Moderne Synthese und die Evolution der Organismen. In: Junker, T./Engels, E.-M. (Hg.): Die Entstehung der Synthetischen Theorie – Beiträge zur Geschichte der Evolutionsbiologie in Deutschland 1930–1950, zgl. Verhandlungen zur Geschichte und Theorie der Biologie 2. VWB, Berlin, 189–225.

Hoßfeld, U. (2000): Staatsbiologie, Rassenkunde und Moderne Synthese in Deutschland während der NS-Zeit. In: Brömer, R./Hoßfeld, U./Rupke, N. A. (Hg.) (2000): Evolutionsbiologie von Darwin bis heute. VWB, Berlin, 249–305.

Hoßfeld, U. (2005): Geschichte der biologischen Anthropologie in Deutschland – Von den Anfängen bis zur Nachkriegszeit. Steiner, Stuttgart.

Junker, T. (2000): Die Geschichte des synthetischen Darwinismus in Deutschland 1924 bis 1950. Habilitationsschrift, Universität Tübingen, Fakultät für Biologie, Tübingen.

Kaupen-Haas, H./Saller, Ch. (Hg.) (1999): Wissenschaftlicher Rassismus – Analysen einer Kontinuität in den Human- und Naturwissenschaften. Campus, Frankfurt am Main.

Klages, H./Quaritsch, H. (Hg.) (1994): Zur geisteswissenschaftlichen Bedeutung Arnold Gehlens. Duncker und Humblot, Berlin;

Krauße, E. (1984): Ernst Haeckel – Biographien hervorragender Naturwissenschaftler, Techniker und Mediziner. Bd. 70. Teubner, Leipzig.

Krauße, E. (1995): Haeckel: Promorphologie und „evolutionistische“ ästhetische Theorie – Konzept und Wirkung. In: Engels, E.-M. (Hg.): Die Rezeption von Evolutionstheorien im 19. Jahrhundert. Suhrkamp, Frankfurt am Main, 347–394.

Lorenz, K. (1941): Kants Lehre vom Apriorischen im Lichte gegenwärtiger Biologie. Blätter für Deutsche Philosophie 15, 94–125.

Morselli, E. (1904): Sulla filosofia monistica in Italia. Introduzione. In: Haeckel, E.: I problemi dell'universo – Prima traduzione italiana autorizzata dall'Autore del Dott. Amedeo Herlitzka, Torino, VII–XLIII.

Nöthlich, R. (Hg.) (2002): Ernst Haeckel – Wilhelm Bölsche. Briefwechsel 1887–1919. VWB, Berlin.

Nöthlich, R. (2005): Wissenschaftspopularisierung im Umfeld Haeckels – Der Zoologe und Verleger Wilhelm Breitenbach. In: Steinbach, M./Gerber, S.: Klassische Universität und akademische Provinz – Die Universität Jena Mitte des 19. bis in die 30er Jahre des 20. Jahrhunderts. Stadler und Bussert, Jena, 251–269.

Nöthlich, R./Breidbach, O./Hoßfeld, U. (2005): Was ist die Natur? – Einige Aspekte zur Wissenschaftspopularisierung in Deutschland. In: Steinbach, M./Gerber, S.: Klassische Universität und akademische Provinz – Die Universität Jena von der Mitte des 19. bis in die 30er Jahre des 20. Jahrhunderts. Stadler und Bussert, Jena, 238–250.

Rádl, E. (1909): Geschichte der biologischen Theorien. Bd. 2. Engelmann, Leipzig.

Reif, W.-E./Junker, T./Hoßfeld, U. (2000): The synthetic theory of evolution – general problems and the German contribution to the synthesis. Theory in Biosciences 119, Urban & Fischer, Jena, 41–91.

Schirru, D. (2005): Uomo e natura nel monismo evoluzionistico di Enrico Morselli. In: Frigo, G. F./Breidbach, O. (Hg.): Scienza e filosofia nel positivismo italiano e tedesco. Il Poligrafo, Padova, 187–198.

Schluter, D. (2001): Ecology and the origin of species. Elsevier Science, Trends in Ecology & Evolution 16, 372–380.

Shipman, P. (1994): The Evolution of Racism – Human differences and the use and abuse of science. Simon & Schuster, New York.

Simon-Ritz, F. (1997): Die Organisation einer Weltanschauung – die freigeistige Bewegung im Wilhelminischen Deutschland. In: Graf, F. W./Hübinger, G. (Hg.): Religiöse Kulturen der Moderne. Bd. 5, Kaiser, Gütersloh.

Sober, E. (1984): The Nature of Selection. MIT Press, Cambridge, MA.

Taschwer, K./Föger, B. (2003): Konrad Lorenz – Biographie. Zsolnay, Wien.

Thomann, K.-D./Kümmel, W. F. (1995): Naturwissenschaft, Kapital und Weltanschauung – Das Kruppsche Preisausschreiben und der Sozialdarwinismus (I–III). Medizinhistorisches Journal, Bd. 30, 117–119.

Vignoli, T. (1879): Über das Fundamentalgesetz der Intelligenz im Thierreiche. Brockhaus, Leipzig.

Vignoli, T. (1880): Mythus und Wissenschaft – Eine Studie. Brockhaus, Leipzig.

Wallace, A. R. (1870): Contributions to the Theory of Natural Selection. Macmillan & Co., London.

Weber, H. (2000): Monistische und Antimonistische Weltanschauung – Eine Auswahlbibliographie. VWB, Berlin.

Weindling, P. (1989): Health, race and German politics between national unification and Nazism, 1870–1945. Cambridge University Press, New York et al.

Weingart, P./Kroll, J./Bayertz, K. (1988): Rasse, Blut und Gene. Suhrkamp, Frankfurt am Main.

Wundt, W. (1880): Logik. Bd. 1: Erkenntnislehre. Enke, Stuttgart.

Enhancement und Gerechtigkeit

Bernward Gesang

1 Enhancement zwischen „schöner neuer Welt“ und Hoffnungsschimmer

Die rapide zunehmenden Fähigkeiten der Technologie stellen uns vor immer neue Herausforderungen: Sollen wir uns unserer Krankheiten durch gentechnische Eingriffe entledigen? Sollen wir darüber hinaus auch unsere „Normaleigenschaften“ verbessern und so die menschliche Natur neu gestalten, die früher als unveränderbare Randbedingung unserer Existenz erschien? Radikal werden solche Fragen, etwa von B. A. Bohnke (1997, 117; vgl. auch Sloterdijk 2001, 107–110), bejaht:

> „Ein fortgeschrittenes Ziel ist, sich prinzipiell von den Begrenzungen unseres Körpers zu emanzipieren: seine Leistungsfähigkeit zu erhöhen, von Natur aus mangelhafte Organe (zum Beispiel das Verdauungssystem) gentechnisch zu modifizieren oder durch technisch-elektronische Systeme zu ergänzen bzw. zu ersetzen, vor allem sich von Krankheiten und irgendwann womöglich auch vom Alterungsprozeß und vom Tod zu befreien.“

Ist das verblendeter Utopismus oder weist Bohnke uns die Richtung zu einer humanen Zukunft?

Im folgenden Aufsatz möchte ich das Themenfeld eingrenzen und eine partielle ethische Bewertung des so genannten „*Enhancements*“, also des Versuchs einer technischen Verbesserung menschlicher „Normaleigenschaften“ durch Eingriffe in den Körper, durchführen. Dabei stellen sich die anfallenden Probleme nicht nur im Zusammenhang mit eugenischen Verbesserungsverfahren. Man kann *Enhancement* auch durch operative Eingriffe, etwa am Gehirn oder durch Konsum chemischer Präparate, ermöglichen. Sollen Menschen Zugang zu Präparaten haben, welche die Konzentration verzehnfachen? Steht uns eine Welt von „Cyborgs“ ins

Haus, die technische Implantate nutzen kann? Es sind viele technische Neuerungen vorstellbar, welche einer Technikfolgenabschätzung bedürfen.[1]

Ich möchte im Folgenden einige wichtige *soziale Konsequenzen* bestimmter Formen des *Enhancements* untersuchen und bewerten. Ich beschränke mich auf wichtige soziale Folgen des gleich zu definierenden radikalen dezentralen *Enhancements*, denn ich halte diesen Folgenkomplex für sehr wichtig und will zudem diesen Aufsatz nicht überladen, etwa mit einer Debatte um die Verletzungen von Naturbildern.[2] Bei meinen Überlegungen lege ich, bewusst breit ansetzend, eine „interessenbasierte Ethik" zugrunde, versuche also auf einem Boden zu argumentieren, der allen Ethiken gemeinsam ist, die moralische Forderungen allein von den Interessen der Betroffenen ableiten. Unter diesem Dach können sich Utilitaristen, Kontraktualisten, Diskursethiker und viele andere Vertreter von Hauptströmungen der Gegenwartsethik wiederfinden.[3]

Zu Beginn einige elementare Unterscheidungen, die man im Vorfeld klären sollte. *Zentrales Enhancement* erfolgt durch staatlich gelenkte Programme, wie sie etwa zu Zeiten der nationalsozialistischen Eugenik eingesetzt wurden. *Dezentrales Enhancement* geht von Elternpaaren oder den Individuen mit Veränderungswunsch selbst aus, die ihre individuellen Entscheidungen über die technisch manipulierbaren Eigenschaften ihrer Kinder oder ihrer selbst im Rahmen der gesetzlichen Möglichkeiten treffen. Dabei wäre zum einen vorstellbar, dass der Staat sich völlig passiv verhält und dem Markt seinen Lauf lässt, was ich marktliberales *Enhancement* nenne.[4] Wenn wir uns aber im Rahmen einer sozialen Marktwirtschaft bewegen, wird der Staat auch bei dezentralem *Enhancement* nach Rahmenbedingungen suchen, um beispielsweise die Chancengleichheit in der Gesellschaft zu gewährleisten. Nennen wir das in Anlehnung an J. Glover *sozialdemokratisches Enhancement* (Glover 1984, 51). Wenn der

1 Die gerade benannten technischen Mittel führen z. T. zu anderen Problemen als eugenische Verbesserungsverfahren. Erstens sind sie vielleicht realistischer umzusetzen, selbst was die Manipulation mentaler Eigenschaften angeht. An chemischen Mitteln zur Gedächtnisverbesserung wird ja schon gearbeitet (Simm, SZ, 06.07.2004). Zudem sind so genannte „Switch-Off" Technologien hier gut vorstellbar, die man bei Problemen deaktivieren kann. Allerdings, würde sich eine Gesellschaft eine Deaktivierung mancher Fähigkeiten ihrer Leistungsträger erlauben können, wenn andere Gesellschaften dies nicht tun? Wenn die Entscheidung über eine Deaktivierung individuell ist, kann sie gesellschaftlichen Fehlentwicklungen nicht entgegenwirken und eine durch die Politik erzwungene Entscheidung wäre bedenklich, weil sie dem Staat eine Einmischung in die körperliche Intimsphäre des Einzelnen erlaubt.

2 Ein aktueller Ansatz, der Natürlichkeit als Wert stark macht: Siep 2004, 243–258.

3 Zur Begründung der von mir vertretenen Variante der Interessenethik: Gesang 2003.

4 R. Nozick spricht plakativ vom „genetischen Supermarkt" (Nozick 1974, 315).

Staat dezentrales *Enhancement* in bestimmten Formen fördert oder z. B. finanziell benachteiligt, kann aber nicht automatisch von einem Übergang zum zentralen *Enhancement* gesprochen werden. In fast allen Fällen dezentralen *Enhancements* wird der Staat einige rechtliche Randbedingungen definieren müssen (Buchanan/Brock/Daniels et al. 2000, 336, 339). Das Charakteristikum dezentralen *Enhancements* ist, dass die Entscheidung von den Eltern oder den veränderungsbereiten Individuen selbst getroffen wird, ob sie sich verbessern wollen und welche der nicht verbotenen Eigenschaften sie wählen oder steigern. In dieser Wahrung von Reproduktionsfreiheit und Selbstbestimmung liegt der Unterschied.

Viele Missverständnisse in der Debatte werden durch die Vernachlässigung einer ganz basalen Unterscheidung provoziert, der zwischen moderatem und radikalem *Enhancement*. *Moderate Verbesserungen* liegen vor, wenn bereits beim Menschen existierende Eigenschaften gesteigert werden, und zwar in moderaten Schritten, welche die Konkurrenzsituation in der Gesellschaft nicht grundlegend verändern. Also wenn Menschen plötzlich ganz neue Dinge, etwa Infrarotlicht, sehen können, hat man sie nicht nur moderat verbessert. Und wenn ein IQ – sagen wir um 10 Punkte – durch technische Eingriffe gesteigert wird, wäre das der Musterfall einer moderaten Verbesserung. Hier wird nicht versucht, einen neuen Menschen zu schaffen, der die Dimensionen des Bekannten sprengt und etwa einen Durchschnitts-IQ von 150 hat. Und es wird auch nicht versucht, alle Menschen zu Genies zu machen, also etwa die meisten IQ's auf 140 zu heben. Ein Maßstab für „moderate" Schritte könnte sein, dass die Verbesserungen, die durch die Technik beschert wurden, auch im Prinzip durch Erziehung oder Training hätten erreicht werden können. Gerade bei kaum quantifizierbaren Eigenschaften wie Fleiß etc. wird die Anwendung dieses Maßstabs aber schwierig sein. *Radikales Enhancement* gibt sich „transhumanistisch", will also die Grenzen sprengen, die bisher für unsere Art üblich waren (Silver 1998, 18). Zwar ist radikales *Enhancement*, das oft auch auf alle denkbaren mentalen Eigenschaften bezogen wird, noch Science-Fiction und vielleicht bleibt es das für immer. Gleichwohl bildet es den Musterfall dessen, über was in *Enhancement*debatten häufig geredet wird. Daher und aus Platzgründen möchte ich im Folgenden nur über radikales dezentrales *Enhancement* reden. Zudem will ich mich nicht hinter technischen Unmöglichkeiten verschanzen, sondern diskutieren: „was wäre wenn?". Sonst besteht die Gefahr, dass uns die Technik irgendwann überrollt.

2 Enhancement als Erbprivileg

Ich möchte meine Erörterung in zwei größeren Schritten vollziehen. Im ersten Schritt werde ich in diesem und den beiden folgenden Abschnitten allgemeiner erläutern, welche wichtigen sozialen Probleme durch radikales dezentrales *Enhancement* prinzipiell entstehen können. Ich beschränke mich auf dezentrales *Enhancement*, weil es am ehesten in Zukunft auf uns zukommen könnte. Bei meiner *allgemeinen* Charakterisierung der sozialen Probleme werde ich mich im Wesentlichen an zwei möglichen Verbesserungstechniken orientieren, die in diesem Abschnitt unterschieden werden sollen. Ich nenne sie: *Enhancement* als Erbprivileg und *Enhancement* für Jedermann. Um im zweiten Schritt und in den letzten beiden Abschnitten meines Textes zu einer *konkreten* Bewertung der sozialen Folgen verschiedener Verbesserungsvorhaben zu gelangen, ist es nötig, verschiedene Arten menschlicher Eigenschaften zu definieren, die möglicherweise verändert werden könnten. Stehen z. B. eher körperliche oder auch mentale Eigenschaften auf der Agenda? Bezogen auf solche Unterscheidungen soll dann eine differenziertere Bewertung der sozialen Folgen verschiedener Typen dezentralen *Enhancements* erfolgen, welche die im ersten Schritt beschriebenen allgemeinen Problemkategorien auf die konkreten Anwendungsbereiche bezieht.

Versuchen wir zu Beginn den Reiz der gesamten Idee zu verstehen. Dezentrales *Enhancement* würde die Welt für diejenigen, die verantwortungsbewussten Verbesserungen unterzogen wurden, vielleicht schöner machen. Wenn *Enhancement* für bereits geborene Menschen angeboten wird, können die Betroffenen selbst entscheiden, welche Eigenschaften sie erhalten möchten und könnten so direkt ihre Interessen umsetzen. Und diejenigen, für die z. B. durch ihre Eltern entschieden wird, könnten verantwortungsbewusst mit Eigenschaften ausgestattet werden, die sie nicht auf die Verfolgung eines bestimmten Lebensplans festlegen, sondern ihnen als so genannte „all purpose means" (Buchanan/Brock/Daniels et al. 2000, 49) in jeder Lebenslage hilfreich sind. So bedeuten ein gutes Gedächtnis und hohe Intelligenz sicher kaum je ein Hindernis, aber in der Regel eine Erleichterung auf dem individuellen Lebensweg, weitgehend unabhängig vom kulturellen und historischen Kontext. Deshalb fördern wir diese Eigenschaften ja auch erzieherisch aller Orten. Von Verbesserungen werden zudem Vorteile für die Gesamtgesellschaft erwartet. Gäbe es in einer Welt mit vielen besonders intelligenten Leistungsträgern nicht mehr

Erfindungen, mehr Wirtschaftswachstum und mehr Steuereinnahmen (Bostrom 2003)?

Natürlich könnte *Enhancement* insbesondere dem Einzelnen nutzen, z. B. in Form besserer *gesellschaftlicher Leistungen* (extrinsische Vorteile), aber auch weil es einfach *Freude* bereitet, sein schönes Gesicht im Spiegel zu betrachten oder besonders schnell laufen zu können (intrinsische Vorteile). Diese Vorteile von *Enhancement* sind natürlich gewichtig. Extrinsische Vorteile würden jedoch erhebliche Gerechtigkeitsprobleme aufwerfen, denen wir gleich nachspüren werden. Intrinsische Vorteile sind hinsichtlich sozialer Gerechtigkeit eher harmlos, aber von vielen intrinsischen Vorteilen ist nicht klar, ob sie sich nicht auch als extrinsische Vorteile erweisen werden. Um sich die Dimension der Probleme zu veranschaulichen, muss man erst einmal ganz grob zwei anhand verschiedener Techniken gegebene Typen von Verbesserungen unterscheiden:

- *Enhancement als Erbprivileg:* Die in diesem Bereich möglichen Veränderungen laufen beispielsweise über Keimbahntherapie oder Humanklonierung ab. *Enhancement* als Erbprivileg ist dadurch definiert, dass keine Techniken existieren, um schon geborene Individuen mit den neuen Eigenschaften auszustatten, die andere bereits durch gentechnische Eingriffe erhalten haben. Bestimmte Eigenschaften gibt es nur „von Anfang an oder gar nicht". Wer also nicht genetisch verändert auf die Welt kommt, hat keine Chance, den radikalen „Vorsprung" der bereits Veränderten einzuholen. Angesichts der Probleme einer gezielten Einfügung neuer Gene in Somazellen[5] wäre es nicht unwahrscheinlich, dass viele Verbesserungsschritte nur als Erbprivilegien denkbar sind.
- *Enhancement für Jedermann:* Rein technisch kann jedermann jederzeit diese Verbesserungen erhalten, sei es mit gentechnischen, operativen oder chemischen Mitteln. Niemand ist prinzipiell von *Enhancement* für Jedermann ausgeschlossen.

Diskutieren wir die sozialen Folgen beider Verbesserungsarten der Reihe nach. Würden radikale Verbesserungsmaßnahmen die Form von Erbprivilegien annehmen, würde die Gesellschaft – auch auf Dauer betrachtet – nicht nur aus erblich verbesserten Individuen bestehen, schon allein deshalb, weil viele Schwangerschaften *nicht geplant* sind (Harris 1998, 234). Damit würden dauerhaft zwei Gruppen, die mit ererbten Pri-

5 Vgl. zu den technischen Optionen Kitcher 1998, 122–129.

vilegien und die ohne solche Vorzüge, parallel existieren, was eine dramatische Gerechtigkeitsproblematik beinhaltet, wenn es sich um Privilegien handelt, die für den gesellschaftlichen Erfolg entscheidend sind. Eine neue und drastische Form der *Zwei-Klassen-Gesellschaft* droht, wenn z. B. Manager, Wissenschaftler und Spitzensportler de facto aus einer erbdynastischen Kaste optimierter Individuen stammen. Deren Leistungsvorsprünge kann ein nicht in dieser Hinsicht verändertes Individuum selbst mit Stipendien und immensem Fleiß nicht mehr aufholen (Silver 1998, 14–18; Bostrom 2003; Siep 2005, 168) und diese Klassengesellschaft setzt sich auch bei den Kindern fort, denn die genetisch verbesserten Menschen würden wahrscheinlich eine neue Art erblicher Aristokratie etablieren, zumindest bei der Verteilung der Schlüsselpositionen.

In „westlichen" Staaten haben die Menschen mehrheitlich Präferenzen, in was für einer Art von Gesellschaft sie leben wollen, und diese würden in einer Kastengesellschaft verletzt. Wir sehen uns im Regelfall als aufgeklärte Subjekte an, die in einer freiheitlichen, durch die Moderne geprägten Gesellschaft organisiert sind. Eine Art Aristokratie mit Kastensystem einzuführen, widerspräche unseren Vorstellungen von der Gesellschaft, in der wir leben wollen und auch unserem (westlichen) Selbstbild, weil zu beidem eine gewisse soziale Gerechtigkeit und Chancengleichheit konstitutiv hinzugehört.[6] Der soziale Frieden wäre in einer neuen Aristokratie essentiell bedroht, denn die Aussichtslosigkeit, dass man selbst oder die eigenen Kinder jemals zur Klasse der Bessergestellten aufsteigt, führt zu extremer Resignation und Aggression. Zwar ist nicht in jeder ungerechten Gesellschaft der soziale Friede brüchig, aber das Risiko zu solchen Auswirkungen erhöht sich mit so krass zunehmenden Gerechtigkeitslücken wie den hier zu erwartenden.

Allerdings könnte man meinen, solange sich komplexe mentale Eigenschaften der Manipulation entziehen und nur Dinge wie ein besseres Immunsystem oder eine gesteigerte Körpergröße angestrebt werden, sei

6 Für die Relevanz solcher „externer Präferenzen" und die Vorrangstellung „westlicher Präferenzen" als besonders gut aufgeklärter Präferenzen, habe ich plädiert (vgl. Gesang 2003, 2. Kap.). „Chancengleichheit" heißt traditionell, dass Bürger bei gleichem Einsatz gleicher Fähigkeiten prinzipiell die gleichen sozialen Aufstiegschancen haben, die nicht durch ihre gesellschaftliche Ausgangsposition (Armut, Rasse, Geschlecht usw.) behindert werden. Vgl. Rawls 1993, 93. Nun muss man bei *Enhancement* weiter denken, denn die Verteilung der Fähigkeiten kann nicht mehr als „natürliche Lotterie" vorausgesetzt werden, sondern wird selbst Thema. Wenn es aber vom Geldbeutel der Eltern abhinge, welche Fähigkeiten und damit auch welche Aufstiegschancen die Kinder haben, wäre die Chancengleichheit auch bei *Enhancement* verzerrt, denn ihr Kern besteht darin, dass solche sozialen Vorbedingungen nicht über die Zukunft der Bürger entscheiden sollen.

die gerade diskutierte Folge nicht zu erwarten und hier werde mit Kanonen auf Spatzen geschossen.

Sicher, die Prämisse meiner obigen Argumentation war, dass *Enhancement* als Erbprivileg dann gefährlich wird, wenn es sich um Eigenschaften handelt, die bedeutende extrinsische Vorteile verschaffen. Natürlich kann man dagegen halten, der Stand der Technik erlaube nicht, dass solche Eigenschaften derzeit auf die Tagesordnung kämen. Aber selbst wenn man die gerade aufgeführten, harmlos erscheinenden Eigenschaften betrachtet, werden problematische Folgen sichtbar: Auch ein verbessertes Immunsystem und gesteigerte Körpergröße können zu verbesserten Positionen führen, z. B. auf dem Arbeitsmarkt (Harris 1998, 237). Der Arbeitnehmer, der nie krank ist, ist hoch willkommen. Natürlich zeichnet sich die bedrohliche Folge einer fest zementierten Zwei-Klassen-Gesellschaft bei den gerade diskutierten „harmlosen" Verbesserungen nicht so deutlich ab, wie bei den zuvor besprochenen mentalen Eigenschaften. Aber eine Tendenz ist erkennbar. Wir werden die unterschiedlichen Veränderungsarten in den letzten beiden Abschnitten des Textes differenziert gewichten.

Fazit: Alle „Verbesserungen", die zu einer festen (erblichen) Zwei-Klassen-Gesellschaft bei der Vergabe sozialer Schlüsselpositionen führen, sind nach meiner Meinung aus Gerechtigkeitsgründen abzulehnen. Wenn Gerechtigkeit und sozialer Frieden für unsere Gesellschaft nicht verzichtbar sind, dann kann man eine feste erblich fundierte Zwei-Klassen-Gesellschaft nicht tolerieren, denn diese bedeutet das faktische Ende aller Chancengleichheit.

3 Enhancement für Jedermann

Der Vorteil dieser Option gegenüber der gerade behandelten liegt auf der Hand: Hier droht nicht zwangsläufig eine unrevidierbare und mit der Geburt fest liegende Klassengesellschaft. Rein technisch könnte jeder verändert beziehungsweise jederzeit „nachgerüstet" werden. Allerdings nützt diese prinzipielle Chancengleichheit in vielen Fällen wenig, wenn solches *Enhancement* de facto nur *reichen* Bürgern zugänglich ist. So würde zu den heute bekannten Ungleichheiten eine weitere drastische hinzukommen und dort, wo eine große neue Gerechtigkeitslücke entstünde, wäre der soziale Frieden erneut in Gefahr. Radikales *Enhancement* für Jedermann kann de facto zu ähnlichen Folgen führen wie radikales *Enhancement* als Erbprivileg: Erneut droht die fest zementierte Zwei-Klassen-Gesellschaft, wenn der

Staat nicht sozialdemokratisch gegensteuert. Heute ist man bei bestehenden sozialen Benachteiligungen wenigstens prinzipiell in der Lage, diese durch Leistung auszugleichen, also auch ohne staatliche Hilfe. Aber gegen radikal technisch manipulierte Individuen anzutreten und mit diesen zu konkurrieren, dürfte für „Normale“ aussichtslos sein und das ist eine qualitativ neue Situation. Radikales *Enhancement* für Jedermann wäre in vielen Sektoren vielleicht nur dann denkbar, wenn de facto allen Bürgern der Zugang zu den neuen Techniken gesichert wird (= sozialstaatliches *Enhancement*).

Gegen die Notwendigkeit, eine etwaige Gerechtigkeitslücke zu schließen, kann man wie folgt argumentieren: *De facto* ist die Chancengleichheit an vielen Stellen auf der Welt eingeschränkt. Reiche Bürger können ihre Kinder auf teure Privatschulen schicken und ihnen so Vorteile verschaffen. Ob nun diese Vorteile durch genetische, technische oder pädagogische Maßnahmen erzielt werden, ist kein kategorialer Unterschied[7] und manche vielleicht problematischen gesamtgesellschaftlichen Folgen von *Enhancement* (etwa für die gesellschaftliche Diversität s. u.) drohen sowieso nur bei einer Massenanwendung derselben, nicht bei einer Beschränkung auf z. B. reiche Eliten. Wieso sollte man den Kindern dieser Eliten Vorteile verschließen?

An der Stichhaltigkeit dieser Pro-Argumentation habe ich Zweifel, wenn sie für *radikales Enhancement* vorgebracht wird[8]: Es ist eine Tatsache, dass die Chancengleichheit de facto an vielen Stellen nicht gewahrt ist. Aber bei radikalem *Enhancement* könnte eine *qualitativ neue Ungleichheit* hinzukommen. Der Grund dafür sind die oben angesprochenen fehlenden Chancen, Vorteile, die andere gewonnen haben, je wieder einzuholen. Zwar würden bei *Enhancement* für Jedermann prinzipiell Chancen bestehen, auch selbst verändert zu werden, aber solange der Staat dies nicht jedem ermöglicht, würde es de facto eine Option für Reiche bleiben. Bei fehlender staatlicher Steuerung würde sich aus der Perspektive des unveränderten Individuums eine für immer zementierte und bislang unbekannt drastische Ungleichheit ergeben und sobald verbesserte Menschen systematisch die Schlüsselpositionen der Gesellschaft bekleiden, könnte dies unser Selbst- und Gesellschaftsbild stark negativ verändern und den sozialen Frieden un-

7 Buchanan/Brock/Daniels et al. 2000, 188; Glover 1984, Kap. 3; Harris 1998, 173. Dagegen: Cole-Turner 1998.

8 Und meistens wird zwischen radikalem und moderatem *Enhancement* nicht unterschieden und daher reden viele Teilnehmer der Debatte aneinander vorbei, weil sie etwa verkennen, dass Analogien zur Erziehung bei radikalem *Enhancement* gar nicht mehr bestehen.

terminieren. Für diesen Effekt reichen auch vergleichsweise wenige optimierte Kinder aus Eliten aus, die alle Spitzenpositionen unter sich aufteilen.

4 Probleme sozialstaatlichen Enhancements

Gehen wir nun davon aus, der Staat würde radikales *Enhancement* für Jedermann jedem ermöglichen. Welche Probleme ergeben sich dabei? Listen wir einige der elementarsten Probleme auf:

1) Unsere Sozialsysteme sind bereits bis zum Bersten strapaziert und hier käme eine ganz neue und teure Aufgabe auf den Staat zu, wollte er jedem Bürger Chancen auf *Enhancement* gewähren, damit er nicht zweitklassig sein muss. Das würde die öffentlichen Kassen wahrscheinlich überlasten. Natürlich kann man mit Bostrom darauf verweisen, dass *Enhancement* die Wirtschaft beflügeln und so dem Staat wieder Geld einbringen würde (Bostrom 2003). Aber die Zusammenhänge zwischen mehr Leistung, mehr Verdienst und mehr Steuereinnahmen sind in Zeiten der Globalisierung alles andere als linear.

2) Zudem könnten natürlich längst nicht alle Staaten hier Geld investieren, was die Kluft zwischen armen und reichen Ländern noch einmal eklatant vergrößern würde (Harris 1998, 236). Allerdings ist diese Kluft sowieso derart groß, dass nur schwer behauptet werden kann, *Enhancement* würde hier eine qualitativ neue Ungleichheit schaffen.

3) Wäre die Wahl neuer Eigenschaften jedem Elternpaar oder jedem direkt Betroffenen selbst überlassen, wäre es wahrscheinlich, dass bestimmte, fast in jeder Lebenslage hilfreiche Merkmale (Sportlichkeit, Schönheit, Intelligenz) in ganz überproportionaler Häufigkeit ausgewählt werden.[9] Und für die Wahl solcher Allzweckmittel gibt es ja gute Gründe, weil man in möglichst vielen Situationen der unberechenbaren Zukunft gut dastehen will. Das gesamte auf der Diversität von Merkmalen aufbauende *arbeitsteilige Gesellschaftssystem* könnte aufgrund dieses Eingriffs allerdings instabil werden. Eine Welt, in der vorrangig Genies leben, könnte auch Probleme schaffen. So könnte sich die Nachfrage nach bestimmten Berufen aufgrund veränderter Fähigkeiten überproportional erhöhen, während auf anderen Feldern Probleme entstünden, Arbeitskräfte zu gewinnen. Würde ein großer Anteil der Menschen radikal ähnli-

9 „Auf einer Rangliste der für sich selbst am meisten gewünschten Eigenschaften steht Intelligenz an zweiter Stelle, gleich nach Gesundheit“ (Gottfredson 2003, 24).

che Fähigkeiten erwerben, dann würden diese Menschen dieselbe Nische in der Arbeitswelt und der Gesellschaft insgesamt besetzen wollen. Diese Nische könnte sich als entschieden zu klein entpuppen und dann hätten wir es z. B. mit einem Heer unzufriedener hoch qualifizierter Arbeitsloser und überqualifizierter Arbeitnehmer zu tun. Das wäre für diese Menschen frustrierend und für den sozialen Frieden gefährlich.

Und selbst wenn die Gesellschaft es schaffen würde, viele neue attraktive Arbeitsplätze zu schaffen, wie würde man die Lücken bei den nicht mehr präferierten Arbeiten schließen? Man kann argumentieren, die Gesellschaft müsse ihre Arbeitswelt eben umstrukturieren, so dass Maschinen die für verbesserte Individuen unattraktiven Arbeiten übernehmen. Es gibt jetzt schon eine Tendenz zu solchen Rationalisierungen, allerdings würde das hier zu Fordernde, den Rahmen des bisherigen Prozesses sprengen. Alle Tätigkeiten für heute durchschnittlich Begabte müssten an die Technik delegiert werden, denn radikal verbesserte Menschen würden sie oft nicht ausüben wollen. Das betrifft auch den Dienstleistungssektor (Warum sollte der Hochintelligente Interesse daran haben, Verkäufer in einer Boutique zu sein?) und normale Bürotätigkeiten. Man kann bezweifeln, dass wirklich alle Arbeiten, etwa in der Landwirtschaft, in der Altenpflege und im Baugewerbe von Maschinen ausgeübt werden können. Zudem würde dieser Rationalisierungsschub Arbeitsplätze vernichten, und ob genügend attraktive Arbeitsplätze für die vielen verbesserten Menschen mit sehr ähnlichen Qualifikationen geschaffen werden könnten, ist wie gesagt fraglich. Jedenfalls ist es nicht überzeugend, eine radikale Veränderung mit ungewissen Folgen *(Enhancement)* dadurch akzeptabler machen zu wollen, dass man zusätzlich eine andere radikale Veränderung mit ungewissen Folgen (umfassende Rationalisierung) fordert.

4) Es entstünde ein immenser Druck auf das nicht veränderungswillige Individuum, nennen wir es den *Veränderungsskeptiker*. Zwar könnte sich vielleicht jeder mit Hilfe eines generösen Sozialstaats verändern lassen, aber das würden viele Menschen nicht wollen. Dafür gibt es gute Gründe. Man könnte z. B. zweifeln, ob die eigene *Identität* durch eine Veränderung nicht beeinflusst wird. Was nützt es, wenn aus einem selbst ein verbessertes Wesen entsteht, das nicht mehr man selbst ist? Sicher, hier hängt vieles davon ab, welche Theorie der personalen Identität man hat und ab wo man graduelle Veränderungen des Selbstes als gravierend beurteilt. Aber manche Skeptiker könnten meinen, sie wollten auf diesem unklaren Gebiet kein Risiko eingehen und einfach nur „bei sich bleiben". Diese Skeptiker könnten auch meinen, dass man auf die Leistungen nach einem

Enhancement nicht mehr stolz sein könne, weil man sie nicht mehr sich selbst zurechnen dürfe. Man könnte sich durchweg als „Betrüger" fühlen.[10] Bei gedopten Sportlern meinen ja auch viele, dass deren Leistungen nicht zählen sollen, weil sie nicht von den Sportlern allein erbracht wurden. Solche Argumente sind also nicht von der Hand zu weisen.

Allerdings würde es für den Veränderungsskeptiker sehr schwer, seine Abstinenz durchzuhalten, wenn um ihn herum viele Menschen verändert und mit extrinsischen Vorteilen ausgestattet würden. Diese hätten ja dann massive Wettbewerbsvorteile. Wenn sich der Veränderungsskeptiker nicht elementare Chancen nehmen will, in der Gesellschaft erfolgreich zu sein, bleibt ihm kaum eine Wahl (Fukuyama 2002, 142), als gegen die sich ergebende Verschlechterung seiner Konkurrenzfähigkeit mit *Enhancement* anzugehen. Beharrte der Skeptiker auf seiner Position, würde das sich je nach seiner sozialen Position verschiedenartig unangenehm auf ihn auswirken. Ein Skeptiker, der vor der Zulassung von radikalen Verbesserungen etwa einen Spitzen-IQ hatte, wird am härtesten getroffen. Er kann um die Führungspositionen nicht mehr konkurrieren. Ein Skeptiker mit mittleren Fähigkeiten könnte das Glück haben, dass sich die vielen nach einem *Enhancement* eventuell leistungsfähigeren Individuen um Jobs an der Spitze der Gesellschaft duellieren und ihm keine direkte Konkurrenz machen. Allerdings wird es an der Spitze eben nur beschränkte Job-Angebote geben. Deshalb steht zu erwarten, dass relativ viele der dank *Enhancement* Besserqualifizierten dann in die Marktnische des ehemals mittelmäßig Qualifizierten einbrechen und ihn verdrängen, was für ihn eine drastische Verschlechterung bedeuten könnte.

Die Wettbewerbschancen für die schlecht gestellten Skeptiker sind nach Zulassung von radikalem *Enhancement* eventuell nicht wesentlich schlechter geworden, denn sie hatten vorher die schlechtesten Chancen und bewarben sich auf die schlechtesten Positionen und das haben und tun sie dann weiterhin. Aber: Es gibt nun noch wesentlich mehr Leute als zuvor, die ungleich besser qualifiziert sind als unser schlecht gestellter Skeptiker. Ginge es strikt nach Qualifikation, wäre der Skeptiker noch später an der Reihe als zuvor. Andererseits könnte es sein, dass bei den einfachen Tätigkeiten, auf die sich die am schlechtesten Gestellten bewerben können, weitere Qualifikationen nicht hilfreich sind, so dass es bei diesen Jobs eher um die Persönlichkeit als um Qualifikationen gehen mag. Dann würde sich die Lage des schlecht gestellten Skeptikers also

10 Simm, SZ, 06.07.2004.

nicht dadurch verschlechtern, dass die Zahl der ungleich besser Qualifizierten steigt, was einen Unterschied zur Lage der anderen Skeptiker begründet.[11] Im Gegenteil: Keiner der Verbesserten wird die schlechtesten Positionen anstreben und die Gesellschaft wird sich nach Kräften bemühen, mehr Jobs an der Spitze und im Mittelfeld, also jenseits der Marktnische unseres Skeptikers zu schaffen. Wie schon oben ausgeführt, wäre es dann sogar möglich, dass ein Mangel an Arbeitskräften bei den schlechten Positionen zu befürchten steht. In diesem Fall könnte es für unseren Skeptiker sogar einfacher werden, einen Job in seiner Marktnische zu finden. Auch er würde dann von radikalem *Enhancement* anderer profitieren, wenngleich nicht drastisch, denn es würden sich für ihn keine neuen Chancen eröffnen, sondern er würde lediglich ein wenig einfacher in seiner alten „schlechten" Marktnische zurechtkommen.

Allerdings könnte es vielleicht zu verminderter gesellschaftlicher Akzeptanz von Skeptikern aller Arten kommen, wenn nur wenige Menschen quasi freiwillig in diesem Stand verbleiben und so eine Art „Exotentum" begründen. Das Verständnis für Skeptiker könnte abnehmen. Politische Rücksichtnahme könnte gerade für Schlechtgestellte reduziert werden, denn diese Interessengruppe war bislang schon wegen ihrer Größe politisch nicht zu übergehen, während sie nach einem radikalen *Enhancement* für Jedermann bis auf einige Skeptiker eliminiert sein könnte.

Aufgrund der gerade beschriebenen Differenzierungen ist es schwierig, ein Fazit zu ziehen, das die Position der Skeptiker bei radikalem sozialstaatlichen *Enhancement* beschreibt. Einige werden eventuell in manchen Hinsichten (leicht) besser gestellt, andere jedenfalls gravierend schlechter. Insgesamt betrachtet gibt die Lage der Skeptiker beim radikalen *Enhancement* großen Anlass zur Sorge.

5) Ein gegen jedes *Enhancement* vorgebrachter Einwand würde besonders groß, wenn Verbesserungen flächendeckend ausgeübt werden: Werden soziale Missstände durch technische Veränderungen des Menschen nicht unbereinigt liegen gelassen, weil eine technische Kontrolle der Symptome der Missstände möglich wird? Unterminiert man mit *Enhancement* die soziale Lösung von Problemen und macht sich zum Komplizen falscher sozialer Normen (vgl. Little 1998)? Diese Gefahr besteht, ist aber

11 Zwar könnte prinzipiell auch die Persönlichkeit technisch manipuliert werden, so dass man befürchten könnte, auch diesbezüglich würde dem Skeptiker neue Konkurrenz erwachsen. Aber der schlecht gestellte Skeptiker wird wohl nicht direkt mit den verbesserten Individuen konkurrieren (die streben nach ganz anderen Tätigkeiten), sondern mit den Skeptikern aus dem Mittelfeld, die sich dort nicht mehr behaupten konnten. Deren Persönlichkeit wurde aber nicht verändert.

nicht neu. Im Gesundheitssystem werden laufend die Folgen unserer falschen Ernährungs- und Lebensweise mit Medikamenten bekämpft, was eine Reform dieser Lebensweise nicht unterstützt. Einige US-Staaten geben sogar Fluor ins Trinkwasser, um Zähne zu schützen, statt den Konsum von Schokolade etc. zu bremsen. Allgemein gesagt, bestehen zwei Möglichkeiten: a) *Enhancement* hebt die Folgen sozialer Missstände dauerhaft auf, ist sozusagen eine vollwertige alternative Lösung dieser Probleme. Dann besteht prima facie kein Grund, diese Probleme anders zu lösen; b) *Enhancement* mildert einige Folgen sozialer Missstände, aber behebt die Probleme nicht. In diesem Falle könnte der Elan, die sozialen Ursachen von Problemen zu bekämpfen, durch die Abmilderung gebremst werden. Das kann gefährlich sein, ist aber bei vielen gängigen Techniken eine mögliche Nebenfolge. Und zudem ist zu bedenken, dass viele große soziale Missstände zwar besser aufgelöst, statt nur abgemildert würden, aber Hoffnungen auf eine Lösung sind oft idealistische Fehlerwartungen. Große strukturelle Probleme sind langatmig und solange nicht realistisch zu erwarten ist, dass sie ohne *Enhancement* bald gelöst werden, haben die hier behandelten Angriffe auf Verbesserungen Probleme. So ist es sicher sinnvoll zu sagen, Entwicklungsländer brauchten eine andere Landwirtschaftsstruktur und vitaminreichere Nahrung, statt „golden rice“, einen Vitaminreis der Gentechniker. Aber diesen Reis nur deshalb nicht einzuführen, ist verantwortungslos, wenn man nicht klar sagen kann, wann und wie ein Wandel der Ernährungsstruktur der Entwicklungsländer erfolgen wird. Immerhin erfolgt dieser Wandel seit Jahrzehnten nicht, wieso sollte er gerade jetzt stattfinden? Und Menschen sterben zu lassen, während sie auf die Erfüllung eines illusionären Heilsversprechens warten, ist unmoralisch. Hier gilt eventuell: Lieber den gentechnischen Spatz in der Hand als die utopische Taube auf dem Dach. Zudem kann man sich die Strategie von Little zu Eigen machen und einerseits technische Verbesserungen befürworten, wo sie sinnvoll sind und andererseits gleichzeitig gegen die sozialen Missstände, die manches *Enhancement* nötig zu machen scheinen, auf politischer Ebene kämpfen (vgl. Little 1998, 173ff). Jedenfalls können durch „Verbesserungen“ soziale Problemlösungen behindert werden und diese Gefahr ist zu beachten und im Einzelfall zu gewichten.

6) Zur Vorsicht zwingt allgemein, dass die möglichen sozialen Folgen eines radikalen *Enhancements* für Jedermann so schwer zu überschauen sind, dass eine fundierte Folgenabschätzung stark erschwert ist. Technik ist nicht erst dann verantwortbar, wenn man sich über *alle* Konsequenzen ihrer Anwendung im Klaren ist. Das würde bedeuten, keine Technik mehr

zuzulassen, denn es verbleibt immer ein Rest Ungewissheit. Dennoch fragt es sich, ob die Ungewissheit zumindest bei manchen Verbesserungsprojekten zu groß ist. Von den möglichen Vorteilen haben wir eine relativ gefestigte Vorstellung, die oben schon ausgeführt wurde. Bei den negativen Wirkungen ist das zumindest in einigen Teilbereichen nicht der Fall. Wie sich Verschiebungen unseres Selbstbildes, unserer Wirtschaftsweise usw. auswirken werden, wie sich die Situation von Veränderungsskeptikern in einer Welt voller verbesserter Menschen wirklich darstellen wird, darüber kann man – wie gerade versucht – einen Überblick anstreben, aber das hat Grenzen. Beim *Enhancement* werden Entscheidungen unter Unsicherheit von uns verlangt. D. Birnbacher führt zu solchen Entscheidungen aus:

> „Erweist sich das Ungewissheitselement einer Entscheidungssituation als uneliminierbar und sind katastrophale Folgen nicht auszuschließen, so erscheint es plausibel, von mehreren Handlungsalternativen diejenige zu wählen, deren schlimmste nicht auszuschließende Folge vergleichsweise am wenigsten schlimm ist" (Birnbacher 1988, 152; vgl. auch Jonas 1979, 70–83).

Dem will ich zustimmen. Ich denke, katastrophale Folgen (insbesondere die Zwei-Klassen-Gesellschaft, aber auch eine Störung des gesamten Wirtschaftssystems, s. o.) sind zumindest bei manchen Formen des *Enhancements* nicht auszuschließen und nicht einmal unwahrscheinlich[12], so dass man mit Birnbacher dem Vermeiden von Katastrophen Priorität geben sollte, um verantwortlich mit Unsicherheit umzugehen. Wären wir in einer Situation, in der wir akut existentiell bedroht wären und würde uns *Enhancement* einen gangbaren Ausweg aus dieser Krise bieten, dann könnten sich die Kriterien für unseren Umgang mit Risiken ändern. Aber wir rufen nicht aus der Krise nach Rettung, sondern im Wohlstand nach noch mehr Wohlstand, so dass wir möglicherweise ein sehr wertvolles Gut (eine im Großen und Ganzen funktionierende Gesellschaftsordnung im sozialen Frieden) einsetzen und nichts Gleichwertiges gewinnen können (vgl. Jonas 1979, 70–83).

In solchen Fällen, wo viel mehr zu verlieren als zu gewinnen ist, macht das von Birnbacher formulierte entscheidungstheoretische Maxi-

12 Mit Levi (1980) wäre bei solchen Fällen kaum abschätzbarer Wahrscheinlichkeit zu fordern, dass eine Folge nicht nur logisch möglich ist, sondern eine ernsthafte Möglichkeit darstellt, gemessen an unserem „corpus of knowledge".

min-Kriterium Sinn.[13] Aber auch wenn man das weniger risikofeindliche *„principle of insufficient reason"* (Resnik 2003, 335) benutzt, das alle Folgen als gleichwahrscheinlich behandelt, kommt man in unserem Fall nicht zu anderen Ergebnissen. Wenn eine Katastrophe genauso wahrscheinlich ist wie ein vergleichsweise kleiner Gewinn, soll man auch nach diesem Kriterium die Katastrophe vermeiden. Ein noch risikofreundlicheres Kriterium wäre das berühmte *„precautionary principle"*, das es erlaubt, ein Risiko einzugehen, wenn man begleitend geeignete Vorsichtsmaßnahmen ergreift. Allerdings fällt es im Falle der unten als problematisch bezeichneten Varianten radikalen *Enhancements* schwer, geeignete Vorsichtsmaßnahmen anzugeben, die eine eventuelle Katastrophe vermeiden können. Dass solche Maßnahmen dann auch noch realistischerweise bereitgestellt werden, ist gar nicht absehbar, weshalb ich das *„precautionary principle"* hier für zu gewagt halte. Seine Vorbedingung, dass es Maßnahmen zur Vermeidung der Katastrophe realistischer Weise gibt, ist hier nicht erfüllt.[14]

Fazit: Den Zugang zu radikalem *Enhancement* für Jedermann so zu verteilen, dass der soziale Frieden gewahrt bleibt, wäre wahrscheinlich eine Überforderung der staatlichen Sozialsysteme, zumindest für viele Staaten der Welt. Daher würden viele Arten der „Verbesserung" zu einer festen Zwei-Klassen-Gesellschaft führen, die ich ablehne. Zudem würde auch sozialstaatliches *Enhancement* die Wahlfreiheit des Einzelnen oft unterminieren, denn Skeptiker würden unter Druck gesetzt. Gleichwohl zwingen Betrachtungen der sozialen Gerechtigkeit nicht, von allen Arten der Verbesserung Abstand zu nehmen, wie wir unten sehen werden. Intrinsische Vorteile von *Enhancement* sind kein Problem für die soziale Ordnung. Und andere Verbesserungsarten sind im Einzelfall daraufhin zu prüfen, ob die aus ihnen resultierenden Nachteile, die sich in den hier herausgearbeiteten Kategorien beschreiben lassen, so gravierend sind, dass die Vorteile aufgewogen werden. Es gilt also nun konkret zu erörtern, wie hoch das Gefahrenpotenzial bestimmter Veränderungen ist.[15]

13 Sehr bedenklich hingegen R. Dworkins Appell, keine „Feigheit angesichts des Unbekannten" zu zeigen (Dworkin 2002, 446).

14 Zu der Anforderung der Effektivität und Vernünftigkeit von Vorsichtsmaßnahmen, die eine Anwendung des „precautionary principle" sinnvoll machen, vgl. Resnik 2003, 341. Zu einem Fazit über die bescheidenen Möglichkeiten der Entscheidungstheorie, Hilfe bei Entscheidungen unter Unsicherheit zu bieten: Resnik 1987, 40.

15 Natürlich wird in diesem Aufsatz nur radikales *Enhancement* angesprochen. So wird nicht diskutiert, ob moderates *Enhancement* nicht sogar die Chancengleichheit in der Gesellschaft *erhöhen* kann, wenn es nur den Schlechtgestellten zur Verfügung gestellt wird, um zum Durchschnitt aufzuschließen. Vgl. Buchanan/Brock/Daniels et al. 2000, 152.

5 Physisches Enhancement: Bewertung der sozialen Folgen

Nehmen wir einmal an, radikales dezentrales *Enhancement* wäre ohne große technische Risiken verfügbar, was natürlich derzeit eine utopische Annahme ist. Zu einer ethischen Gesamtschau der angesprochenen sozialen Vor- und Nachteile, muss man die bislang allgemein entwickelten Argumente auf die Eigenschaften beziehen, die verändert werden sollen. Folgende sicher nicht vollständige, aber doch als Arbeitsgrundlage taugliche Kategorisierung bietet sich an:

1) Geht es um Gesundheitsvorsorge[16], etwa um ein besseres Immunsystem, um geringere Neigung zu Depressivität oder um die Vermeidung von Fettleibigkeit? (Gesundheits*enhancement*)
2) Geht es um andere körperliche Eigenschaften, etwa Körperkraft und Ausdauer? (Körper*enhancement*)
3) Geht es um mentale Eigenschaften, die „all purpose means" und daher im Regelfall positiv bewertet sind, etwa Intelligenz und Fleiß? (Allgemeines Mental*enhancement*)
4) Geht es um mentale Veränderungen, die spezifische Eigenschaften (Charakterzüge etc.) betreffen, die nicht ohne weiteres einheitlich bewertet werden können, wie Aggressivität, Sanftmut oder ein größeres Bedürfnis nach autoritärer Führung? (Spezifisches Mental*enhancement*)

Für jede der sich auch manchmal überlappenden Kategorien lassen sich Probleme formulieren. Diese müssen gegen mögliche Vorteile abgewogen werden. Ich will nun eine kurze derartige Abwägung der sozialen Folgen vor dem Horizont der oben thematisierten Problemhinsichten versuchen, die natürlich weiter zu elaborieren wäre:

Zum Gesundheitsenhancement: Hier könnte es häufig Fälle geben, deren bedrohliches Folgenpotenzial nicht überbordend ist und bei denen zudem der Nutzen für den Betroffenen und die Gesellschaft sehr hoch sein könnte. Folgen für die soziale Gerechtigkeit existieren durchaus, wie das Beispiel des verbesserten Immunsystems zeigt. (Dieses Beispiel ist ja

16 Die Bekämpfung von Erbkrankheiten etc. gehört für mich nicht in die Kategorie „*Enhancement*", denn dabei geht es nicht um eine Veränderung von „Normaleigenschaften".

schon deshalb so prekär, weil ein *Enhancement* hier nur den Effekt optimierter Impfungen hätte, die jeder befürwortet.) Aber die sozialen Folgen scheinen überschaubar zu sein, denn die resultierenden Ungleichheiten wären nicht allzu stark, weil gesellschaftliche Schlüsselpositionen in der Regel an Eigenschaften anderer Kategorien wie Fleiß, Intelligenz usw. geknüpft sind (vgl. Gottfredson 2003, 24). Geringere Krankheitsanfälligkeit kann nur eine Nebenrolle für den gesellschaftlichen Erfolg, aber eine Hauptrolle für intrinsische Freuden spielen. Zwar könnte sich das Fehlen von Anfälligkeit für die meisten Krankheiten schon als deutlicher Wettbewerbsvorteil entpuppen, aber andererseits können solche Vorteile durch andere Vorzüge ausgeglichen werden[17] und es sollen ja nicht alle Ungleichheiten, sondern primär extreme Ungerechtigkeiten ausgeschlossen werden, die zu einer zementierten Zwei-Klassen-Gesellschaft führen.

Gesundheits*enhancement* nutzt den Individuen intrinsisch besonders stark und kann auch große Ersparnisse im Gesundheitswesen bewirken, weshalb der Staat gute Gründe jenseits der Gerechtigkeit hätte, eine Breitenförderung dieser *Enhancements* zu gewährleisten. Solche Verbesserungen könnten als effektive und auch Kosten sparende Fortsetzung der Krankheitsprävention angesehen werden. Um negative Folgen für den Arbeitsmarkt zu verringern, wäre eine (praktisch sicher nicht einfach effektiv zu organisierende) *Informationssperre* denkbar, welche die Möglichkeiten des Arbeitgebers einschränkt, Wissen darüber zu erhalten, ob seine Arbeiter verbessert wurden.

Allerdings kann ich einen Folgenkomplex von Gesundheits*enhancement* hier nicht weiter diskutieren, weil er diesen Rahmen sprengen würde: *Wie wirkt es sich auf das Sozialgefüge aus, wenn sich durch Gesundheitsenhancement die Lebensdauer der Individuen (drastisch) erhöht?* Hier müsste man sicher diskutieren, ob mit der Lebensdauer auch eine verlängerte Zeit hoher Lebensqualität und eine Verlängerung der Leistungsdauer einhergehen wird. Wäre beides nicht der Fall, wäre eine bloße Verlängerung der Lebenserwartung vielleicht kein Gewinn. Aber selbst wenn die beiden besagten Bedingungen gegeben sind, müsste man fragen, ob eine drastische Erhöhung der durchschnittlichen Lebenserwartung ohne gleichzeitige Geburtenkontrolle unseren Planeten und unsere Gesellschaften nicht überfordert. Wie gesagt, dem kann ich hier nicht detaillierter nachgehen, meine positive Bewertung von Gesundheits*enhancement*

17 Zur Wichtigkeit der Ausgleichbarkeit von Nachteilen in einem sozialen Subsystem durch Vorteile in anderen für unsere Gerechtigkeitsvorstellung vgl. Siep 2005, 164.

erfolgt vorbehaltlich möglicher Revisionen, motiviert durch Analysen der Folgen einer veränderten Altersstruktur.

Es mag sicher Fälle geben, in denen nicht klar ist, ob ein Gesundheits*enhancement* vorliegt, weil der Gesundheitsbegriff sich im Laufe der Zeit verschiebt.[18] Wenn hier Problemfälle auftreten, muss man im Einzelfall prüfen, welche Folgen ein bestimmter Verbesserungsvorschlag haben könnte, insbesondere was die Größe etwaiger extrinsischer Vorteile angeht. Normativ entscheidend ist die Folgenanalyse und nicht die Tatsache, ob man einen Eingriff Gesundheits*enhancement* nennt. Hier, hoffe ich, liegt ein Vorteil meines Ansatzes gegenüber der weit verbreiteten Position, die Grenze der Zulässigkeit für Veränderungen sei an das Vorliegen von Krankheiten und damit an den Krankheitsbegriff zu koppeln (Buchanan/Brock/Daniels et al. 2000, 121; Siep 2004, 171; Habermas 2002, 91f). Doch dieser Krankheitsbegriff ist leider unscharf. Hingegen liegt es nahe zu behaupten, dass die Fälle, die klarerweise ein Gesundheits*enhancement* sind, in der Regel nur harmlosere negative soziale Folgen und einen hohen Wert für intrinsische Freuden haben. Deshalb ist es sinnvoll, die Kategorie Gesundheits*enhancement* aufzustellen. Dass es unbefriedigend ist, Verbesserungen nur dann zuzulassen, wenn Krankheiten vorliegen, zeigt folgender Fall: Johnny ist ein elfjähriger Junge mit einem Wachstumshormondefizit. Ihm wird eine Endgröße von 1,60 Metern vorhergesagt. Billy ist ein elfjähriger Junge mit extrem kleinen Eltern. Ihm fehlen keine Hormone, aber seine Erwachsenengröße wird auch mit 1,60 Metern beziffert. Johny ist krank, Billy nicht, aber beide werden gleichermaßen unter ihrer geringen Körpergröße leiden. Sollen wir also nur Johnny helfen, weil eine Hormongabe an Johnny eine Behandlung, an Billy aber *Enhancement* wäre (Allen, D. B. und Forst, N. zitiert nach Parens 1998, 6)?

Zum Körperenhancement: Auch bei der radikalen Körperverbesserung wäre vorstellbar, dass sie nicht zu inakzeptablen Ungerechtigkeiten führt, weil körperliche Eigenschaften zunehmend unwichtiger für die Einnahme gesellschaftlicher Schlüsselpositionen werden. Allerdings gilt das nur in unserem Kulturkreis und auch dort werden, etwa über Körpergröße und Geschlecht, zumindest noch einige Vorteile realisiert. Andererseits können solche Vorteile, wie gesagt, durch andere Vorzüge ausgeglichen werden und es sollen ja nicht alle Ungleichheiten ausgeschlossen werden. Dass also Körperverbesserungen, egal welcher Reichweite, unter dem As-

18 Zur Debatte um diesen Begriff vgl. Caplan/Engelhardt/McCartney 1981.

pekt sozialer Folgen in bestimmten weit industrialisierten Kulturkreisen eine Option sein können, ist nicht generell auszuschließen, je nach Einschätzung der eventuellen Wettbewerbsvorteile. Für eine staatliche Förderung solcher Verbesserungen sprechen weniger gute Gründe als beim Gesundheits*enhancement*, denn ein kollektiver Nutzen ist nicht direkt vorhersehbar. In ärmeren Ländern hat aber z. B. die freie Geschlechterwahl fatale Folgen für die Gesellschaften, hier sind solche „Körperverbesserungen" ein Fehler. Eine genauere Bewertung würde ich an spezifischere Einzelfallbetrachtungen verweisen.

6 Mentales Enhancement: Bewertung der sozialen Folgen

Zum allgemeinen Mentalenhancement: Das Potenzial zu sozialen Spannungen nimmt bei radikalem Mental*enhancement* drastisch zu, denn die hier betroffenen Eigenschaften ermöglichen große extrinsische Vorteile.[19] Zudem sind die sozialen Folgen sehr schwer abschätzbar, wenn für die Wirtschaft und das Zusammenleben zentrale Eigenschaften manipuliert werden (s. o.). Wie genau würde sich die Situation von Veränderungsskeptikern darstellen und wie würde sich die Wirtschaft verändern, wenn plötzlich fast alle Arbeitssuchenden hoch intelligent sind und einen adäquaten Arbeitsplatz benötigen? Der *hohe Spekulationsanteil* bei der Beantwortung dieser Fragen ist ein Indiz dafür, dass die Unwissenheit bei der Folgenabschätzung hier zu groß wird, um die Manipulationen verantworten zu können.

Im Falle einer Ausgestaltung als sozialstaatliches *Enhancement* für Jedermann wäre diese Form der Verbesserung der klassische Anwendungsfall für die obigen allgemeinen Einwände. Welcher Staat könnte so etwas finanzieren? Der Druck auf den Veränderungsskeptiker wäre enorm und die Gefahr von Persönlichkeitsveränderungen bei vielen Maßnahmen nicht von der Hand zu weisen. Die gesellschaftliche Diversität würde sicherlich in Mitleidenschaft gezogen und Reversibilität und Abschätzbarkeit der Folgen sind problematisch. Ich sehe daher nicht, wie sich radikales allgemeines Mental*enhancement* verantworten lässt. Interessant wäre

19 So schreibt die Soziologin L. Gottfredson: „Es ist aber die allgemeine Intelligenz ... die ... mit großer Wahrscheinlichkeit auch zu sozialer Ungleichheit führt" (Gottfredson 2003, 24).

nun eine Diskussion moderaten allgemeinen Mental*enhancements*, die ich aber vertagen muss, da sie diesen Rahmen sprengen würde.[20]

Zum spezifischen Mentalenhancement: Zu Beginn will ich eine prinzipielle Gefahr spezifischen Mental*enhancements* jeder Größe verdeutlichen:

An der Veränderung mancher Charakterzüge sind nicht nur Staaten, sondern auch kulturelle Interessengruppen interessiert, da solche Eigenschaften differenziert genug sind, um speziellen Ideologien nützlich zu sein. So könnte etwa auf Mitglieder bestimmter religiöser Gruppen sozialer Druck ausgeübt werden, nur Eigenschaften wie Gehorsam und Unterwürfigkeit zu wählen (vgl. Baylis/Scott Robert 2004, 12f). So würde das Modell des liberalen *Enhancements* im Extremfall ausgehöhlt und eine Zwischenform zum zentralen *Enhancement* entstünde, denn die Wahlen würden dem Individuum durch Gruppenzwänge etc. aufgezwungen. Dieses Argument spricht für besondere Vorsicht bei der Umsetzung jedweden spezifischen Mental*enhancements*[21], wobei aber solche Missbrauchsgefahren eine Technik nur dann als unverantwortbar erscheinen lassen, wenn keine Kontrollmechanismen zu ihrer Regulierung einführbar sind. Und zudem wird auch im sonstigen sozialen Leben, etwa bei der Erziehung, nicht jede Einflussnahme von gesellschaftlichen Kräften auf individuelle Entscheidungen, z. B. auch von Eltern, unterbunden. Nicht jede Einflussnahme ist ein problematischer Zwang, aber solche Zwänge sollten nicht entstehen. Eine Erlaubnis radikalen spezifischen Mental*enhancements* könnte weitere Probleme mit sich bringen:

1) Einige Eigenschaften werden sozialschädigenden Charakter haben, wenn man sie radikal ausbaut, etwa Fanatismus und Aggression. Eine Erlaubnis von (radikalen) Vergrößerungen dieser Merkmale halte ich für falsch.

2) Wie schon gesagt, ist die Einschätzung der Wettbewerbsrelevanz von Eigenschaften nicht einfach. Nun könnten auch spezifische mentale Eigenschaften den Wettbewerb verzerren (etwa über eine verbesserte Leistungsmotivation), wenn man sie auf breiter Ebene radikal verändert. Es könnten sich ganz neue, unabsehbare Wettbewerbssituationen ergeben, die dann doch wieder in eine Zwei-Klassen-Gesellschaft führen. Diese

20 Zu Gefahren für die Persönlichkeit vgl. Gesang 2006a; zum moderaten *Enhancement* vgl. Gesang 2006b.

21 Allzweckmittel lassen sich nicht so spezifisch für die Zwecke einer Gruppierung missbrauchen, denn sie befähigen zu Vielem.

Gefahr möchte ich jedenfalls ausschließen und das spricht gegen ein radikales *Enhancement* von spezifischen mentalen Eigenschaften, zumal die positive Bewertung gerade von auf sie bezogenen Veränderungswünschen besonders fehlbar ist, denn sie sind keine Allzweckmittel und nur hilfreich, wenn man zukünftige neue gesellschaftliche Zusammenhänge richtig antizipiert. Die Risikoabschätzung ist also hier ebenfalls hoch problematisch.

3) Die großen ideologischen Gräben in der Welt könnten vertieft werden, denn bei dezentralem *Enhancement* muss man ja immer mit der Koexistenz von veränderten und normalen Individuen rechnen: Wären einige Menschen mit radikal anderen Gefühlen, Interessen und Bewertungsmaßstäben ausgestattet als andere, könnte das wechselseitige *Verständnis* und die *Lösung von Konflikten* etwa zwischen Veränderten und Skeptikern schwieriger werden. Man könnte nicht mehr ohne weiteres an eine allen Menschen gemeinsame menschliche Natur *und damit verbundene elementare Interessen* appellieren, um Konflikte zu lösen, weil nun die veränderten und die anderen partiell ihre eigene Natur haben würden. Das wechselseitige Verständnis und die wechselseitige Toleranz wären in Frage gestellt (Buchanan/Brock/Daniels et al. 2000, 176ff; Siep 2005, 168).

4) Andererseits könnten mit einer radikalen Förderung erwünschter Eigenschaften wie Sanftmut, Altruismus, Selbstvertrauen und Verantwortungsbewusstsein besondere *kollektive Vorteile* verbunden sein – vielleicht eine friedlichere und gerechtere Welt. Egoismus und Habgier sind ja wesentliche Ursachen globaler Probleme. Allerdings sollte bedacht werden, dass wir hier ja nur über dezentrales *Enhancement* reden. In Teilen mancher Kulturen würden also vielleicht altruistische Persönlichkeitszüge gefördert und in anderen nicht. Manche Menschen könnten dabei gezielt auf eine weite Verbreitung von Altruisten setzen, um ihrem Kind durch erhöhte oder auch nur normale Aggressivität bessere Durchsetzungschancen als „Wolf in einer Welt voller Lämmer“ zu bereiten. Zudem sind Nachteile für die geborenen Altruisten zu erwarten, wenn diese einem kapitalistischen Wirtschaftssystem ausgeliefert werden, in dem eben auch „Ellenbogen“ zählen. Man müsste also erst einmal Rahmenbedingungen schaffen, die dem Altruismus eine Chance geben und das heißt, man müsste erst die Welt ändern und dann gezielte Verbesserungen betreiben, statt die Welt durch solche Verbesserungen revolutionieren zu wollen. Lediglich wenn erkennbar wäre, dass sich eine deutliche Mehrheit der Menschen (aller Kulturen) an diesem *Enhancement* beteiligen

würde (derzeit kaum vorstellbar), sähe es anders aus. Dann müssten sich die gesellschaftlichen Strukturen automatisch ändern. Aber auch hier bleibt das Problem, dass es schwer abschätzbar ist, wie die Gesellschaft sich als ganze entwickelt, wenn man so radikal in die Psyche der Individuen eingreift. Eigenschaften wie Selbstvertrauen und Verantwortungsbewusstsein hingegen würden sich im Regelfall positiv auswirken.

Aus den gerade diskutierten Gründen bin ich skeptisch, was eine radikale Veränderung spezifischer mentaler Eigenschaften angeht, aber wie gerade angedeutet, kann es sich im Einzelfall anders verhalten.

Es hat sich gezeigt, dass es viele wichtige soziale Folgen von radikalen Verbesserungen geben kann. Es war mir hier nicht einmal möglich, alle sozialen Folgen zu erörtern, denn Veränderungen des sozialen Klimas, Verletzungen externer Präferenzen durch *Enhancement* und andere Dinge habe ich nicht diskutieren können. Für alle sozialen Folgen gilt, dass sie zum Teil schwer abschätzbar sind. Aber eine Ethik, die sich um die Folgen von Handlungen bemüht, wird nicht umhin kommen, diese möglichst konkret zu antizipieren, wenn gleich das mit vielen Unsicherheiten verbunden ist.

Literaturverzeichnis

Baylis, F./Scott Robert, J. (2004): The Inevitability Of Genetic Enhancement Technologies. In: Bioethics, Bd. 18, Nr. 1, 1–26.

Birnbacher, D. (1988): Verantwortung für zukünftige Generationen. Reclam, Stuttgart.

Bohnke, B.-A. (1997): Abschied von der Natur – Die Zukunft des Lebens ist Technik. Metropolitan, Düsseldorf.

Bostrom, N. (2003): Human Genetic Enhancements – A Transhumanist Perspective. In: Journal of Value Inquiry. Bd. 37, Nr. 4, 493–506.

Buchanan, A./Brock, D. W./Daniels N. et al. (2000): From Chance to Choice – Genetics & Justice. Cambridge University Press, Cambridge.

Caplan, A. L., Engelhardt, T. jr., McCartney, J. J. (1981): Concepts of Health and Disease. Addison-Wesley-Publishing-Company, Reading MA.

Cole-Turner, R. (1998): Do Means Matter. In: Parens, E. (Hg.): Enhancing Human Traits. Georgetown University Press, Washington, 151–161.

Dworkin, R. (2002): Sovereign Virtue. Harvard University Press, Cambridge (Mass.).

Fukuyama, F. (2002): Das Ende des Menschen. Deutscher Taschenbuchverlag, München.

Gesang, B. (2003): Eine Verteidigung des Utilitarismus. Reclam, Stuttgart.

Gesang, B. (2006a): Enhancement zwischen Selbstverwirklichung und Selbstbetrug. In: Ethik in der Medizin. Bd. 18, Heft 1.
Gesang, B. (2006b): Moderates und radikales Enhancement – die sozialen Folgen. In: Ach, J. S./Opolka, U./Schöne-Seifert, B./Talbat, D. (Hg.) (2006): Smart und glücklich durch Medizin? Mentis, Paderborn.
Glover, J. (1984): What Sort of People Should There Be? – Genetic Engineering, Brain Control And Their Impact On Our Future World. Penguin Books, Harmondsworth.
Gottfredson, L. (2003): Der Generalfaktor der Intelligenz. In: Spektrum der Wissenschaft Spezial: Intelligenz. Spezial-ND 5, 24–30.
Habermas, J. (2002): Die Zukunft der menschlichen Natur – Auf dem Weg zu einer liberalen Eugenik? Suhrkamp, Frankfurt am Main.
Harris, J. (1998): Clones, Genes and Immortality – Ethics and the Genetic Revolution. Oxford University Press, Oxford.
Jonas, H. (1979): Das Prinzip Verantwortung. Suhrkamp, Frankfurt am Main.
Kitcher, P. (1998): Genetik und Ethik – Die Revolution der Humangenetik und ihre Folgen. Luchterhand Literaturverlag, München.
Levi, I. (1980): The enterprise of knowledge. MIT Press, Cambridge.
Little, M. L. (1998): Cosmetic Surgery, Suspect Norms, and the Ethics of Complicity. In: Parens, E. (Hg.) (1998): Enhancing Human Traits. Georgetown University Press, Washington, 162–176.
Nozick, R. (1974): Anarchy, State and Utopia. Basic Books, New York.
Parens, E. (1998): Is Better Always Good? – The Enhancement Project. In: Parens, E. (1998) (Hg.): Enhancing Human Traits. Georgetown University Press, Washington, 1–28.
Rawls, J. (1993): Eine Theorie der Gerechtigkeit. Suhrkamp, Frankfurt am Main.
Resnik, D. B. (1987): Choices – An introduction to decision theory. University of Minnesota Press, Minneapolis.
Resnik, D. B. (2003): Is the precautionary principle unscientific? In: Studies in History and Philosophy of Biological and Biomedical Sciences, Bd. 34, 329–344.
Siep, L. (2004): Konkrete Ethik – Grundlagen der Natur- und Kulturethik. Suhrkamp, Frankfurt am Main.
Siep, L. (2005): Normative Aspekte des menschlichen Körpers. In: Bayertz, K. (Hg.) (2005): Die menschliche Natur. Mentis, Paderborn, 157–173.
Silver, L. M. (1998): Das geklonte Paradies. Droemersche Verlagsanstalt, München.
Simm, M. (2004): Doping fürs Gedächtnis. In: Süddeutsche Zeitung, 06. Juli.
Sloterdijk, P. (2001): Der operable Mensch. In: Cantz, H. (Hg.) (2001): Der (im) perfekte Mensch. Cantz, Ostfildern-Ruit, 97–116.

Grundsätzliche Betrachtungen zur Moralität eugenischer Maßnahmen[1]

Wolfgang Lenzen

Überlegungen zur Moralität eugenischer Maßnahmen können auf verschiedenen Ebenen angesiedelt sein. Auf *individualethischer* Ebene orientiert man sich primär am Wohl desjenigen Individuums, an dem die eugenische Maßnahme vorgenommen werden soll. Auf *sozialethischer* Ebene betrachtet man vorwiegend die Implikationen, die sich aus der eugenischen Maßnahme (bzw. der Etablierung der Praxis solcher Maßnahmen) für eine ganze Gesellschaft ergeben. In diesem Beitrag werde ich mich auf die Erörterung der Frage beschränken, inwiefern die eugenischen Maßnahmen gegen die Interessen jener Individuen verstoßen, die von den Maßnahmen unmittelbar betroffen sind. Die sozialethische Debatte überlasse ich lieber anderen Autoren[2], nicht zuletzt deshalb, weil die dort angestellten Betrachtungen oft sehr spekulativen Charakter annehmen und auch eher von zweitrangiger Bedeutung zu sein scheinen.

Die im Folgenden zu diskutierenden Probleme lassen sich in mehrere Teilklassen einordnen. Die erste umfasst eugenische Maßnahmen, die an einem bereits *existierenden* Individuum vorgenommen werden; die zweite hat mit eugenischen Maßnahmen zu tun, durch die einem *neuen* Individuum zur Existenz verholfen werden soll. Außerdem bietet es sich an, zwischen *positiven* und *negativen* Maßnahmen zu unterscheiden, wobei man mit Stefan Sorgner positive Eugenik als „Förderung von guten Erbanlagen", negative hingegen als „Einschränkung der Ausbreitung von nachteiligen Genen"[3] definieren kann. Diese Terminologie könnte suggerieren, dass positive Eugenik per se moralisch gut, negative Eugenik hingegen

---

1 Ich danke Bernward Gesang, Uwe Meyer und Rainer Trapp für ihre konstruktive Kritik.
2 Vgl. etwa Gesang 2006.
3 So formuliert in der Einladung zum Symposium „Eugenik und die Zukunft", vgl. auch in diesem Band: Sorgner 2006, 202. Zur nicht ganz einfachen Abgrenzung zwischen negativer und positiver Eugenik vgl. auch Habermas 2002, 28, 93, 158.

schlecht wäre. Im Allgemeinen herrscht jedoch eher die umgekehrte Tendenz vor, negative Eugenik für ethisch zulässig, positive Eugenik hingegen für unzulässig zu halten. Diese Grundeinschätzung ist durch die Auffassung motiviert, dass nur eine negative Eugenik aus *medizinischen* Gründen erfolgt und damit „auf die Beseitigung von Übeln" abzielt (Habermas 2002, 28). Überhaupt sind die Begriffe *Eugenik* und *Selektion* sehr negativ besetzt. Dies gilt umso mehr für Deutschland, wo mit diesen Worten fast unvermeidlich die verbrecherischen Praktiken des Dritten Reichs assoziiert werden.[4] Im Rahmen einer philosophischen Erörterung sollte man von solchen historischen Verquickungen jedoch abstrahieren und vorurteilsfrei überprüfen, ob und wie weit eugenische Maßnahmen moralisch gerechtfertigt werden können. Im Einzelnen stehen die folgenden Maßnahmen auf dem Prüfstand:

- Selektive Maßnahmen bei künstlicher Befruchtung (IVF)
- Abtreibung bei (früher so genannter) eugenischer Indikation
- PND = Pränatale Diagnostik
- PID = Präimplantationsdiagnostik
- Genetische Manipulation von Embryonen
- Klonen.

Ich beginne mit einer kurzen methodischen Erläuterung, stelle danach meine favorisierte ethische Theorie vor und gehe im Hauptteil auf die moralische Beurteilung der verschiedenen eugenischen Maßnahmen ein.

1 Zur Methodologie der (angewandten) Ethik

Ethische Behauptungen sind – im Gegensatz etwa zu juristischen Aussagen – empirisch nicht überprüfbar. Zum Beispiel kann man die Behauptung, Abtreibung bei eugenischer Indikation sei *moralisch* erlaubt, nicht in der gleichen objektiven bzw. intersubjektiven Weise verifizieren, wie man durch Blick auf den ehemaligen § 218 des Strafgesetzbuches verifizieren könnte, dass im Jahre 1976 Abtreibung bei eugenischer Indikation in der BRD *gesetzlich* erlaubt war. Im üblichen Verständnis des Wortes ‚objektiv' sind moralische Urteile also nicht objektiv gültig. Dies bedeutet freilich nicht, dass sie zwangsläufig bloß willkürliche Meinungen darstellen

4 Vgl. z. B. die Einleitung zu Junker/Paul 1999.

würden wie etwa Geschmacksurteile der Art, dass für den einen Rotwein besser ist als Weißwein, für den anderen umgekehrt Weißwein besser als Rotwein. Ein entscheidendes Merkmal moralischer Urteile besteht darin, dass sie einer näheren *Begründung* fähig sind.

Etwas genauer wäre zu sagen, dass – sozusagen auf der untersten Ebene – ein partikuläres moralisches Urteil wie jenes über Abtreibung bei eugenischer Indikation dadurch begründet werden könnte, dass es als Spezialfall einer umfassenderen bioethischen Hypothese bezüglich der Moralität des Tötens im Allgemeinen nachgewiesen wird. Auf dieser mittleren Ebene wurden im Laufe der Zeit eine Reihe von konkurrierenden Hypothesen entwickelt, z. B. die Albert Schweitzer zugeschriebene Auffassung von der Heiligkeit jeglichen Lebens, oder die von Tierethikern vertretene Ansicht, das Töten jedes empfindungsfähigen Lebewesens sei unmoralisch, oder auch die im christlichen Denken dominierende Auffassung von der Unantastbarkeit und Würde ausschließlich des menschlichen Lebens. Solche bioethischen Hypothesen können gegebenenfalls durch Subsumtion unter noch allgemeinere Ethik-Theorien selber begründet werden, wobei die Theorien auf der höchsten Ebene z. B. erklären müssen, was es generell heißt, moralisch richtig zu handeln. Beispiele solcher allgemeinsten Ethiken wären eine utilitaristische Ethik, eine deontologische Ethik à la Kant oder auch das Prinzip *Neminem laedere*, das sich als Variante bzw. Explikation der sog. Goldenen Regel auffassen lässt (Lenzen 1999, Kap. 1).

2 Das Grundprinzip Neminem laedere

Die von mir favorisierte Ethik basiert auf dem Grundgedanken, eine Handlung H dann (und nur dann?) für moralisch unbedenklich zu halten, wenn durch H niemand anderem ein Schaden zugefügt wird. Dabei sollte der Begriff des Schadens in einem sehr umfassenden Sinn verstanden werden, der nicht nur materielle Schädigungen, sondern auch geistige oder psychische Verletzungen, Kränkungen, etc. mit umfasst. Deshalb lässt sich die Bedingung, dass durch eine Handlung H dem Individuum I kein Schaden zugefügt wird, mehr oder weniger äquivalent auch so ausdrücken, dass H nicht gegen die Interessen[5] von I verstoßen darf. Die eine Hälfte der Äquivalenz liefert das weitestgehend unkontroverse Prinzip:

5 Genauer: nicht gegen die *legitimen* Interessen.

(NL 1) Die Handlung H (der Person P) ist auf jeden Fall *dann* moralisch unbedenklich, wenn durch H niemand anderem ein Schaden zugefügt wird.

Dagegen stellt die umgekehrte Implikation, der zufolge jede Handlung, durch die einem anderem ein Schaden zugefügt wird, als moralisch bedenklich einzustufen wäre, vielleicht ein zu rigoroses Moralkriterium dar. Es sollte jedoch beachtet werden, dass ‚moralisch *bedenklich*' keineswegs dasselbe bedeutet wie ‚moralisch *verwerflich*'. Deshalb ist es durchaus konsistent, gewisse Handlungen als ethisch *erlaubt* zu betrachten, die gemäß der strengeren ‚dann und nur dann' Version des *Neminem laedere* moralisch *bedenklich* sind. Insbesondere sollte man all jene Handlungen als *erlaubt* ansehen, bei denen man zwar dem einen oder anderen schadet, wo dieser Schaden jedoch durch einen größeren Nutzen für Dritte kompensiert wird. In einem solchen Fall spreche ich davon, dass der *Fremdnutzen* der Handlung positiv ist.[6]

(NL 2) Die Handlung H (der Person P) ist moralisch *erlaubt*, wenn der *Fremdnutzen* von H positiv ist.

Ferner sollte in einer *Dilemma-Situation*, bei der – wie immer man sich entscheiden mag – irgendein Schaden für andere *unvermeidbar* ist, auf jeden Fall *eine* Handlung trotz ihres negativen Fremdnutzens *erlaubt* sein, nämlich jene, durch die der Fremdschaden *minimiert* wird:

(NL 3) Die Handlung H_1 (der Person P) ist moralisch *erlaubt*, wenn es keine alternative Handlung H_2 gibt, die einen größeren Fremdnutzen besitzt.

6 Der Fremdnutzen unterscheidet sich vom sog. Gesamtnutzen einer Handlung, wie er dem Grundansatz einer utilitaristischen Ethik entspricht, gerade darin, dass der (Schaden oder) Nutzen für den Handelnden selber nicht in die Summe der Einzelnutzen eingeht.

2.1 Die auf dem Neminem laedere beruhende Bioethik „mittlerer Stufe"

Aus dem Fundamentalprinzip NL 1 folgt zunächst unmittelbar das Korollar:

(NL 1.1) Das *Töten* des Lebewesens L (durch die Person P) ist moralisch unbedenklich, wenn hierdurch niemandem (außer eventuell P selber)[7] ein Schaden zugefügt wird.

Dabei soll der nachgeordnete Aspekt, dass nämlich gemäß NL 1.1 die Tötung von L auch nicht gegen die Interessen von Dritten, z. B. von Freunden oder Angehörigen, verstoßen darf, außer Betracht bleiben. Stattdessen konzentriere ich mich ganz auf die für die moralische Bewertung des Tötens primäre Frage, welchen Schaden der Getötete selber durch den Verlust seines Lebens erfährt. Hierzu wurden (und werden immer noch) sehr unterschiedliche Positionen vertreten.

Epikur versuchte einst zu begründen, dass das Totsein auch für einen erwachsenen Menschen eigentlich gar nicht schlimm sei: Schließlich *fühlt* ein Verstorbener ja überhaupt nichts mehr, kann also auch kein Bedauern darüber empfinden, dass er nicht mehr lebt. Diese epikureische Ansicht erweist sich jedoch bei näherer Analyse als unhaltbar. Auch wenn der Verlust des Lebens, das der Verstorbene ansonsten noch hätte leben können, von ihm selber nicht mehr als Verlust *erfahren* wird, so handelt es sich dennoch um einen Verlust – und zwar in der Regel einen äußerst gravierenden. Es ist und bleibt eine Binsenwahrheit, dass das Leben normalerweise das größte Gut ist, das ein Mensch überhaupt verlieren kann.[8]

Eine zweite, nicht ganz so krasse, aber in ihren Konsequenzen trotzdem inakzeptable Position wurde von Michael Tooley entwickelt. Ihr zufolge schadet man einem Lebwesen L durch Töten nur dann, wenn L über gewisse Zukunftspläne verfügt bzw. wenn L sich als ein Wesen begreift, dem eine positive Zukunft bevorsteht. Letzteres impliziert, dass L geistig so weit entwickelt sein muss, dass es schon über den Begriff von sich selbst als eines in der Zeit fortexistierenden Wesens verfügt. Konsequenterweise

7 Am Rande sei bemerkt, dass durch die Klausel ‚außer eventuell P selber' eine Selbsttötung prima facie als moralisch unbedenklich eingestuft wird. Für eine Diskussion der notwendigen Einschränkungen dieser These vgl. Lenzen 1999, Abschnitt 3.1.

8 Für eine nähere Diskussion vgl. Lenzen 1991, 162 und 163.

musste Tooley sich zu der Ansicht bekennen, dass nicht nur Abtreibung, sondern auch die Tötung von Neugeborenen[9] moralisch unbedenklich sei.

Drittens wird – vor allem im Kontext der Abtreibungsdiskussion – häufig die Ansicht vertreten, das Töten von L sei jedenfalls so lange moralisch unbedenklich, wie L (aufgrund einer noch nicht hinreichenden Entwicklung des Gehirns) keinerlei Empfindungen und deshalb auch keinerlei Präferenzen besitzt. So meint z. B. Dagmar Borchers (2004, 55):

> „*Vor dem Einsetzen der Empfindungsfähigkeit* haben wir es bei dem frühen Embryo mit einem Wesen zu tun, das lebt, aber nichts *er*leben kann. Als *Wesen ohne subjektives Wohl* kann es in seinem gegenwärtigen Zustand auch nicht subjektiv verletzt werden – selbst im Fall einer Tötung wird es nicht aktuell geschädigt. Sein aktueller Zustand wird in diesem Fall zwar beendet und sein künftiger Zustand wird verhindert, aber das ist für den Embryo selbst nicht erfahrbar und somit auch kein moralisches Problem."

Aus Platzgründen kann ich nicht näher darauf eingehen, was an dieser Ansicht – und a fortiori an der wesentlich radikaleren von Tooley – falsch ist (Lenzen 2004b, 307ff). Stattdessen möchte ich nur meine eigene Position entgegen halten, der zufolge einem Lebewesen L durch Töten genau dann geschadet wird, wenn das ansonsten zu lebende Leben für L (gemäß seinen eigenen Wertmaßstäben) einen *positiven Wert* besitzt. Daraus folgt zusammen mit NL 1.1:

(NL 1.2) Das Töten des Lebewesens L (durch eine Person $P \neq L$) ist moralisch bedenklich, wenn der Wert des Lebens, das L andernfalls bevorstehen würde, positiv ist.

Für das Töten eines „normalen" gesunden Menschen, dem in der Regel ein positives Leben bevorstehen würde, ergibt sich deshalb das kategorische Urteil:

---

9 Ja, eigentlich sogar von Babys bis zum Alter von mehreren Wochen oder Monaten! Vgl. die beiden in Tooley (1990, 190 und 191) genannten Folgerungen, „daß menschliche Neugeborene keine Eigenschaften besitzen, die als Grundlage für ein Lebensrecht dienen können ... [und] daß Menschen erst mit zehn bis zwölf Wochen nach der Geburt Eigenschaften erwerben, die als Grundlage für *zumindest ein gewisses Recht* auf weitere Existenz dienen könne." Eine ähnliche Position wird im deutschsprachigen Raum von Norbert Hoerster vertreten; vgl. Hoerster 2002.

(NL 1.3) Das Töten eines Menschen ist „normalerweise" immer moralisch bedenklich.

Bezüglich der zweiten bioethischen Grundfrage, ob nämlich das *Zeugen* eines Lebewesens moralisch falsch oder moralisch richtig ist, erhält man aus dem Grundprinzip *Neminem laedere* folgende Aussage:

(NL 1.4) Das Zeugen eines Lebewesens L ist – zumindest im Hinblick auf die Interessen des zu Zeugenden selber – moralisch neutral, d. h. weder gut noch schlecht.

Denn solange L als konkretes Lebewesen noch überhaupt nicht existiert, kann man aus rein logischen Gründen weder in seinem Interesse handeln noch gegen sein Interesse verstoßen. Diese simple Erkenntnis hat – wie sich noch zeigen wird – gravierende Konsequenzen für die moralische Beurteilung einiger eugenischer Maßnahmen. Zunächst sei aber nur kurz erwähnt, welches moralische Urteil eine auf dem *Neminem laedere* beruhende Ethik für die „klassischen" bioethischen Probleme von Empfängnisverhütung und Abtreibung bereithält. Aus NL 1.2 und NL 1.4 folgt offenkundig:

- *Empfängnisverhütung*, die darauf abzielt, die Befruchtung einer Eizelle zu verhindern, ist moralisch unbedenklich, denn hier gibt es noch gar kein Individuum, dem durch die unterlassene Zeugung ein Schaden zugefügt würde.
- *Abtreibung* hingegen ist (zumindest *prima facie*) moralisch sehr verwerflich, denn für einen Embryo, der sich „normalerweise" zu einem gesunden Lebewesen entwickeln würde, bedeutet die Abtreibung den Verlust des gesamten, ansonsten bevorstehenden Lebens.

3 Zur Moralität eugenischer Maßnahmen

Vorweg möchte ich ganz knapp auf zwei allgemeine Argumente eingehen, die in der Eugenik-Debatte nicht selten zu hören sind: Zum einen der Einwand, der Mensch dürfe sich nicht zum Schöpfer aufspielen bzw. diesem nicht „ins Handwerk pfuschen"; zum anderen die Ansicht, jede Form einer „Menschenzüchtung" sei *per se* illegitim bzw. widernatürlich und deshalb moralisch verwerflich. So führte z. B. der Justitiar des Bistums Osnabrück in einem Zeitungs-Interview zum Thema der Keimbahntherapie aus:

> „Diese Option halte ich für sehr bedenklich. Nach meinem Kenntnisstand sind die potenziellen Folgen überhaupt nicht absehbar. Um Forschung und Technik in diesem Bereich zu verbessern, müsste man verbrauchende Embryonenforschung betreiben, das heißt Menschen töten. Außerdem besteht Missbrauchsgefahr im Hinblick auf Menschenzüchtung, damit Menschen mit bestimmten Eigenschaften entstehen. Dies wäre weder legitim noch christlich."

Zur Frage von Forschungen am menschlichen Erbgut und zum Klonen äußerte sich Wiemker (2004, 3) wie folgt:

> „Natürlich fürchte ich diese im Prinzip unüberschaubaren Folgen, wenn das menschliche Erbgut manipuliert wird und am Ende etwas dabei herauskommt, das eher als eine Verschlechterung als eine Verbesserung angesehen werden muss. Allerdings habe ich Bedenken viel grundsätzlicherer Art. Mit dem Klonen wird in einen Bereich eingegriffen, der nach meiner Auffassung dem Menschen vorenthalten ist. Schöpfung ist alleine Gott vorbehalten. Ihm dürfen wir eindeutig nicht ins Handwerk pfuschen."

Während auf die *substanziellen* Probleme der verbrauchenden Embryonenforschung und der Risiken gentechnologischer Manipulationen natürlich näher eingegangen werden muss, dürfte auf die beiden anderen pauschalen Vorwürfe folgende Replik genügen. Die theologische Prämisse, dass es einen Schöpfer allen Lebens gäbe, der als solcher einzig zu Veränderungen des Erbguts berechtigt wäre, wird kaum von jedermann geteilt. Außerdem scheint sie mit der Praxis der Zucht und Selektion von *Tieren*, die nach christlicher Auffassung als völlig unbedenklich gelten, logisch kaum verträglich zu sein.

Der zweite Einwand beruht entweder auf einem naturalistischen oder auf einem legalistischen Fehlschluss. Im ersten Fall wird angenommen, dass alles Natürliche moralisch gut, alles Widernatürliche hingegen moralisch schlecht wäre. Im zweiten Fall schließt man, dass alles, was gesetzlich verboten ist, deshalb auch moralisch verboten bzw. verwerflich wäre. Mit der Unzulässigkeit des naturalistischen Fehlschlusses habe ich mich an anderem Ort ausführlicher auseinander gesetzt und brauche darauf hier nicht weiter einzugehen.[10] Was hingegen die Problematik des legalistischen Fehlschlusses betrifft, so wäre etwa auf die Gesetzgebung in Unrechtsregimes wie dem Dritten Reich hingewiesen, wo z. B. sexuelle Kontakte zwischen »Ariern« und Juden kriminalisiert wurden. Außerdem wird, wie sich in jüngster Vergangenheit bei der Diskussion um embryonale Stammzellen gezeigt hat, ein und dieselbe Maßnahme in unterschiedlichen Rechtsstaaten ganz unterschiedlich gehandhabt. Moralische Werte müssen aber von derlei kontingenten Dekreten unabhängig sein. Sonst käme man zu dem Widerspruch, die Erzeugung embryonaler Stammzellen sei sowohl moralisch erlaubt (weil z. B. in Israel gesetzlich zugelassen) als auch (wegen der konträren Gesetzeslage in der Bundesrepublik Deutschland) moralisch verboten.

3.1 Allgemeine und eugenische Aspekte der In-Vitro-Fertilisation (IVF)

Mit der Technik der künstlichen Befruchtung sind eine ganze Reihe von kontrovers diskutierten Problemen verbunden, von denen hier nur die allerwichtigsten betrachtet werden sollen.[11] Ein erster Einwand richtet sich gegen eine besondere Form der IVF, bei der „überzählige" Embryonen entstehen. Um die Wahrscheinlichkeit einer Schwangerschaft nach IVF zu erhöhen, entnimmt man der Frau mehr Eier, als nach der Befruchtung wieder rückgeführt werden sollen. Deshalb können unter Umständen befruchtete Eizellen übrig bleiben, die entweder für eine denkbare spätere Wiederverwendung tiefgefroren werden oder die sich in einer Nährlösung noch einige Zeit weiterentwickeln dürfen, um z. B. als Objekte für medizinische Forschung zu dienen und danach abzusterben. Lässt es sich moralisch rechtfertigen, in vitro menschliches Leben zu zeugen, das von vornherein zum frühzeitigen Absterben verurteilt ist?[12] Das deutsche Embryonenschutzgesetz – kurz ESchG – verbietet nicht nur jedes Experimentieren bzw. jegliche

10 Vgl. speziell die Diskussion der Moralität homosexueller Handlungen in Abschnitt 1.3 von Lenzen (1999).

11 Zu den weiteren Problemen vgl. Lenzen 1999, Abschnitt 2.7.

12 Aus Platzgründen kann diese Problematik hier nicht weiter diskutiert, sondern aus der Perspektive des *Neminem laedere* nur grob wie folgt beurteilt werden. Wenn dem fraglichen Embryo, wie im Falle der „überzähligen" Embryonen, ohnehin kein Leben bevorsteht, dann wird ihm durch Forschungen, die zu seinem „Tode" führen, auch nicht *geschadet*.

Verwendung menschlicher Embryonen zu fremdnützigen, d. h. nicht der Erhaltung des Embryos dienenden Zwecken, sondern es fordert zugleich, dass bei einem IVF-Versuch maximal drei Eizellen befruchtet bzw. weiter kultiviert werden und dass alle dabei entstandenen Embryonen in die Gebärmutter zurückgeführt werden. Falls bei der Insemination dennoch mehr als drei Embryonen entstanden sind, sollen diese kryokonserviert werden, wobei ein solcher Vorgang stets der Zentralen Kommission der Bundesärztekammer gemeldet werden muss.

Dunstan (1988, 15) stellte nun die berechtigte Frage, wie sich diese restriktive Maßnahme ethisch begründen lässt bzw. was man eigentlich beabsichtigt, „wenn man aus Respekt vor dem Leben der Embryonen darauf besteht, dass alle befruchteten Eizellen in den Uterus der Mutter zurückgeführt werden". Er glaubt, diese Position würde zwangsläufig zu folgendem Dilemma führen:

> „Entweder sollen ... die zwei oder drei zusätzlichen Embryonen die Chancen erhöhen, dass sich überhaupt einer einnistet; in diesem Fall würde man die zwei oder drei menschlichen Embryonen als ein Mittel zum Wohle des einen benutzen; ... oder man hofft, um die Risiken einer Mehrfachschwangerschaft für die Mutter und für die Babys zu vermeiden, dass die Natur eine Auslese treffen wird, die das eigene Gewissen nicht zu treffen wagt. Diese Position erscheint moralisch bigott."

Was die erste Alternative betrifft, so haben neuere Untersuchungen gezeigt, dass die Schwangerschaftsrate nach IVF mit der Anzahl der reimplantierten Embryonen tatsächlich anwächst. Statistisch gesehen beträgt sie beim Transfer nur eines Embryos lediglich 9 %, während sie bei gleichzeitiger Übertragung von zwei bzw. drei Embryonen auf 14 % bzw. 23 % gesteigert werden kann; hingegen erhöht die Übertragung von vier oder mehr Embryonen die Chance einer Empfängnis nicht weiter signifikant. Wie man sich durch probabilistische Kalkulationen[13] klar machen kann, haben jedoch die Embryonen bei beiden Vorgehensweisen praktisch die gleiche Überlebenswahrscheinlichkeit (zwischen 7,5 % und 9 %). Deshalb erweist sich der Vorwurf, bei simultaner Rückführung mehrerer Embryonen würden zwei oder drei als Mittel zum Überleben des einen *geopfert*, als unhaltbar. Dieses Vorgehen erhöht nicht nur in signifikanter Weise die Empfängnischancen der Frau, ohne dass man ihr einen wiederholten gynäkolo-

13 Für Details vgl. Lenzen 1999, 178ff.

gischen Eingriff zumuten müsste, sondern es wird auch den fraglichen Embryonen angesichts der fast unveränderten Überlebenswahrscheinlichkeiten *nicht geschadet*. Selbst wenn nur einer der implantierten Embryonen überlebt, so hatte doch jeder die gleiche faire Chance, dieser eine zu sein.

Was Dunstans zweiten Vorwurf betrifft, so könnte man zwar zugestehen, dass die simultane Implantation von bis zu drei Embryonen möglicherweise von der Hoffnung der Mutter in spe begleitet wird, dass keine Mehrfachschwangerschaft folgen möge, dass also „die Natur eine Auslese treffen wird, die das eigene Gewissen nicht zu treffen wagt". Doch dies ist genauso wenig bigott wie z. B. die Einstellung einer Frau, deren Fertilitätsstörung nicht durch IVF, sondern durch Hormongaben therapiert wird und die, obwohl sie es nie mit ihrem Gewissen vereinbaren könnte, selber durch Abtreibung eine Auswahl zu treffen, sich dennoch von Herzen wünscht, keine Zwillinge oder gar Drillinge zu bekommen. Wer würde hier von moralischer Bigotterie reden? Im Übrigen kann ja auch jede IVF-Kandidatin selber entscheiden, ob sie das Risiko einer Mehrfach-Schwangerschaft eingehen will. *Nur dann,* wenn sie die erfolgversprechendere simultane Implantation wählt, verlangt das ESchG von ihr auch die Bereitschaft, gegebenenfalls eine Doppelt- oder Dreifach-Schwangerschaft auszutragen. Wenn ihr dies als zu große Zumutung erscheint, muss sie sich eben mit einem weniger aussichtsreichen Versuch begnügen, bei dem nur ein einziger Embryo implantiert wird. An den durch das ESchG geforderten Bestimmungen der IVF ist jedenfalls moralisch nichts zu bemängeln.

Als Nächstes sollen kurz Probleme diskutiert werden, die bei Formen *heterologer* IVF auftauchen. Die wichtigste Variante besteht darin, dass die Eizellen der Frau nicht mit dem Sperma des Ehemanns, sondern eines anderen, in der Regel anonym bleibenden Samenspenders befruchtet werden. Ein erster Vorbehalt betrifft die Anonymität des Samenspenders. Laut Birnbacher (1990, 273) ist es moralisch bedenklich, „dem Kind ein nicht zu vernachlässigendes physisches oder psychisches Risiko auf[zu]bürden. Dies geschieht bereits dann, wenn einem durch heterologe Insemination oder In-Vitro-Fertilisation mit Spendersamen gezeugten Kind gezielt die Möglichkeit genommen wird, die Identität oder zumindest ein grobes qualitatives Profil seines genetischen Vaters zu kennen." Ferner ist laut Gründel (1987, 92) zu bedenken, dass sich durch die Anonymität des Samenspenders „Möglichkeiten für nicht gerade erstrebenswerte Beziehungen zwischen Halbgeschwistern" eröffnen. Gegen derlei Skrupel kann man jedoch einwenden, dass manche normal gezeugte Kinder ihren leiblichen Vater ebenfalls nicht kennen und dass deshalb ungewollte sexuelle Beziehungen zwischen Halbgeschwistern auch unabhängig von der IVF möglich sind. Außerdem – und diese Replik lässt sich analog auf fast alle folgenden Einwände übertragen – dürfte die Verletzung eines angeblichen „Rechts auf genetische Identität“ wohl kaum so stark wiegen, dass ein Kind jemals sagen würde: Ich wäre lieber überhaupt nicht denn in Unkenntnis meines leiblichen Vaters geboren worden.

Ein weiteres Problem heterologer IVF tritt dann auf, wenn es der Frau ermöglicht wird, aus einer Samenbank ganz spezielles Sperma auszuwählen, um das Kind mit bestimmten genetischen Merkmalen ihrer Wahl (Geschlecht, Hautfarbe, Körpergröße, Intelligenz etc.) auszustatten. Im besonderen Fall einer *ledigen* Frau löste dies laut dpa-Meldung vom 11. März 1991 einen Sturm der Entrüstung aus:

> „Eine ‚unbefleckte Empfängnis‘ versetzt die britische Öffentlichkeit in Aufregung. Eine junge Frau, die noch keinerlei sexuelle Beziehungen mit einem Mann hatte und auch in absehbarer Zeit keine haben will, hat sich im Krankenhaus der britischen Industriestadt Birmingham für umgerechnet 550 DM künstlich befruchten lassen und erwartet nun ein Kind. ... Die junge Frau versuchte den Angaben zufolge über die Wahl des Samenspenders Haut, Augen- und Haarfarbe ihres Kindes zu bestimmen. ... Die am Montag veröffentlichten Zeitungsberichte über die ‚jungfräuliche Geburt‘ führten sofort zu einem Sturm der Entrüstung. ... Eine Parlamentarierin sagte ...: ‚Dies reduziert die Kinder zu Verbraucherware.‘ Sie warnte vor einer Supermarktmentalität bei der Mutterschaft. ... Der britische Pionier der künstlichen Befruchtung, Peter Bromwich, warnte vor einem Konsumverhalten: ‚Wenn man eine Konservendose kaufen will, geht man in ein Geschäft und kauft sie sich. Einige glauben, dass man das gleiche mit einem Baby machen kann.‘ Ähnlich äußerte sich der Bischof von Birmingham, Mark Sander. Ein Kind sei ein Geschenk und kein Recht. Ein Kind müsse aus der lebenslangen Liebe zwischen einem Mann und einer Frau entstehen.“[14]

Diesen Bedenken lässt sich jedoch entgegenhalten:

1) Natürlich ist es schön, wenn ein Kind aus einer lebenslangen Liebe zwischen Mann und Frau entsteht. Aber wer die Welt realistisch betrachtet, weiß, dass eine lebenslange Liebe nur in den wenigsten

14 Zitiert nach Lenzen 1999, 183.

Ehen Bestand hat und dass nur die wenigsten Kinder das geplante oder gewünschte Produkt einer derartigen Beziehung sind.

2) Natürlich ist ein Kind ein Geschenk, auf das niemand einen Rechtsanspruch hat. Speziell hat eine x-beliebige Person nicht das Recht, von einem x-beliebigen Angehörigen des anderen Geschlechts zu fordern „Mach mir ein Kind"! Aber hier steht ja nur zur Debatte, ob es moralisch *unrecht* wäre, wenn eine Frau dank der freiwilligen Assistenz des Samenspenders ein Kind bekommen würde.

3) Natürlich sind Babys keine Konsumartikel, und das monierte Supermarktdenken in Bezug auf den eigenen Nachwuchs wäre in der Tat insbesondere dann verwerflich, wenn es dazu führen würde, dass ein Fötus bei Nichtgefallen „umgetauscht" bzw. abgetrieben würde. Wenn aber eine Frau die Möglichkeit, zwischen dem Samen verschiedener Spender zu wählen, lediglich dazu benutzt, ihr Kind mit gewissen Merkmalen auszustatten, speziell mit der „passenden" Hautfarbe oder auch mit eugenischen Faktoren, die für die Gesundheit des Kindes wichtig sein können, so ist diese „Selektion" moralisch sicher nicht bedenklicher, als wenn sie bewusst eine Auswahl trifft, mit welchem Mann sie ein Kind zeugen möchte.

Deshalb bleiben allenfalls die psychischen Probleme für das Kind zu diskutieren, die man bei manchen Varianten heterologer IVF erwarten könnte. Nach Birnbacher (1990, 273 und 274) ist es unverantwortlich, „ein Kind künstlich zu zeugen, von dem man weiß oder billigend in Kauf nimmt, dass es in Verhältnissen aufwachsen wird, die für seine Entwicklung nachteilig sind. Der fanatische Wunsch nach einem Kind ist nicht unbedingt ein geeignetes Kriterium für die Fähigkeit, ihm zu einer gedeihlichen Entwicklung zu verhelfen." Obwohl Birnbacher dies nicht genauer ausführt, hatte er vermutlich die Situation von allein erziehenden und/oder lesbischen Müttern vor Augen. Solche familiären Verhältnisse wären für die Entwicklung des Kindes sicher nicht optimal. Diese allgemeine Einschätzung drückt sich auch darin aus, dass homosexuelle Paare bzw. allein stehende Frauen und Männer als Kandidaten für die *Adoption* eines Kindes normalerweise ausscheiden.

Die Analogisierung zwischen Adoption und Zeugung ist jedoch nicht ganz überzeugend. Bei der Adoption *existiert* bereits ein Kind mit eventuell schon ausgeprägten, zumindest aber extrapolierbaren Interessen. Deshalb kann man die Alternativen, das Kind in die Hände dieser oder jener Familie zu geben, dahingehend bewerten, inwiefern das Aufwachsen in der jeweiligen Familie am besten mit den bekannten oder zu vermutenden Interessen des Kindes konform geht. Bei der extrakorporalen *Zeugung* hingegen existiert das zu zeugende Individuum als Träger aktueller oder zukünftiger Interessen noch gar nicht. Es geht also nicht darum, für ein konkretes, wohl bestimmtes Kind die optimalen Erzeuger und Erzieher auszusuchen, denn sobald man die Eltern bzw. Zeugenden variiert, variiert auch das zu zeugende Kind. Die Frage der Moralität heterologer IVF muss deshalb anders beantwortet werden als die Auswahl von Adoptiveltern. In Übereinstimmung mit Bettina Schöne-Seifert (1990, 467) möchte ich behaupten, dass sich das Verbot, „unverheirateten oder homosexuellen Frauen durch künstliche Befruchtung zu einem Kind zu verhelfen“, jedenfalls nicht mit der Norm des „persönlichen“ Embryonen-Schutzes begründen lässt:

> „Die jeweiligen Alternativen heißen hier: dieses Kind so, oder dieses Kind gar nicht. Und all die psychosozialen Nachteile, die hier für dieses Kind vermeintlich entstehen, sind (bei aller Schwierigkeit ihrer empirischen Gewichtung) ohne Zweifel nicht so gravierend, als daß sie ihm das Leben derart qualvoll machten, daß es vorziehen müsste, gar nicht zu existieren.“

3.2 Pränatale Diagnostik (PND)

Unter pränataler Diagnostik versteht man ein (in verschiedenen Varianten praktiziertes) Verfahren, um den Fötus im Mutterleib auf Erbkrankheiten zu untersuchen. Wie Bernhard Irrgang (1996, 542) ausführt, ist dieser Eingriff medizinisch nicht ganz unproblematisch:

> „Sowohl die Amniozentese wie die Chorionzottenbiopsie haben voraussehbare Risiken für das Ungeborene. Wenn die Gefahr einer genetischen Beeinträchtigung geringer ist als das Risiko einer Schädigung durch die Methode (etwa bei einer 20- bis 30-jährigen Mutter, ein Kind mit einem Down-Syndrom zu gebären), scheint aus ethischer Perspektive die Anwendung von invasiven Methoden nicht begründet zu sein.“

Dieses Argument bezieht sich zunächst nur auf die Interessen der Mutter und nicht auf jene des Fötus. Nach meiner Interpretation will Irrgang bloß sagen, dass es für eine „normale" 20- bis 30-jährige Schwangere ohne besondere Risikofaktoren *unvernünftig* wäre, sich einer PND zu unterziehen, weil die Wahrscheinlichkeit, dass bei dieser Untersuchung ein Down-Syndrom des Kindes diagnostiziert würde, geringer ist als die Wahrscheinlichkeit, dass der an sich gesunde Fötus durch die Untersuchung geschädigt wird. Deshalb liegt es *in ihrem eigenen Interesse*, von einer PND Abstand zu nehmen. Wenn eine Frau sich trotzdem freiwillig zu der Untersuchung entschließt, dürfte ihre Entscheidung – solange man potentielle Interessen des Embryos ausblendet und ferner voraussetzt, dass der Arzt sie über die involvierten Risiken hinreichend aufgeklärt hat – kein echt *ethisches* Problem darstellen.

Nun liefert aber die PND bei entsprechendem Befund eine eugenische bzw., wie es im offiziellen Sprachgebrauch mittlerweile heißt, eine „genetische" oder auch „medizinische" Indikation zur Abtreibung. Irrgang (1996, 543) erblickt vor allem im späten Zeitpunkt der Untersuchung, der zu einer Abtreibung „bis zur 22. Schwangerschaftswoche" führen kann, ein Problem:

> „Der Fetus ist zu diesem Zeitpunkt gut ausgebildet, schmerzempfindlich und außerhalb des Mutterleibes potentiell lebensfähig."

Dieses Bedenken beruht offenbar auf dem Grundgedanken, der in der Abtreibungsdebatte von Vertretern der so genannten Fristenlösung vorgebracht wird. Ihnen zufolge wäre die Tötung eines Fötus bis zum Beginn der Empfindungs- bzw. Erlebensfähigkeit moralisch erlaubt und erst ab ca. der 12. Schwangerschaftswoche verboten. Gemäß dem von mir favorisierten Prinzip NL 1.2 ist hingegen auch eine frühe Abtreibung moralisch bedenklich, weil hierdurch dem heranwachsenden Fötus ebenso das bevorstehende Leben genommen wird.

Weiterhin meint Irrgang (1996, 542):

> „Die Entscheidung für oder gegen eine Abtreibung darf nicht allein an der Erbkrankheit als ausschlaggebendem Bewertungskriterium ausgerichtet sein. Sonst laufen die Eltern Gefahr, über lebensunwertes Leben zu entscheiden." Er weist dann noch auf die „sich eröffnenden Möglichkeiten der Selektion" hin, die zu einer Wiederbelebung „rassistischen Denkens" führen könnte, und hält es für „sehr unsicher, wie sich zunehmende Abtreibungen aufgrund genetischer Indikation auf die Be-

hinderten, denen ihre eigene Vermeidbarkeit vor Augen gestellt wird, und auf die gesellschaftliche Einstellung zu den Behinderten auswirken werden.“

Die mutmaßlichen Auswirkungen der PND auf die gesellschaftliche Einstellung zu Behinderten und die angebliche Gefahr der Wiederbelebung nationalsozialistischen Gedankenguts sind typische Beispiele von Spekulationen, wie man sie in sozialethischen Erwägungen häufig findet. Aus den eingangs genannten Gründen will ich darauf nicht näher eingehen. Die Frage der möglichen Diskriminierung von Behinderten wird z. B. in Lübbe (2003) ausführlich erörtert. Ergänzend sei nur angemerkt, dass es sich jedenfalls um eine ziemlich gedankenlose Floskel handelt, wenn man davon spricht, Behinderten würde „ihre eigene Vermeidbarkeit vor Augen“ geführt. Im Klartext bedeutet die „eigene Vermeidbarkeit“ doch nur, dass Behinderte unter anderen Umständen (d. h. bei einer anderen Entscheidung der Mutter) hätten abgetrieben werden können. Das gilt jedoch in gewissem Sinn für jeden Menschen: Jeder von uns, ob behindert oder nicht, hatte das Glück, gezeugt und danach weder durch eine Fehlgeburt gestorben noch abgetrieben worden zu sein! Für einen Behinderten *relevant* wäre einzig die Frage, ob er selber auch *ohne die Behinderung* hätte auf die Welt kommen können. Dies gehört allerdings nicht in den Kontext der (Abtreibung nach) PND, sondern in den weiter unten zu behandelnden Problemkreis der genetischen Manipulation. Im Übrigen tendiert der Einwand von Irrgang dazu, Behinderte auf ihre Behinderungen zu reduzieren. Man kann jedoch ohne weiteres konsequent gegen Behinderungen kämpfen und sich gleichzeitig vehement für die Belange und Interessen von Behinderten einsetzen!

Betrachten wir als Nächstes den Appell, die Eltern eines voraussichtlich erbgeschädigten Kindes sollten sich kein Urteil über den Wert oder Unwert des Lebens anmaßen und ihre Abtreibungsentscheidung nicht an der Krankheit als „ausschlaggebendem Bewertungskriterium“ festmachen. Zunächst einmal wäre zurückzufragen, welches *andere* Kriterium denn den Ausschlag für oder gegen eine Abtreibung bei eugenischer Indikation geben könnte. Schließlich und endlich dient die PND gerade dem Zweck, festzustellen, ob das Kind schwerwiegende Erbkrankheiten haben wird oder nicht. Außerdem sollte man bei der Erörterung dieser Frage besser auf die polemische Verwendung des vorbelasteten Begriffs eines „lebenswerten“ bzw. „lebensunwerten“ Lebens verzichten, denn hierdurch wird die eigentliche Problematik nur verschleiert.

Wenn die Erbkrankheit des Embryos so gravierend wäre, dass das Leben des daraus erwachsenden Kindes nach bestem medizinischen Wissen gar nicht lebenswert wäre, dann bestünde nämlich gar kein echtes moralisches Problem: Die Tötung würde dann *nicht gegen* die Interessen des Kindes verstoßen, sondern wäre ein Fall von moralisch erlaubter *Euthanasie* (sofern man dieses Wort in der wahren *philosophischen* Bedeutung und nicht im pervertierten Sinn der Nazis versteht). Die eigentliche Problematik der Abtreibung nach PND rührt nun jedoch daher, dass die diagnostizierte Krankheit das Leben des Embryos in seinem Wert zwar stark einschränken, aber in der Regel keineswegs zu einem wirklich „lebensunwerten" machen würde. Die Tötung verstößt dann *gegen* das Interesse des betroffenen Individuums und ist und bleibt gemäß dem *Neminem laedere* moralisch (sehr) *bedenklich*!

Wie bei Abtreibungsfragen generell, kann man bei diesem prima facie Urteil freilich nicht stehen bleiben. Wenn man das Grundprinzip NL 1 im Sinne eines fairen Interessenausgleichs um die Prinzipien NL 2 und NL 3 ergänzt, gelangt man ungefähr zu folgendem Urteil. Eine Abtreibung bei eugenischer Indikation ist eventuell dann zu rechtfertigen, wenn die Familie durch das Zusammenleben mit dem behinderten Kind massiv beeinträchtigt würde. Genauer müsste der Schaden, den der abgetriebene Embryo durch den Verlust seines Lebens erleidet, durch einen noch größeren Schaden kompensiert werden, der den übrigen Familienmitgliedern durch die Reduzierung ihrer Lebensqualität widerfährt. Bei welcher Form und Stärke der Behinderung das der Fall sein könnte, lässt sich natürlich nicht generell sagen; in Einzelfällen erscheint es jedenfalls als moralisch *erlaubt*.

3.3 Präimplantationsdiagnostik (PID)

Die umstrittene Praxis der Präimplantationsdiagnostik wurde vor allem für Eltern entwickelt, bei denen aufgrund familiärer Belastungen Missbildungen des Nachwuchses mit relativ hoher Wahrscheinlichkeit zu erwarten wären. Wenn sie dennoch Kinder bekommen wollen, raten ihnen die Ärzte, den Umweg über eine künstliche Befruchtung zu wählen:

> „Bei einer solchen In-Vitro-Fertilisation werden Eizelle und Sperma außerhalb des Körpers in einer Glasschale zusammengefügt. Dann schauen sich medizinische Assistenten die Embryonen unter dem Mikroskop an und verpflanzen [nur] diejenigen, die normal aussehen, in die weibliche Gebärmutter."

Die Vorteile dieses Vorgehens erblickt Fackelmann (1995, 73) darin:

> „Anstatt sich mit dem Entschluß zu quälen, ob sie einen Fötus mit einer schweren Erbkrankheit abtreiben sollen, können Eltern entscheiden, daß nur Embryonen ohne genetische Defekte implantiert werden".

In krassem Gegensatz hierzu hält der französische Biologe Jacques Testart die Präimplantationsdiagnose moralisch für *problematischer* als eine Abtreibung nach pränataler Diagnostik. Für ihn tun sich zwischen der „pränatalen Diagnose am Fötus und der präimplantatorischen Diagnose am befruchteten Ei ... Abgründe auf. Das erste Verfahren verhüte das Schlimmste, das zweite suche durch Selektion nach dem Besten."[15]

Ähnliche Einwände wurden im deutschsprachigen Raum u. a. von Hille Haker und Jürgen Habermas vorgebracht. Ihrer Meinung nach ist eine eugenische Abtreibung nach PND aufgrund der spezifischen Konfliktsituation mit den Interessen der Mutter moralisch zu rechtfertigen, nicht jedoch eine (als mehr der weniger willkürlich erachtete) „Selektion" nach PID. So würde für Haker die „Handlungsfreiheit und die Gesundheitsrechte einer Schwangeren" eine Abwägung mit dem Lebensrecht des Embryos „gerechtfertigt erscheinen" lassen, während „im Hinblick auf die Selektionshandlung, die mit der PID einhergeht, kein unmittelbarer und in der Lösung alternativloser Konflikt vorliegt".[16] Ähnlich gesteht Habermas einer ungewollt Schwangeren ein Selbstbestimmungsrecht zu, das gegebenenfalls mehr zählt als die Schutzbedürftigkeit des Embryos. Den analogen Konflikt zwischen dem Lebensschutz des Ungeborenen mit der Entscheidung der Eltern, nach entsprechender PID auf die Implantation der Zygote zu verzichten, lässt Habermas hingegen nicht gelten, weil die Eltern in diese Problemlage „nicht *unversehens* verwickelt" werden:

15 Zitiert nach Fritz-Vannahme 1995, 76 und 77; vgl. Testart 1986.
16 Haker 2004, 150; vgl. ausführlicher Haker 2002.

„sie nehmen die Kollision von vornherein in Kauf, indem sie eine genetische Prüfung des Embryos vornehmen lassen“.[17]

Diese Sichtweise ist jedoch für den nüchternen Verstand schwer nachvollziehbar. Schließlich soll die Untersuchung *vor* der Schwangerschaft doch gerade jenen Konflikten und Problemen zuvorkommen, die sich ansonsten – ohne PID – *während* einer Risikoschwangerschaft ergeben könnten. Dass eine Frau erst schwanger werden und so den *möglichen* Interessenkonflikt in einen *realen* transformieren muss, um ihn gegebenenfalls durch Abtreibung zu lösen, erscheint mir ziemlich absurd. Aus der Perspektive des Embryos dürfte es ohnehin völlig egal sein, ob er innerhalb einer normalen Frühschwangerschaft aufgrund einer pränatalen Diagnose abgetrieben, oder ob er im Rahmen einer IVF wegen der Präimplantations-Diagnose erst gar nicht in den Uterus eingepflanzt wird. Der Effekt für ihn ist jeweils der gleiche, nämlich der Verlust des Lebens, das ihm ansonsten zumindest mit einer gewissen Wahrscheinlichkeit bevorstehen würde.

So betrachtet, ist PID also auf keinen Fall moralisch verwerflicher als PND. Tatsächlich sprechen gute Gründe dafür, PID moralisch als weit *weniger* bedenklich einzustufen denn eine PND. Denn die Entscheidung, eine *in vitro* Zygote im 8- oder 16-Zellen-Stadium nicht zu implantieren, d. h. ihr nicht das Leben zu *schenken*, hat einen ganz anderen ethischen Stellenwert als die Entscheidung, einen Embryo *in utero* abzutreiben, d. h. ihm das schon begonnene Leben zu *nehmen*. Auch wenn in der Grauzone zwischen Empfängnisverhütung und Abtreibung keine absolut klare Grenzziehung möglich erscheint, so wird man behaupten dürfen, dass im Gegensatz zu einem bereits eingenisteten (Prä-)Embryo die Zygote *vor der Einnistung* noch kein selbstständiges Leben (bzw. keine große Wahrscheinlichkeit auf ein solches Leben) besitzt. Tatsächlich wird mittlerweile selbst von katholischer Seite her zugestanden, dass neben der Befruchtung auch die Einnistung eine entscheidende *conditio sine qua non* der Embryogenese darstellt, denn ohne die „Implantation endet die autonome Entwicklung des Säugereies mit dem Blastozystenstadium.“[18]

Zum Abschluss dieses Problemkreises noch eine Anmerkung zu einem aktuellen Zeitungskommentar. In der Sonntagsausgabe der „Frankfur-

17 Habermas 2002, 57 und 58; die genetische Untersuchung wird dann im nächsten Satz als „Qualitätskontrolle“ disqualifiziert.
18 Kummer 1999, 174, aber zitiert nach Gründel 2004, 130.

ter Allgemeinen Zeitung“ vom 7. November 2004 diagnostizierte Volker Stollorz einen „fatalen Trend“ bei der Ausweitung der PID-Praxis:

> „Vergangene Woche wurde in Großbritannien erneut eine umstrittene Lizenz erteilt. Erstmals dürfen Eltern per Gentest aus einem Dutzend Embryonen jene aussortieren, die später nicht an einer seltenen Form von erblichem Darmkrebs erkranken können. Die in Deutschland bislang verbotene Präimplantationsdiagnostik (PID) macht's möglich. In Großbritannien wird damit allmählich ein Trend deutlich. Der Geist der Eugenik läßt sich eben nicht dauerhaft in die Flasche medizinischer Indikation sperren. Die zuständige Behörde dehnt die Zulässigkeit des Verfahrens schon seit Jahren aus. Erst durften nur Embryonen mit Anlagen für frühe tödliche Erkrankungen verworfen werden. Dann folgten Träger von spät ausbrechenden, aber unheilbaren Leiden wie der Nervenkrankheit Huntington. Nun werden erstmals mögliche Träger einer therapierbaren Krankheit ins Auge gefaßt.“

Obwohl dem Autor bewusst war, dass bei der zur Debatte stehenden „therapierbaren Krankheit“ selbst die radikale Therapie einer operativen Entfernung des Enddarms „den Krebs oft nicht dauerhaft verhindern“ kann, lehnte er die Ausweitung der PID mit der rhetorischen Frage ab:

> „Aber rechtfertigt dieses Schicksal wirklich Embryonenselektion?“

Seine wahren Bedenken formulierte er anschließend so:

> „Wer die Tür zur PID einen Spalt breit öffnet, wird sie nicht mehr schließen. Befürworter sollten einmal überlegen, mit welchen Argumenten man später gehörlosen Eltern verwehren will, ein garantiert gehörloses [!] Kind zu zeugen.“

Dies ist, wie mir scheint, eine recht infame (oder extrem dumme) Argumentation. Zwar lässt sich die Gefahr einer „schiefen Bahn“ nicht leugnen, insofern der Katalog der vererbbaren Krankheiten, die eine Nicht-Implantation nach PID begründen, mit dem Fortschritt der genetischen Diagnose vermutlich weiter und weiter gefasst wird. Dennoch darf man künftigen Eltern potentiell erbgeschädigter Kinder nicht einfach unterstellen, sie würden die PID dazu missbrauchen, ihren Nachwuchs gemäß irgendwelchen exotischen Präferenzen selektieren zu wollen. Die eigentliche Rechtfertigung für PID (ebenso wie für PND) liegt doch gerade darin verankert, dass dem Kind gravierende gesundheitliche Probleme *erspart* werden sollen. Wer, wie in Stollorz' fiktivem Beispiel, den Nachwuchs nicht von einer vererbbaren Krankheit *befreien*, sondern ihn im Gegenteil mit vererbter Gehörlosigkeit *ausstatten* möchte, würde dieser Maxime natürlich krass zuwider handeln.

3.4 Genetische Manipulation, „Programmierung" und Klonen

PND und PID sind medizinische Realität – die von Habermas kritisierte „liberale Eugenik", die durch Eingriffe ins menschliche Genom eine genetische „Programmierung" von Embryonen bewirken würde, noch weitgehend Fiktion. Trotzdem sollen hier die wichtigsten Einwände betrachtet werden, die gegen denkbare Varianten solcher Verfahren vorgebracht wurden. Aus systematischen Gründen unterscheide ich zwei Klassen:

- „Genetische Manipulation", durch die ein *bereits existierendes* Individuum von drohenden Erbkrankheiten geheilt oder auch anderweitig „verbessert" werden könnte.
- „Genetische Programmierung", durch die ein *noch nicht existierender* Embryo mit (von den Eltern) gewünschten genetischen Merkmalen ausgestattet werden soll.

Hierzu gehört als Spezialfall das „reproduktive Klonen", bei dem die genetische Identität des zu zeugenden Embryos vollständig determiniert wird. Konkreter Ausgangspunkt einer genetischen *Manipulation* wäre z. B. ein im Rahmen künstlicher Befruchtung erzeugter (Prä)-Embryo, bei dem nach gründlicher Untersuchung nicht zur Debatte steht, ihn – wie im oben diskutierten Fall der PID – zu „verwerfen", sondern ihn stattdessen durch gezielte Eingriffe genetisch zu therapieren bzw. sonst wie zu „verbessern". Wie Wiemker (2004) zu Recht bemerkte, besteht ein Problem solcher Maßnahmen darin, dass „am Ende etwas dabei herauskomm[en könnte], das eher als eine Verschlechterung als eine Verbesserung angesehen werden muss". Gentechnische Eingriffe bergen, zumindest beim gegenwärtigen Stand der „Technik", große Risiken für den zu behandelnden Embryo (und für dessen potentielle Nachfahren), auf die hier nicht näher eingegangen werden kann.[19] Gemäß dem Grundgedanken des *Neminem laedere* sei lediglich *in abstracto* festgehalten, dass genetische Manipulationen jedenfalls dann moralisch erlaubt erscheinen, *wenn sie nach bestem medizinischen Wissen im (vernünftig zu unterstellenden) Interesse des Embryos liegen.*

Demzufolge wären – im Widerspruch zu Habermas' Ansicht – prinzipiell nicht nur negative, sondern auch positive eugenische Maßnahmen durchaus ethisch zu rechtfertigen. Nicht nur die vorgeburtliche Therapie von Krankheiten bzw. die Vermeidung körperlicher oder geistiger Behinderungen wären moralisch *erlaubt* (bzw. im Grunde sogar moralisch *geboten*)[20], sondern (zumindest in gewissem Umfang) auch die Ausstattung des Nachwuchses z. B. mit »Grundgütern« wie „Körperkraft, Intelligenz oder Gedächtnis".[21]

Betrachten wir als Nächstes denkbare, wenngleich noch utopische Methoden genetischer *Programmierung*, durch die ein Embryo mit spezifischen genetischen Merkmalen ausgestattet werden soll. Rein theoretisch könnte z. B. im Rahmen der IVF eine „Prä-Fertilisations-Diagnose" durchgeführt werden, die es gestattet, für die Befruchtung gezielt jene Gameten auszusuchen, die die besten Chancen bieten, dass sich der Embryo zu einem Kind mit den von den Eltern erwünschten Eigenschaften entwickelt. Was wäre daran moralisch falsch? Nach Habermas besteht das zentrale Problem einer solchen liberalen Eugenik darin, dass „die pränatal behandelte Person, nachdem sie Kenntnis vom Design der Merkmalsveränderung erhalten hat, Schwierigkeiten bekommt, sich als autonomes und ebenbürtiges Mitglied einer Assoziation von Freien und Gleichen zu verstehen" (Habermas 2002, 131). Programmierte Personen würden sich „nicht länger selber als ungeteilte Autoren ihrer eigenen Lebensgeschichte" bzw. „sich im Verhältnis zu vorangegangenen Generationen nicht mehr uneingeschränkt als ebenbürtige Personen betrachten können" (ebd., 132 und 133). Der erste Einwand der Einschränkung der Autonomie ist jedoch alles an-

19 Zur Gen-Ethik im Allgemeinen vgl. Bayertz 1987.

20 Wenn, wie angenommen, die Risiken kontrollierbar sind und die eugenische Maßnahme einen klar positiven Nutzen verspricht, würden die Eltern ihrem Nachwuchs *schaden*, wenn sie ihn *nicht* gentechnisch therapieren ließen. Dann könnte ein Behinderter seinen Eltern später zu Recht den Vorwurf machen: „Warum habt Ihr nicht durch Gentherapie dafür gesorgt, dass ich gesund werde?"

21 Vgl. Habermas 2002, 141. Im Postskriptum tendiert Habermas zu einer liberaleren Auffassung als im Haupttext, wo er sich noch ganz vehement gegen jede Form positiver Eugenik wandte, welche die Grenzen überschreitet, „die durch die ‚Logik des Heilens', d.h. der als konsentiert unterstellten Vermeidung von Übeln, aufgegeben sind" (ebd., 93).

dere als zwingend. Kein einziger Mensch ist jemals der „ungeteilte Autor" seiner „eigenen Lebensgeschichte" in dem Sinne, dass er für alles, was er körperlich und geistig geworden ist, selber verantwortlich wäre. Niemand ist „Autor" seiner eigenen Zeugung. Niemand ist verantwortlich dafür, dass er gerade mit jenen Genen ausgestattet ist, die seine genetische Identität definieren, egal ob diese Ausstattung allein durch die Zufälle der Natur oder durch Planung anderer erfolgte.

Was den zweiten Einwand betrifft, so besteht vielleicht tatsächlich die Gefahr, dass genetisch „programmierte" Kinder, sobald sie von den Umständen ihrer Erzeugung Kenntnis bekommen, sich nicht länger als „normale", ebenbürtige Individuen betrachten. Gustav Falke hat in seinem Bericht über die Tagung in Jena den (u. a. an meine Adresse gerichteten) Vorwurf erhoben, dass der „Frage nach Herkunft und Berechtigung des unmittelbaren Unbehagens an der Vorstellung, jemand könnte mein Geschlecht oder meine Augenfarbe bewußt gewählt haben" (Falke 2004, 34), keinerlei Aufmerksamkeit geschenkt wurde. Über die (psychologische) *Herkunft* eines solchen Gedankens will ich hier nicht weiter spekulieren; zu seiner *Berechtigung* sei jedoch auf folgendes Korollar aus dem grundlegenden Prinzip NL 1.4 hingewiesen. Bei der „Programmierung" eines noch nicht existierenden Individuums wird diesem – selbst im Extremfall der vollständigen genetischen Determinierung durch Klonen – kein wirklicher *Schaden* zugefügt, denn jede alternative Art der Zeugung würde zur Entstehung eines *anderen* Individuums führen. Das Kind dürfte seinen Erzeugern niemals den Vorwurf machen:

> „Warum habt ihr mich bloß geklont und nicht wie meine Kameraden auf normalem Weg gezeugt?"

Denn die Eltern könnten stets entgegnen:

> „Wenn wir dich nicht *geklont* hätten, würde es *dich* überhaupt nicht geben, sondern allenfalls ein anderes Kind!"

Angesichts dieser Überlegung verblasst auch ein weiterer Vorwurf, den Dietmar Mieth gegen das Klonen vorgebracht hat. Anders als Falke hält Mieth es durchaus für plausibel, dass ein geklontes Kind sich seines Lebens freut und sagt:

> „„Meine Eltern haben mich so gewollt. Sie haben mich nicht dem Spiel der Wirklichkeitsstruktur, die >Natur< genannt wird, überlassen. Ich fühle mich ganz wohl als Kopie!'" (Mieth 1999, 246)

Nach Mieth spielt dieser *psychologische* Aspekt jedoch keine Rolle. Entscheidend sei vielmehr, dass es gegen die Würde des Menschen verstößt, wenn er „auf Wunsch eines anderen die Kopie eines Dritten geworden ist" (ebd., 245 und 246). Als Beispiel betrachtet er die Entscheidung von Eltern, die ihr Kind bei einem Verkehrsunfall verloren haben und nun per Klonen aus einer Stammzelle des verstorbenen Kindes einen Ersatz schaffen wollen. *Warum* dies die Würde des Geklonten verletzten sollte, weiß Mieth nicht besser als durch die an Kant angelehnte Leerformel zu erklären, dass Klonen eine „Instrumentalisierung" darstellt (ebd., 247).[22]

Nun hat aber Norbert Hoerster überzeugend dargelegt, dass nicht jede „Instrumentalisierung" eines Mitmenschen *per se* schon unmoralisch ist. Die Formel von der Verletzung der Menschenwürde könne nur so verstanden werden, dass sie sich ausschließlich gegen *moralisch unzulässige* Instrumentalisierungen richtet:

> „Das hat aber zur Folge: Das Menschenwürdeprinzip bietet für sich genommen gar keinen Maßstab mehr für legitimes Verhalten, sondern setzt für seine Anwendung ein normatives Werturteil darüber, was legitim ist, bereits voraus" (Hoerster 2002, 18).

Dieses vorab benötigte Moralkriterium könnte etwa darin bestehen, dass gemäß dem *Neminem laedere* eine Handlung nur dann moralisch bedenklich ist, wenn durch sie irgendeinem anderen Individuum geschadet wird. Wie oben gezeigt wurde, kann man jedoch im Falle des Klonens gerade nicht von einem *Schaden* für den Geklonten sprechen.

Um nicht missverstanden zu werden: Ich bin keineswegs ein *Befürworter* des reproduktiven Klonens, vor allem deshalb, weil mit dieser Technik bereits bei Tieren enorme Probleme und Risiken verbunden sind und weil auch der Sinn und Nutzen dieses Verfahrens beim Menschen überhaupt nicht einzusehen ist.[23] Aber ebenso wenig mag ich zu erkennen,

22 Im Übrigen fügt Mieth nur die polemische Bemerkung an, dass die „Würdesprache" mit einer „Qualitäts- und Bewertungssprache" nichts zu tun habe: „Mit der Bewertung beginnt nämlich die Sprache des Unmenschen vom ‚lebensunwerten' Leben."

23 Zur Frage der denkbaren Anwendungen des Klonens vgl. Jonas 1987, 185 sowie die Diskussion in Lenzen 1999, 208ff; meine eigenen Einwände gegen das Klonen werden in Lenzen 2003, 182 weiter konkretisiert.

dass es eine fürchterlich schlimme, moralisch perverse Horrorvision wäre, wenn man einem neuen, gesunden Menschen durch Klonen das Leben schenken würde.

Literaturverzeichnis

Bayertz, K. (1987): GenEthik Probleme der Technisierung menschlicher Fortpflanzung. Rowohlt, Reinbek.

Birnbacher, D. (1990): Gefährdet die moderne Reproduktionsmedizin die menschliche Würde? In: Leist, A. (1990), 266–281.

Borchers, D. (2004): Pränatales Leben im pluralistischen Kontext – Über ethische Theorien und das Bemühen, den moralischen Status von Embryonen zu bestimmen. In: Lenzen, W. (2004a), 31–72.

Dunstan, G. R. (1988): The state of the question. In: Dunstan, G. R./Seller, M. J. (Hg.): The Status of the Human Embryo – Perspectives from Moral Tradition, King Edward's Hospital Fund, London.

Engels, E.-M. (Hg.) (1999): Biologie und Ethik. Reclam, Stuttgart.

Fackelmann, K. A. (1995): Checkup For Babies. In: ZEIT-Punkte 2, 73–74.

Falke, G. (2004): Voller Kopf trainiert nicht gern - Genetisch verbessert in den Kindergarten – Eine Tagung zur Zukunft der Eugenik in Jena. In: Frankfurter Allgemeine Zeitung, 21. Juli.

Fritz-Vannahme, J. (1995): Fraternité, Egalité pour Bébés. In ZEIT-Punkte 2, 75–77.

Gesang, B. (2006): Enhancement und Gerechtigkeit. In diesem Band, 127–149.

Gründel, J. (1987): Sittliche Bewertung des ärztlichen Handelns bei Anfang und Ende des menschlichen Lebens. In: Marquard, O. & Staudinger, H. (Hg.): Anfang und Ende des menschlichen Lebens – Medizinethische Probleme. W. Fink/F. Schöningh, München et al., 78–100.

Gründel, J. (2004): Menschliche Embryonen – in allen Phasen gleich schützenswert? Theologisch-ethische Perspektiven. In: Lenzen, W. (Hg.) (2004a), 123–140.

Habermas, J. (2002): Die Zukunft der menschlichen Natur – Auf dem Weg zu einer liberalen Eugenik? Suhrkamp, Frankfurt am Main.

Haker, H. (2002): Ethik der genetischen Frühdiagnostik – Sozialethische Reflexionen zur Verantwortung am Beginn des menschlichen Lebens. Mentis, Paderborn.

Haker, H. (2004): Pränataldiagnostik und Präimplantationsdiagnostik – ein Wertungswiderspruch? In: Lenzen, W. (Hg.) (2004a), 141–163.

Hoerster, N. (2002): Ethik des Embryonenschutzes – Ein rechtsphilosophischer Essay. Reclam, Stuttgart.

Irrgang, B. (1996): Genethik. In: Nida-Rümelin, J. (Hg.): Angewandte Ethik – Die Bereichsethiken und ihre theoretische Fundierung. Kröner, Stuttgart, 510–551.

Jonas, H. (1987): Technik, Medizin und Ethik – Zur Praxis des Prinzips Verantwortung. Insel, Frankfurt am Main.

Junker, T./Paul, S. (1999): Das Eugenik-Argument in der Debatte um die Humangenetik: eine kritische Analyse. In: Engels, E.-M. (Hg.): Biologie und Ethik. Reclam, Stuttgart, 161–193.

Kummer, C. S. J. (1999): Was man aus Embryonen machen kann. Über Wert und Verwertung menschlicher Stammzellen. In: Stimmen der Zeit, 172–182.

Leist, A. (Hg.) (1990): Um Leben und Tod – Moralische Probleme bei Abtreibung, künstlicher Befruchtung, Euthanasie und Selbstmord. Suhrkamp, Frankfurt am Main.

Lenzen, W. (1991): Wie schlimm ist es, tot zu sein? – Moralphilosophische Reflexionen. In: Ochsmann, R. (Hg.): Lebens-Ende – Über Tod und Sterben in Kultur und Gesellschaft. Asanger, Heidelberg, 161–178.

Lenzen, W. (1999): Liebe, Leben, Tod – Eine moralphilosophische Studie. Reclam, Stuttgart.

Lenzen, W. (2003): Therapeutic versus Genuine Cloning – What are the Real Issues? In: Ethical Perspectives 10, 176–183.

Lenzen, W. (Hg.) (2004a): Wie bestimmt man den „moralischen Status“ von Embryonen? Mentis, Paderborn.

Lenzen, W. (2004b): Fortschritte bei der Bestimmung des „moralischen Status“ Versuch eines Fazits. In: Lenzen, W. (Hg.) (2004a), 295–321.

Lübbe, W. (2003): Das Problem der Behindertenselektion bei der pränatalen Diagnostik und der Präimplantationsdiagnostik. In: Ethik in der Medizin 15, 203–220; Abgedruckt in: Lenzen, W. (Hg.) (2004a), 184–211.

Mieth, D. (1999): Ethische Probleme der Humangenetik: eine Überprüfung üblicher Argumentationsformen. In: Engels, E.-M. (Hg.) (1999), 224–256.

Schöne-Seifert, B. (1990): Philosophische Überlegungen zu „Menschenwürde“ und Fortpflanzungsmedizin. In: Zeitschrift für philosophische Forschung 44, 442–473.

Sorgner, S. L. (2006): Facetten der Eugenik. In diesem Band, 201–209.

Stollorz, V. (2004): Fataler Trend. In: Frankfurter Allgemeine Sonntagszeitung, 07. Juni, 71.

Testart, J. (1986): Das transparente Ei. Campus, Frankfurt am Main.

Tooley, M. (1991): Abtreibung und Kindstötung. In: Leist, A. (Hg.) (1990), 157–195.

Wiemker, L. (2004): Geist und Seele prägen den Menschen. In: Osnabrücker Nachrichten, 20. Juni, 3.

Pädagogik in einer eugenisierten Gesellschaft

Jürgen Reyer

Anlässlich seines 100. Geburtstages gab der namhafte Evolutionsbiologe Ernst Mayr dem SPIEGEL ein Interview. Auf die Frage, ob die Evolution des Menschen zum Stillstand gekommen sei, antwortete er etwas rätselhaft:

> „Das Seltsame ist, dass wir die einzige Methode, die zu einer genetischen Verbesserung des Menschen führen könnte, verabscheuen: die Eugenik. Die aber wird sich nicht anwenden lassen, aus einer Reihe von Gründen: Zum einen müssten wir, um den Menschen zu verbessern, die genetische Grundlage seiner guten Eigenschaften ergründen. Bisher kennen wir nur Erbkrankheiten, also schädliche Gene. Zum zweiten muss eine erfolgreiche Gesellschaft hohe Diversität aufweisen. Wenn eine Generation geklonter Einsteins geschaffen würde, könnte das nur im Chaos enden. Schließlich ist uns der Wert der Gleichheit dermaßen eingefleischt, dass man niemals dem Einzelnen sagen könnte: ‚Du darfst keine Kinder haben, weil deine Gene schlecht sind.' Das würde schlicht nicht akzeptiert." Auf die Nachfrage, ob sich der Mensch also nicht verbessern lassen werde, antwortete Mayr: „Man wird einen anderen Weg dazu finden müssen, den Weg der Erziehung …" (Mayr 2004, 151).

Die übergroße Mehrheit der Pädagogenzunft wird sich durch die Aussage von Mayr in ihrer Weltsicht bestätigt fühlen, wonach die Bio-Wissenschaften die Natur des Menschen nur erforschen und die Erziehung sie verbessern soll. Aber wird die Pädagogik tatsächlich damit rechnen können, dass die alte Arbeitsteilung auch zukünftig gelten wird? Es gibt genügend Hinweise, die zu Zweifeln Anlass geben und die Position Mayrs als veraltet erscheinen lassen. Pädagogik und Eugenik, diese zwei Großprojekte zur „Verbesserung" des Menschen, kennen sich seit gut hundert Jahren. Nunmehr scheint es, als trete ihre seltsame Beziehung in eine völlig neue Phase ein. Im Folgenden sollen zwei Thesen vertreten werden:

1) Eugenische *Anwendungsperspektiven* – nicht zwangsläufig eugenische *Praxis* – stellen sich mit Notwendigkeit als Folge der Erkenntnisfortschritte und der Erweiterung der praktischen Möglichkeiten der Bio-Wissenschaften ein. Ohne einem General-Freispruch das Wort zu reden, unterstellt die These den beteiligten WissenschaftlerInnen keineswegs finstere Anwendungsabsichten! Aber nicht wahrhaben zu wollen, dass Eugenik *eine* der Anwendungsperspektiven der Bio-Wissenschaften darstellt, wäre etwa so unsinnig, wie wenn jemand in Abrede stellen wollte, dass die friedliche oder kriegerische Nutzung der Kernenergie eine Anwendungsperspektive der Atomphysik war.

2) Die Bio-Wissenschaften und ihre eugenischen Anwendungsperspektiven können der Pädagogik nicht gleichgültig sein, weil erstens zentrale Annahmen der pädagogischen Anthropologie betroffen sind, und weil zweitens die praktische Pädagogik Gestaltungsansprüchen ausgesetzt sein könnte, die in der Konsequenz auf den Handlungstyp einer Designer-Pädagogik hinausliefen.

1 Eugenik als Anwendungsperspektive der Bio-Wissenschaften (Erste These)

Es ist nicht ganz einfach, „Eugenik“ auf eine kurze Formel zu bringen. Zudem finden sich differenzierende Kennzeichnungen wie Reform-Eugenik, Individual-Eugenik, Familien-Eugenik, Bevölkerungs- und Populations-Eugenik, negative Eugenik, positive Eugenik, therapeutische Eugenik, verbessernde Eugenik und neuerdings liberale Eugenik. Nimmt man das klassische Konzept aus Platons „Politeia“ (vor 347 v. Chr.) und das moderne Konzept von Francis Galton (1883 und 1905), dann bedeutet Eugenik die „Verbesserung“ der Naturbasis des Menschen auf dem Wege der Steuerung und Kontrolle seiner generativen Reproduktionsprozesse; mit der genetischen Revolution kommt die *methodische* Neuerung der Keimbahn-Manipulation („Engineering the human germline“) hinzu. Die klassische wie die moderne Eugenik waren primär nicht am Wohlergehen oder der Gesundheit des Einzelnen ausgerichtet, sondern an Populationen oder Fortpflanzungsgemeinschaften. Reformeugenische Begriffe wie Individual- und Familieneugenik können keine prinzipielle Differenz zur Bevölkerungseugenik bezeichnen, weil sie sich zwar an den Einzelnen oder die Familie richten, in ihrer Gesamtheit aber bevölkerungseugenische Auswirkungen haben; das war ja das Kalkül der reformeugenischen Erfindung der humangenetischen Beratung/genetic counseling in den 40er und 50er Jahren des 20. Jahrhunderts! Auch die Unterscheidung zwischen therapeutischer und verbessernder Eugenik ist nicht prinzipiell, weil der Krankheitsbegriff nicht gesellschaftsneutral ist.

Die Motive und Methoden der eugenischen Bewegungen und Politiken der ersten Hälfte des 20. Jahrhunderts in Deutschland, Europa, Nordamerika und anderswo auf der Welt (Weingart/Kroll/Bayertz 2003; Kevles 1985; Kühl 1997; Paul 1995; Reyer 1991 und 2003a) haben Menschenrechte verachtet und missachtet. Das hat dazu geführt, dass man heute über Eugenik nur schwer reden kann, und dass das Wort retrograde Dammbruch-Argumente provoziert: das Neue ist das Alte, nur geschickter verpackt. Man mag zu den Argumenten von Jürgen Habermas (2001 und 2002) stehen, wie man will, – sein Verdienst ist es, dass er im Umgang mit der *Sozialethik* der „liberalen Eugenik“ (vgl. z. B. Agar 2001; Buchanan et al. 2000; Dworkin 2000; Kitcher 1996; Lappé 2001; Robertson 1994) auf diese Art von Dammbruch-Argumenten verzichtet hat.

So sehr man vor retrograden Dammbruch-Argumenten warnen muss, so darf sich doch niemand, der den aktuellen eugenischen Entwicklungen argumentativ gegenübertreten will, dem Vorwurf aussetzen, die Vergangenheit nicht zu kennen; denn erst dann, wenn nicht alles, was mit Eugenik zu tun hat, von vornherein mit den „Geistern Hitlers“ (Hondrich 2001, 164) verteufelt wird, kann man neuere Entwicklungen und sozialethische Positionen, wie etwa die der „liberalen Eugenik“, ernst nehmen und kritisieren. Aus der Vergangenheit, d. h. dem ausgehenden 19. und der ersten Hälfte des 20. Jh., kann man z. B. lernen, dass schon die damalige Eugenik, die in Deutschland auch „Rassenhygiene“ hieß (Ploetz 1895), eine Anwendungsperspektive der Bio-Wissenschaften war: Der englische Wissenschaftler Francis Galton, auf den das Konzept der modernen Eugenik zurückgeht, stand im Theorie- und Forschungsumfeld der jungen biowissenschaftlichen Revolution des Darwinismus. Wichtiger aber ist, dass die sozialrassistischen Programme, die daraus etwa in Deutschland und den USA entstanden, eben nicht durch die revolutionären Ideen von Charles Darwin, Alfred Russel Wallace oder Thomas Henry Huxley und auch nicht von den Überlegungen Galtons gedeckt waren. Vielleicht ist es nicht ganz uninteressant hinzuzufügen, dass im Ursprungsland der Eugenik, in England, Zwangsmaßnahmen, wie solche in Deutschland oder den USA (Sterilisierung), nicht ernsthaft erwogen wurden. Wenn man also einerseits nicht umhin kann, von Anwendungsperspektiven zu sprechen, dann darf man andererseits die Differenzen nicht übersehen, die zwischen ihnen und den Bio-Wissenschaften bestanden und bestehen.

Soweit ersichtlich kam die neue Eugenik-Debatte als Reaktion auf die molekular- und humangenetischen sowie reproduktionstechnischen Entwicklungen zustande (Reyer 2003a, 2003b). Es sind zwar gerade die ExpertInnen der Bio-Wissenschaften, die vor Spekulationen und gene-talk warnen und mit Verweis auf die komplexe Struktur des menschlichen Genoms und die zahlreichen Vermittlungen zwischen Genom und Gen-Expression Träume von der genetischen Verbesserung des Menschen in das Land der Phantasie verweisen oder – mit Hintertür – in eine ferne Zukunft, von der niemand wisse, wie sie aussehe. Wie rasch sich die Distanz zu dieser fernen Zukunft verringern kann, lässt sich an den Äußerungen eines amerikanischen Reproduktionsmediziners und Vorkämpfers für Gen-Therapie studieren. W. French Anderson setzte sich 1985 mit den ethischen Implikationen von vier Formen genetischer Manipulationen („genetic engineering") auseinander: „Somatic cell gene therapy", „Germ line gene therapy", „Enhancement genetic engineering" und „Eugenic genetic engineering"). Zur eugenischen Intervention heißt es:

> „The fourth type, eugenic genetic engineering, is impossible at present and will probably remain so for the foreseeable future, despite the widespread media attention it has received" (Anderson 1985, 275).

Der Zeitraum der vorhersehbaren Zukunft, bis zu der eugenische Verbesserungen technisch unmöglich sein sollten, dauerte für Anderson gerade mal vier Jahre; in einem Aufsatz „Why draw a line?" von 1989 sah er sich veranlasst, die Möglichkeit solcher Verbesserungen einzuräumen und – mit retrogradem Dammbruch-Argument – Grenzziehungen zu fordern:

> „Finally, we must face the issue of eugenics, the attempt to make hereditary ‚improvements'. The abuse of power that societies have historically demonstrated in the pursuit of eugenics goals is well documented … Might we slide into a new age of eugenic thinking by starting with small ‚improvements'? Once started, would we then truly find ourselves on a slippery slope that would lead to an attempt to reengineer humans? … In summary, our society is comfortable with the use of genetic engin-

> eering to treat individuals with serious disease. Once we step over the line that delineates treatment from enhancement, a Pandora's box would open. On medical grounds a line should be drawn excluding any form of enhancement engineering" (Anderson 1989, 689).

Damit war schon damals absehbar, was im Zentrum der nunmehr schon in die vierte Auflage gehenden Abhandlung „Auf dem Weg zu einer liberalen Eugenik? Der Streit um das ethische Selbstverständnis der Gattung" von Jürgen Habermas steht: die Natürlichkeit oder Kontingenz beim Zustandekommen des genetischen Bauplans des Menschen. Einmal in den Möglichkeitshorizont eingetreten ist der Vorgang kaum mehr umkehrbar. Das Festhalten am status quo der Natur gelingt sozialethisch nur auf dem Wege ihrer Moralisierung. Was bislang fraglos schien, bedarf der normativen Festschreibung oder der Tabuisierung; das aber heißt, „dass wir auch anders könnten" (van den Daele 1987, 351). Wenn die Dinge dann praktisch machbar werden, wird es Zeit, Ethik-Kommissionen für die Politikberatung einzusetzen, denen die schwierige Aufgabe zukommt, zwischen Ethik, Markt und standortsichernder Politik zu vermitteln, so vor kurzem bezüglich der Frage der Erzeugung und Bearbeitung embryonaler Stammzellen. Im Raum des *Noch-Nicht-Möglichen* besteht Regelungsbedarf, im Raum des *Prinzipiell-Nicht-Möglichen* nicht. Ein Kenner der Materie, auch ihrer historischen Dimension, merkte schon 1987 an:

> Die „Versicherung, dass unser gegenwärtiges Wissen die Realisierung solcher Projekte nicht zulässt, schließt keinerlei Garantie für die Zukunft ein. ... Wie lange es auch dauern mag: niemand kann heute mehr ausschließen, dass grundlegende ‚Verbesserungen' des Menschen eines Tages technisch möglich werden" (Bayertz 1987, 78).

Der Physiker und Biologe Ernst Ulrich von Weizsäcker hielt 1988 zwar eine Kultur für denkmöglich, „in welcher die Gene durch ein wirksames Tabu vor jeglicher Manipulation geschützt wären. ... Das wäre der Traumzustand, an welchen die Gegner der Gentechnik denken"; aber er hielt ihn für unrealistisch:

> „Vorstellbar ist er, aber ist er auch realistisch? Ich bin nicht dagegen, dass sich Gegner der Gentechnik diesen Zustand intensiv vorstellen und für ihn kämpferisch eintreten. Aber ich sehe nicht, wie sie in den nächsten dreißig Jahren Erfolg haben können" (von Weizsäcker 1988, 45).

Angesichts solcher Perspektiven rät Habermas den „methodisch richtigen Gebrauch" von Dammbruch-Argumenten an, nämlich „dass wir gut daran tun, die normative Beurteilung der aktuellen Entwicklungen an Fragen zu kontrollieren, mit denen uns theoretisch mögliche gentechnische Entwicklungen eines Tages doch konfrontieren könnten (auch wenn uns Experten versichern, dass sie heute ganz außer Reichweite liegen)" (Habermas 2001, 39). Auch die Vertreter einer liberalen Eugenik mögen auf diesen Tag nicht warten, sondern versuchen die sozialethischen Perspektiven auszuleuchten, die mit dem Schritt „from chance to choice" verbunden sein werden. In der Insider-Debatte wird zwar einerseits eingeräumt:

> „The most fantasized-about improvements may be forever beyond science's reach. Genes for Einsteinian intelligence, Austenian sensitivity to social detail and Wildean wit may be impossible to find, or once found, they may be impossible to manipulate"; aber: „Science so often confounds the best predictions, and we should not risk finding ourselves unprepared for the genetic engineer's equivalent of Hiroshima. Better to have principles covering impossible situations than no principles for situations that are suddenly upon us" (Agar 2001, 172).

Zur Illustration noch eine andere Stimme:

> „Once we have left the garden of genetic innocence, some form of eugenics is inescapable, and our first task must be to discover where among the available options we can find the safest home" (Kitcher 1996, 204).

Mag auch „shopping in the genetic super market" morgen oder übermorgen noch nicht möglich sein, – das Projekt einer neuen Eugenik erscheint kaum noch so zukunftsfern, dass man sich mit den sozialen Folgekosten nicht auseinander setzen müsste. Allerdings zeigen sich erhebliche interkulturelle Unterschiede:

> „Während die philosophischen Gesprächsteilnehmer in Deutschland oft mit normativ gesättigten Personenbegriffen und metaphysisch aufgeladenen Naturkonzeptionen in eine Grundsatzdebatte eintreten, um das Ob der weiteren gentechnischen Entwicklung ... einer eher skeptischen Erörterung zu unterziehen, geht es den amerikanischen Kollegen überwiegend um das Wie der Implementierung einer im Grundsatz gar nicht mehr infrage gestellten Entwicklung" (Habermas 2002, 283).

Ein elaboriertes Beispiel für den Versuch der Implementierung ist das von Buchanan et al. in den USA vorgelegte Buch mit dem Titel: „From Chance to Choice“ und dem bemerkenswerten Untertitel „Genetics and Justice“ (Buchanan et al. 2000). Die vier Verfasser, keine Genetiker, sondern Philosophen, gehen davon aus, dass therapeutische und verbessernde Interventionen auf Keimbahn-Ebene möglich sein werden. Sie entwickeln nun keine Vermeidungsstrategien, sondern suchen nach einem sozialethischen Bezugsrahmen, um mit den von der Genetik ausgehenden Optionen zum Wohle des Einzelnen wie der Gesellschaft sozialverträglich umzugehen. *Slippery Slope*-Argumente hülfen ebenso wenig weiter wie die Warnung, Gott zu spielen; man brauche eine Entscheidungsgrundlage, um Risiken oder Nutzen der Reproduktionsmedizin und Humangenetik sozial-ethisch identifizierbar zu machen. Es geht ihnen um eine Anwort auf die Frage:

> „What are the most basic moral principles that would guide public policy and individual choice concerning the use of genetic interventions in a just and humane society in which the powers of genetic interventions are much more developed than they are today?“ (Buchanan et al. 2000, 4).

Eine Antwort suchen sie in der Tradition liberaler Gerechtigkeitsphilosophie (u. a. John Rawls) mit dem Entwurf einer eugenischen Sozialethik, die dem Recht aller Menschen auf generative Selbstbestimmung und Nicht-Diskriminierung entsprechen, aber auch gemeinsame Güter schützen soll.

Es ist verständlich, dass Bio-WissenschaftlerInnen es nicht gern sehen, wenn ihre Forschungen mit Eugenik in Verbindung gebracht werden. Manche suchen den Ausdruck zu vermeiden, wenn sie eugenische Themen diskutieren, oder sie versuchen andere Begriffe zu verwenden, wie der amerikanische Molekularbiologe Lee M. Silver (Princeton), der von „Reprogenetik“ spricht (Silver 2003, 328). Der britische Genetiker und Präventivmediziner David Galton hingegen hält nichts von Begriffskosmetik:

> „Sweeping the word under the carpet or sanitising it with another name merely conceals the appalling abuses that have occurred in the past and may well lull people into false sense of security“ (Galton 2002, XIII).

Er hält an dem Ausdruck fest:

> „Call it what you will; but if your aim is to use scientific methods to make the best of the inherited component for the health and wellbeing of the children of the next generation, it is by definition eugenics" (Galton 2002, XIII).

Natürlich ist das Feld der Bio-Wissenschaften viel zu weit und ihre praktischen Anwendungsmöglichkeiten zu breit gestreut, als dass man sie auf Eugenik verengen dürfte. Die These von der eugenischen Anwendungsperspektive der Bio-Wissenschaften bezieht sich vielmehr auf die Entwicklungslogik und Eigendynamik der Forschungsprozesse, die solche Perspektiven hinter dem Rücken der wissenschaftlichen Akteure am Horizont eines Möglichkeitsraumes aufscheinen lassen. Mit Gen-Mapping, Gen-Markern, Genom-Analyse, Klonierungs-Techniken, gentechnischer Ausweitung der pränatalen Diagnostik, Präimplantationsdiagnostik, Stammzell-Forschung, Körperzell-Gentherapie, Keimbahn-Gentherapie sowie mit vielen kleinen Detailentwicklungen wurde das „wissenschaftliche und technische Potenzial für eine ‚Nachbesserung' der biologischen Konstitution des Menschen bereitgestellt", wie schon die erste Enquete-Kommission des Bundestages „Chancen und Risiken der Gentechnologie" vorausblickend feststellte (Enquete-Kommission 1987, 187).

Der Ausdruck „Bio-Wissenschaften", so wie er im Kontext der neuen Eugenik-Debatte verwendet wird, ist ein Sammelbegriff, der sich vor allem auf Molekular- und Humangenetik sowie auf die reproduktionsmedizinischen Techniken bezieht. Meine Prognose ist, dass er schon bald um Forschungsrichtungen erweitert wird, die seit etwa zwanzig Jahren in der biosozialen und evolutionspsychologischen Kindheitsforschung (vgl. Reyer 2004b) eine immer größere Rolle spielen, und die dabei sind, Orientierungen jenseits der traditionellen *Nature/Nurture*-Dichotomie zu finden. Sie könnten auch für eugenische Entwicklungen von Bedeutung sein. Wenn praktische Eugenik nicht in den relativ engen Schranken der therapeutischen Gen-Chirurgie zu halten ist, also da, wo Jürgen Habermas sie noch für vertretbar hält, sondern sich anschickt, „enhancement" zu betreiben, wie das in der amerikanischen Debatte heißt, also die menschliche Natur „verbessern" will, dann muss präzises Wissen darüber vorliegen, wie genomische Sequenzen und Umwelt zusammenspielen. Der Molekularbiologe Lee M. Silver stellte kürzlich in Aussicht:

> „Mit ihren immer weiter zunehmenden Kenntnissen werden die Biologen eines Tages in der Lage sein, Verbindungen zwischen genetischen Profilen und den physikalischen oder mentalen Eigenschaften herzustellen, über die wir gewöhnlich als angeborene Talente eines Menschen reden“ (Silver 2003, 329).

Dazu werden aber die Biologen in der hochspezialisierten und arbeitsteiligen Wissenschaftslandschaft keineswegs allein in der Lage sein; sie werden die Hilfe der Psychologie suchen müssen. Die aber ist, zumindest in Teilen, schon längst in der angegebenen Richtung unterwegs, auch wenn sie vielleicht noch nicht weiß, wen sie demnächst treffen wird. Unter dem Dach der Psychologie hat sich eine *bio-soziale Kindheitsforschung* etabliert, welche die Gen-Umwelt-Interaktionen in der Entwicklung von Kindern untersucht: die *Verhaltens- und Entwicklungsgenetik* (Asendorpf 1998). Sie begann vor etwa fünfundzwanzig Jahren mit einem akademischen Außenseiterstatus, weil auch die alten Eugeniker verhaltensgenetisch argumentiert hatten; mittlerweile hat sie Lehrbuch-Status erreicht (Plomin et al. 1999; Borkenau, 1993). Natürlich weiß die Entwicklungsgenetik, dass Gene kein Verhalten produzieren, sondern schlicht nur Proteine, und dass zwischen Genom und Verhalten noch andere Ebenen liegen, wie die morphologische und die neurophysiologische; das zugrunde liegende epigenetische Entwicklungsmodell nimmt bi-direktionale Zusammenhänge zwischen allen diesen Ebenen an (Gottlieb/Wahlsten/Lickliter 1998). Verhaltensgenetik ist nicht Molekulargenetik, aber es liegt auf der Hand, dass sie sich in Sichtweite zueinander befinden. Der Verhaltensgenetiker David Rowe schreibt in seinem auch in deutscher Übersetzung vorliegenden Buch „Genetik und Sozialisation“:

> „Mit der Entwicklung der Molekulargenetik hat sich ein vorsichtiger Optimismus ausgebreitet, dass einige Gene identifiziert werden können, die eine relativ große Rolle bei der Variation von Verhaltensmerkmalen spielen“ (Rowe 1997, 73).

Und der deutsche Psychologe und Entwicklungsgenetiker Jens Asendorpf hält den gentechnisch veränderten Menschen für möglich:

> „Im Prinzip könnten Menschen gentechnologisch ... verändert werden. Das ist im Moment noch reine Phantasie, aber diese Phantasie beruht auf realistischen Annahmen“ (Asendorpf 1998, 101).

Noch eine andere neue Richtung der biowissenschaftlichen Kindheitsforschung sollte hier Erwähnung finden – die *Evolutionspsychologie der Kindheit*. Sie fragt nach dem fernen evolutionären Echo, das via Genom in der Entwicklung heutiger Kindheit nachhallt. Im evolutionären Rahmen betrachtet ist menschliches Verhalten und seine Entwicklung in Reproduktionsstrategien eingebunden, die darauf abzielen, die reproduktive Fitness zu erhöhen, womit die Verankerung der Gene in kommenden Generationen gemeint ist. Aus dieser Perspektive ist elterliches Investment in ihre Kinder immer auch genetisches Investment.

Wenn man die eingangs wiedergegebenen Äußerungen von Ernst Mayr mit den hier skizzierten Entwicklungen vergleicht, dann ist es eine Einzelmeinung unter vielen. Sie wird sicher auch von Vielen geteilt, aber über die Praktikabilität eugenischer Manipulationen haben viele Bio-Wissenschaftler eine andere Meinung als er. Und was seine ausschließende Gegenüberstellung von Eugenik *oder* Erziehung betrifft, so lässt ein Blick in die halboffene Zukunft eher ein additives Verhältnis erwarten.

2 Bio-Wissenschaften und Eugenik – einige Konsequenzen für die Pädagogik

In Shakespeares Alterswerk „The Tempest" geht es um den Gegensatz von Natur und Kultur oder *Nature und Nurture*. Der Dichter lässt den edlen Prospero entmutigt über den unverbesserlichen Caliban sagen:

> „A devil, a born devil, on whose nature//Nurture can never stick; on whom may pains,//Humanely taken, all, all lost, quite lost; …" (Vierter Aufzug, 1. Szene).

Etwa zweihundert Jahre später brachte ein Landsmann Shakespeares, der schon zur Sprache gekommene Francis Galton, nicht nur das Begriffspaar *Nature/Nurture* in die wissenschaftliche Debatte ein (1970 [1874]), sondern äußerte auch ähnliche Zweifel an der Erfolgssicherheit von Nurture, also Erziehung. Er untersuchte die Stammbäume englischer Familien und kam zu dem Schluss, Umwelt und Erziehung hätten einen viel geringeren Einfluss auf das, was aus einem Menschen werde, als die landläufige Meinung glaube. Damit wurde Galton für die Pädagogik zu einer persona ingrata, während er in der Entwicklungspsychologie zu jenen „Persönlichkeiten der Gründerzeit [gehört] ..., die das Denken über Entwicklung maßgeblich beeinflusst haben" (Kreppner 1998, 130); in der Verhaltensgenetik gilt er als „father of human behavioral genetics" (Plomin 1990, 2) und wird in den Lehrbüchern entsprechend gewürdigt (Plomin et al. 1999, 120f; Borkenau 1993, 9ff).

Die Pädagogik hat es, praktisch wie theoretisch, mit der Natur des Kindes zu tun; theoretisch und wissenschaftlich seit gut zweihundert Jahren, als die Aufklärung und mit ihr der pädagogische Liberalismus, also Denker wie Rousseau, W. v. Humboldt, Herbart oder Schleiermacher, das grandiose Projekt der Dekonstruktion der Natur des Kindes aus ihren ständischen Verstrickungen in Szene setzten (Reyer 2004a). Rousseau räumte ein:

> „Man kennt die Kindheit nicht" (1978 [1762], 5); doch müsse man die „besonderen Anlagen des Kindes ... genau kennen ... um zu wissen, welche sittliche Lebensordnung ihm angemessen ist" (ebd., 73).

Er stellte ein großes Gedankenexperiment darüber an, wie sich die Natur des Kindes wohl entwickeln würde, wenn man sie von den verderblichen Einflüssen der gesellschaftlichen Umwelt fern hielte; das Ergebnis des Experiments ist bekannt unter dem Titel „Emil oder über die Erziehung".

Auch in Deutschland stellte man fest, dass man über die Natur des Kindes wenig wusste. Gut hundert Jahre vor dem Beginn der neueren Entwicklungspsychologie wurde der Ruf nach einer Psychologie laut, die etwas über die Natur des Kindes mitteilen könnte. „Wir haben keine Experimentalpsychologie, so wie wir eine Experimentalphysik haben" (Trapp 1977 [1780], 64), klagte Ernst Christian Trapp, erster Professor für Pädagogik in Deutschland (Halle). Die Erziehungstheorie Herbarts und des Herbartianismus stand und fiel mit einer Psychologie, welche die Erziehung planbar und ergebnissicher machen sollte. Doch 1852 stellte der Herbartianer Theodor Waitz nüchtern die „Mangelhaftigkeit unsrer psychologischen Erkenntnis" fest; die „Macht" der Erziehung werde durch diese „Unkenntnis beschränkt" (Waitz 1852, 56). Wissenschaftsgeschichtlich ist von Bedeutung, dass nicht die Pädagogik zur wissenschaftlichen Sachwalterin für die sich entwickelnde Natur des Kindes wurde, sondern die Psychologie.

Die Pädagogik hingegen entwickelte ein normatives Verständnis von dieser Natur. Wenn – mit Hegel gesprochen – der Herr kein geborener

Herr und der Knecht kein geborener Knecht mehr sein soll, dann ist auch das Kind nicht von vornherein, d. h. von seiner Natur aus, auf eine bestimmte Stellung in der Welt hin angelegt. Im traditionalen Verständnis war Natur und ihre Reproduktion (Vererbung) eine Einheit aus Sozialem und Natürlichem. Der Dekonstruktionsakt löste diese Einheit auf: An der Bildungsgeschichte des Kindes hat Natürliches und Soziales Anteil. Die Pädagogik übernahm für die *epigenetisch-kontingente* Natur des Kindes die Anwaltschaft und legte sie auf *Zukunftsoffenheit* im Medium der *Selbsttätigkeit* aus. Die Übernahme der Anwaltschaft war gleichzeitig ein Akt der Aufkündigung des Auftragsverhältnisses zu Eltern und korporativen Akteuren – nur theoretisch und programmatisch versteht sich. Der pädagogische Liberalismus positionierte die Erziehung zwischen die vorgesellschaftlich gedachten Anlagen des Kindes und die äußeren Verhältnisse und ließ sie für die selbsttätige Entwicklung dieser Anlagen anwaltschaftlich tätig sein. Er hat mühsam zur Geltung gebracht, dass Pädagogik in erster Linie für die selbsttätige Natur des Kindes zuständig sein soll und nicht die Aufgabe hat, es den eitlen Wünschen der Eltern oder dem Nützlichkeitskalkül korporativer Akteure oder des Staates aufzuopfern.

Immer aber gab es da eine Frage, welche die Pädagogik mit ihren Mitteln nicht beantworten konnte. Mit den Worten Schleiermachers:

> „Ist jeder Mensch fähig, auf gleiche Weise wie der andere in Staat, Kirche etc. einzutreten, oder nicht?" (1983 [1813/14], 377). „Einige glauben an eine Beschränktheit der Pädagogik durch die Natur, dass manchen Menschen manche Anlagen, einzelne Talente fehlen. Andere glauben an eine Allmacht der Pädagogik, dass man alles hervorrufen könne, wenn man es recht anfinge" (ebd., 372).

Die Pädagogik hat die Kompetenz zur Bearbeitung dieser Frage an die Psychologie als Wissenschaft von der Natur des Kindes abgegeben; und die neuere Entwicklungspsychologie entstand im theoretischen Umfeld des Darwinismus (Dixon/Lerner 1985; Moors 1990). Lange bevor genetische Theorien im 20. Jh. darwinistisches Denken bestimmten, war die Vererbungsfrage für den Darwinismus ein zentrales Thema – Lamarck oder Weismann? Diese Frage war auch in der Gründerzeit der neueren Entwicklungspsychologie von Bedeutung. Wilhelm Thierry Preyer, Verfasser des einflussreichen Werkes „Die Seele des Kindes" (1989 [1882]) und Professor der Physiologie an der Universität Jena, war ein Bewunderer Darwins. Gegenwärtig ist die Entwicklungspsychologie dabei, ihre evolutionspsychologischen Wurzeln zu reaktivieren (Scarr 1992 und 1993).

Die Pädagogen standen Vererbungstheorien mehrheitlich defensiv gegenüber, befürchteten sie doch eine Begrenzung ihrer Gestaltungsspielräume. An dieser Haltung hat sich bis heute wenig geändert. Die Pädagogik befindet sich in einer Art nicht erklärtem Kriegszustand mit der Biologie.

> „Vor allem gegenüber der Biologie zeigt die Pädagogik eine eigenartige Abwehrhaltung. Biologie wird mit Genetik gleichgesetzt, Genetik mit biologischem Determinismus und biologischer Determinismus mit erzieherischer Ohnmacht“ (Herzog 1999, 97).

Demgegenüber pflegt die Pädagogik einseitig und in übertriebenem Maße Plastizitäts-Konzepte.

> „There is a common belief in human capacity to learn everything at every moment ... This is a serious misinterpretation of plasticity“ (Keller 1997, 223).

Eine Rückzugsposition besteht darin, das Kind gewissermaßen zu entleiblichen und die Pädagogik nicht mit der ersten, der biologischen Natur des Menschen befasst zu sehen, sondern nur mit seiner zweiten, der sozialen und moralischen Natur. Aber das Argument steht auf schwachen Beinen. Denn das naturale Gegenstück zu den ethischen Bestimmungen der Moralität, der Zukunftsoffenheit und Selbsttätigkeit ist die *leiblich-sinnliche* Organisation des Kindes, einschließlich seiner genetischen Dispositionen (Reyer 2004a). Die zweite Natur des Menschen ist pure Potenzialität und der Weg zu ihrer Entfaltung geht immer durch die erste, die den Eltern und den PädagogInnen in den Einrichtungen veranstalteter Erziehung als Gesamtheit der leiblich-sinnlichen Organisation des Kindes gegenübertritt, und ohne Auseinandersetzung mit ihr kann man auf die zweite Natur lange warten. Eine kleine pädo-biologische Fraktion innerhalb der Erziehungswissenschaft ist mittlerweile auch dabei, „Evolutionäre Ethik und Erziehung“ zusammenzubringen, und das geht nicht ohne Berücksichtigung der Stammesgeschichte des Menschen (Neumann/Schöppe/Treml 1999).

Die Mehrheits-Erziehungswissenschaft aber arbeitet immer noch mit drei stillschweigenden Voraussetzungen, die man zusammenfassend als stumme Prämisse der pädagogischen Anthropologie bezeichnen könnte. Die erste ist, dass das Kind die Eigenschaften und Potenziale, die es in sein

Leben einbringt, *von Natur aus* hat, gewissermaßen vorgesellschaftlich und zufällig (kontingent) von der biologischen Lotterie zugespielt bekam. Die zweite Voraussetzung ist, dass die Natur des Menschen nicht einfach nur auf Umwelten angewiesen ist, sondern auf *erzieherische* Umwelten, weil diese Natur plastisch sei und ohne Erziehung – hier wirkt Theologisches nach – in ihr Verderben laufe. Die dritte Voraussetzung ist die anthropologische Verschränkung von Anlage und Umwelt, deren jeweiliger Einfluss auf die Persönlichkeitsentwicklung der wissenschaftlichen Erkenntnis nicht zugänglich sei. Diese drei Voraussetzungen werden von der bio-sozialen Kindheitsforschung theoretisch und empirisch, und von eugenischen Anwendungsperspektiven praktisch in Frage gestellt.

Es ist diese stumme Prämisse, mit welcher der pädagogische Liberalismus bis heute das normative und kommunikative Verhältnis zwischen den Generationen strukturierte. Mit ihr konnte – kontrafaktisch zwar, aber erhebend für das bildungstheoretische Selbstverständnis – das Auftragsverhältnis zu Eltern und korporativen Akteuren aufgekündigt werden. Und es ist die kontingent gedachte Natur des Kindes zusammen mit der kontrafaktischen Unterstellung, dass es die Pädagogik nur mit dem individuellen Kind und seinen Anlagen zu tun habe, die ihr die Unbefangenheit im theoretischen wie, obgleich nicht immer einfach, im praktischen Umgang mit dem Kind sichern und die Chancengerechtigkeit möglich machen (Reyer 2003a, 2003b). Zwischen die vorgesellschaftlich gedachten Anlagen des Kindes und die Forderungen der äußeren Verhältnisse schiebt die pädagogische Anthropologie die Erziehung, um sie für die selbsttätige Entwicklung dieser Anlagen anwaltschaftlich tätig sein zu lassen.

Aber diese zentrale Denkfigur der Pädagogik könnte mit der Möglichkeit genetischer „Verbesserungen" bald veraltet sein. Bevor nämlich irgendein Pädagoge das Kind zu Gesicht bekommt, waren die äußeren Verhältnisse, auf die das Kind allmählich vorbereitet werden soll, vor seiner Geburt schon längst da und haben ihm ihre Forderungen in den genetischen Bauplan eingeschrieben.

> „Das Kind ist dann keine Überraschung der Natur mehr, vielmehr basiert seine ‚Natur' auf vorgängigen Entscheidungen, die wie eine Bestellung aussehen müssen" (Oelkers 2001, 178).

Die Grenze zwischen der unverfügbaren Natur und den äußeren, den gemachten Verhältnissen ist mit der Machbarkeit der Natur brüchig geworden. Damit verändert sich die anthropologische Verschränkung von Anlage und Umwelt. Die genetische Ausstattung nimmt den Charakter einer inneren Umwelt an, von deren primären Gestaltung die Pädagogik ausgeschlossen ist; ihr bleibt die Aufgabe der sekundären Gestaltung, das heißt den genetischen Auftrag auszuführen, und damit würde sie zur Designer-Pädagogik.

Eine zentrale Position der liberalen Eugenik hat der oben schon angesprochene Molekularbiologe Lee M. Silver so formuliert:

> „Wenn demokratische Gesellschaften es zulassen, mit Geld Umweltvorteile für ihre Kinder zu kaufen, wie können sie es verhindern, dass Eltern Genvorteile kaufen, wenn sie beide demselben Ziel dienen, nämlich einem Kind zu helfen? Wenn Reprogenetik eingesetzt wird, um die Chancen für Gesundheit, Glück und Erfolg zu erhöhen, was soll und kann daran falsch sein?“ (Silver 2003, 332).

Als Antwort findet man häufig die Warnung davor, Gott spielen zu wollen. Vertreter der liberalen Eugenik können mit diesem Einwand wenig anfangen und ordnen eugenische Manipulation und erzieherische Maßnahmen sozialethisch auf einer Ebene an:

> „... it is deeply unclear what the injunction really means – unclear what playing God is, and what, exactly, is wrong with it. ... What is the difference, after all, between inventing penicillin and using engineered and cloned genes to cure even more terrifying diseases than penicillin cures? What is the difference between setting your child strenuous exercises to reduce his weight or increase his strength and altering his genes, while an embryo, with the same end in view“ (Dworkin 2000, 443).

Nehmen wir an, dass demokratische Gesellschaften zu dem Schluss kommen, dass daran nichts falsch ist und die rechtlichen Rahmenbedingungen es zulassen, den Nachwuchs nicht nur in vitro zu therapieren, sondern in Richtung wünschenswerter Eigenschaften und Dispositionen genetisch zu „verbessern“, dann dürfte der Pädagogik die Aufgabe zu wachsen, für die optimale phänotypische Ausgestaltung dieser genetischen Vorgaben zu sorgen. Nur dem naiven Glauben an die Allmacht der Gene kann entgehen, dass jedes genetische Programm, also auch das manipulierte, zu seiner Entfaltung der Umwelt bedarf. Scheinbar paradox wächst mit den Erkenntnissen der Bio-Wissenschaften und ihren eugenischen Anwendungsmöglichkeiten die praktische Bedeutung von Umwelten; denn niemand wird in genetische Baupläne investieren, ohne sich für die Umwelten zu interessieren, in denen diese Pläne zu ihrer phänotypisch „schönen Gestalt“ kommen sollen. Die praktische Pädagogik und – mittelbar – die Erziehungswissenschaft sind Bestandteile solcher Umwelten. *Shopping in the genetic super market* ginge einher mit *Shopping in the educational super market.*

Muss man darin einen Wechsel von der Gestaltungsmacht der Erziehung zur Genetik sehen? Der Soziologe Karl Otto Hondrich schreibt, die Gentechnologie habe „die Idee, den Menschen zu bessern, auf ungeahnte Weise wieder belebt. Wir sind nicht länger Gefangene unserer Gene! Gene sind änderbar – leichter als Kulturen! Wer den Menschen ändern will, setzt den Hebel bei seinen Genen an, nicht bei der Gesellschaft. Die Gestaltungsmacht über den Menschen scheint sich zu verlagern: … aus Lehranstalten in Labors, aus den Sozial- und Humanwissenschaften in die Naturwissenschaften“ (Hondrich 2001, 163). Solche Bemerkungen, die Hondrich natürlich nicht so meint, schrecken ab, signalisieren Bedeutungs*verlust*, und machen unaufmerksam für das viel Wahrscheinlichere, dass die praktische Pädagogik eine Bedeutungs*verlagerung* erfährt. Sie könnte aufgefordert sein, spezielle erzieherische Umwelten für *spezial genetic needs* zu schneidern. Das ist die Perspektive, die sich am Horizont abzeichnet – die Pädagogik, als Wissenschaft und als Praxis, würde zur Designer-Pädagogik.

Konsequenzen lassen sich bis in die unmittelbare erzieherische Praxis ausmalen. In der Pädagogik ist das Generationenverhältnis ja nicht auf das generative und kommunikative Verhältnis zwischen Eltern und Kindern beschränkt, das in Habermas' Auseinandersetzung mit der liberalen Eugenik im Vordergrund steht:

> „Zusammen mit der Kontingenz der Verschmelzung von jeweils zwei Chromosomensätzen verliert der Generationenzusammenhang die Naturwüchsigkeit, die bisher zum trivialen Hintergrund unseres gattungsethischen Selbstverständnisses gehörte“ (Habermas 2001, 122f).

Vielmehr bezeichnet das Generationenverhältnis seit Schleiermacher das pädagogische Verhältnis zwischen der älteren und jüngeren Generation in der Gesellschaft, und damit kommt die gesamte Pädagogenzunft ins Spiel. Die genetisch im Kind fixierten Wünsche der Eltern würden sich im Zeitalter der liberalen Eugenik nicht nur in Gestaltungsansprüche der Eltern an ihre Kinder verwandeln, worin Habermas eine Gefahr für die offene Zukunft des Kindes sieht (ebd., 90). Solche Ansprüche würden sich auch an pädagogische Umwelten und die darin agierenden Erzieherinnen und Erzieher richten – das uralte Auftragsverhältnis zwischen Eltern und Hauslehrer kehrte, eugenisch modernisiert, zurück. Befangen in diesem Verhältnis büßte die Pädagogik ihre Haltung der Unbefangenheit ein, die sie in ihrer Verantwortung und Anwaltschaft dem Kind gegenüber begründet sieht.

Eine für die Pädagogik zentrale Argumentationslinie bei Habermas besteht darin, „die Perspektive der betroffenen Personen selbst" einzunehmen (2001, 93). Die liberal-pädagogische Betrachtung des Eltern-Kind-Verhältnisses sieht die Eltern im Dienst an der selbsttätigen Entwicklung des Kindes und ihre Beziehung zum Kind von der regulativen Idee des reziproken Subjekt-Status und der sukzessiven Grundrechtsmündigkeit bestimmt. Kinder *können* den Lebensplänen, welche die Eltern für sie entworfen haben, folgen; sie können sich aber auch im Fortgang der Selbstaneignung ihrer Lebensgeschichte *dagegen* entscheiden. Ist dies in gleicher Weise möglich, wenn sie Kenntnis davon erhalten, dass ihre ursprünglich kontingent entstandene Erbausstattung auf dem Wege der genetischen Intervention manipuliert wurde? Für die Sozialethik der liberalen Eugenik ist der Subjekt-Status des genetisch manipulierten Kindes kein Problem, weil sie

a) keinen prinzipiellen moralischen Unterschied zwischen therapeutischer und „verbessernder" Intervention und
b) keinen prinzipiellen moralischen Unterschied zwischen erzieherischer und eugenischer „Verbesserung" anerkennt.

Die Diskussion der Frage, ob der Subjekt-Status eines genetisch „verbesserten" Menschen und damit seine offene Zukunft essentiell berührt sei, verläuft kontrovers. Die liberale Eugenik unterstellt der anti-eugenischen Kritik, sie gehe von einem genetischen Determinismus aus (Buchanan et al. 2000, 22ff, 90ff). Für Habermas geht die Gegenkritik an der Sache vorbei, denn „unabhängig davon, wie weit eine genetische Programmierung die Eigenschaften, Dispositionen und Fähigkeiten der künftigen Person tatsächlich festlegt und deren Verhalten tatsächlich determiniert, könnte die spätere Kenntnis des Umstandes in die Selbstbeziehung der betroffenen Person zu ihrer leiblichen und seelischen Existenz eingreifen" (Habermas 2001, 94). Allerdings hat er eingeräumt, dass genetisch manipulierte Menschen später durchaus akzeptierend mit ihren „Verbesserungen" umgehen könnten, und damit sein „Fremdbestimmungsargument“ relativiert. Das Dilemma entstehe in zwei Fällen nicht:

a) wenn der Betroffene die genetisch fixierten Erwartungen „in eigene Aspirationen verwandelt und seine symptomatische erkennbare Begabung als Chance und Verpflichtung zu eigener Anstrengung begreift. Im Falle einer derart ‚angeeigneten‘ Intention kann ein Effekt der Entfremdung von der eigenen leiblich-seelischen Existenz und eine entsprechende Einschränkung der ethischen Freiheit, ein ‚eigenes‘ Leben zu führen, nicht eintreten“ (Habermas 2001, 106);
b) im „negativen Fall der Vermeidung extremer und hochgeneralisierter Übel bestehen gute Gründe für die Annahme, dass der Betroffene der eugenischen Zielsetzung zustimmen würde“ (ebd., 109).

Während im Falle der therapeutischen Intervention, im traditionellen Begriffsverständnis also der „negativen Eugenik“, Übereinkünfte und Akzeptanzen bestehen, weil sie sich auf das normativ-professionelle Rollenmodell des Heilens beziehen kann, bleibt eine andere zentrale Frage seltsam unartikuliert: *Was* ist „Verbesserung“, *wer* definiert sie und *für wen*? Der Soziologe Karl Otto Hondrich fragte kürzlich verwundert:

> „Wie soll der verbesserte Mensch aussehen, welche Eigenschaften soll er haben? Verblüfft stellt man fest, dass dazu in der deutschen Debatte kein Wort gesagt wird. Ist es zu früh dazu?“ (Hondrich 2001, 165).

Geht man dieser Frage nach, stößt man auf Problemkonstellationen, die der Pädagogik nicht fremd sind. Sie beziehen sich erstens auf das interne Arrangement und die Balance der „verbesserten“ Dispositionen im Individuum, zweitens auf das soziale Arrangement zwischen den „verbesserten“ Individuen und drittens auf das Verhältnis zwischen den „verbesserten“ Dispositionen und den Rollen und Lebensplänen, die die gesellschaftliche Umwelt bereithält (vgl. Agar 2001; Buchanan et al. 2000). Bekanntlich meinte Pestalozzi, dass die jedem Menschen gegebene Kräfte-Triade von Herz, Kopf und Hand sich gleichgewichtig ausbilden müsse, damit das Individuum mit sich in Einklang komme, und die Individuen im gesellschaftlichen Verkehr humaner und gerechter miteinander umgingen. Dieser bildungstheoretische Gedanke wird nun – eugenisch modernisiert – neu verhandelt. Ebenso steht die Frage nach dem Verhältnis zwischen *Tugenden* und *Kenntnissen* auf dem Diskussionsplan. Buchanan et al. demonstrieren das Problem an einer fiktiven Person. „Cynthia" verfügt über hervorragende soziale Kompetenzen: Sie ist empathisch, hat einen weit überdurchschnittlichen emotionalen IQ, verfügt über einen ausgeprägten Sinn für das Gerechtigkeitsgefühl Anderer und ist nicht-direktiv im Umgang mit Hilfsbedürftigen; gleichzeitig hat sie strategische Kompetenzen bei der Erschließung materieller und finanzieller Unterstützungsquellen. Cynthia hat alle Fähigkeiten und Persönlichkeitszüge, die eine exzellente Sozialarbeiterin ausmachen; sie könnte sogar einen Preis für diese Exzellenz bekommen: „Virtuous Social Worker of the Year" (Buchanan et al. 2000, 180). Aber leider ist Cynthia keine Sozialarbeiterin, sondern eine exzellente Betrügerin, die gutgläubigen Rentnern wertlose Grundstücke verkauft. Was lernen wir aus dieser Geschichte:

> „The moral of Cynthia's story is that we should be leery of any genetic (or environmental) invention that enhances a trait or disposition that is merely a necessary condition for having a virtue that would result in morally better offspring. If we could genetically enhance the various capabilities that contribute to Cynthia's arsenal, it does not follow that she will be morally virtuous" (Buchanan et al. 180).

Auch ein anderes Problem ist der Pädagogik nicht fremd; es stellt sich mit der Frage nach der Verteilungsgerechtigkeit genetischer Dienstleistungen. Die Pädagogik sieht sich in einem Dienst- und anwaltschaftlichen Verhältnis zum Kind. Die Standes- und Vermögenslage der Eltern sind ihrer Theorie äußerlich; im guten Fall ordnen sie sich dem pädagogischen Verhältnis unter, im schlechten denaturieren sie es. Chancen-Gerechtigkeit bedeutet, dass das, was aus einem Kind werden kann und soll, in seiner Natur begründet liegt und in dem, was es mit Hilfe einer fördernden Umgebung daraus macht, nicht aber in seiner sozialen Herkunft. Diskriminierungsverbote und Gleichstellungsgebote mit Verfassungsrang sollen Chancen-Gerechtigkeit in liberal-demokratischen Gesellschaften sichern. Nun stellen die Bio-Wissenschaften in Aussicht, „durch genetische Manipulation Intelligenz zu verbessern, Gedächtnis oder Aussehen" (Fukujama 2002, 124). Aber welche Menschen werden genetische Dienstleistungen in Anspruch nehmen können? Werden, wie der amerikanische Sozialwissenschaftler Francis Fukujama meint, „vor allem reiche Leute Zugang dazu haben" (ebd.)? Er sieht einen „Krieg um Gene" herauf ziehen angesichts der Möglichkeit genetischer Ungleichverteilung. Ein Schwerpunkt der sozialethischen und sozialpolitischen Diskussion in den USA ist die Frage nach der genetischen Verteilungsgerechtigkeit. Die schon mehrfach angesprochene Schrift von Buchanan et al. (2000) hat den bezeichnenden Untertitel „Genetics and Justice".

Schlussbemerkung

Der Verbesserungsauftrag, den der Evolutionsbiologe Ernst Mayr in dem eingangs wiedergegebenen Interview-Auszug in Richtung Pädagogik bereithält, wird die übergroße Mehrheit der Pädagogenzunft erfreuen; er bestätigt von kompetenter naturwissenschaftlicher Seite ihr dichotomisches Weltbild von Natur und Kultur, *Nature* und *Nurture*, Leib und Geist. Aber gibt es nicht auch Anzeichen, dass die Zeit solcher Dichotomien langsam ausläuft? In der biosozialen und evolutionspsychologischen Kindheits- und Entwicklungsforschung ist auffällig, dass die *Nature/Nurture*-Dichotomie seit einigen Jahren Dauerpräsenz hat, – und zwar in der Aufforderung, sie theoretisch und empirisch zu überwinden! Das wird kaum ohne Auswirkungen auf die Pädagogische Anthropologie bleiben. Und solche Auswirkungen sind auch von dem Zukunftsprojekt namens Eugenik, Reprogenetik oder wie der Name auch immer sein wird, zu erwarten.

Vielleicht muss man die Bio-Wissenschaften in einem tieferen Verständnis als eugenisch motiviert betrachten, indem in ihnen das Bestreben des Menschen Gestalt gewonnen hat, sich selbst als Natur- und Gattungswesen in seiner Entwicklungsgesetzlichkeit aufzuklären und das dabei gewonnene Wissen technologisch als Selbstoptimierung umzusetzen. Dass Erziehung und Erziehungswissenschaft dabei als bloße Umweltfaktoren erscheinen, die sich in Gestalt einer Designer-Pädagogik funktionalisiert sehen könnten, sollte nicht zu Abwehrhaltungen führen, sondern zu kritisch-konstruktiven Beiträgen, damit das Spiel mit dem Feuer unter Kontrolle bleibt.

Literaturverzeichnis

Agar, N. (2001): Liberal Eugenics. In: Kuhse, H./Singer, P. (Hg.): Bioethics – An anthology. 3. Auflage, Blackwell, London, 171–181.

Anderson, W. F. (1985): Human Gene Therapy: Scientific and Ethical Considerations. In: Journal of Medicine and Philosophy 10 (3), 275–291.

Anderson, W. F. (1989): Human Gene Therapy: Why Draw a Line? In: Journal of Medicine and Philosophy 14 (1), 681–693.

Asendorpf, J. B. (1998): Entwicklungsgenetik. In: Keller, H. (Hg.), Lehrbuch Entwicklungspsychologie. Hans Huber, Bern et al., 97–118.

Bayertz, K. (1987): GenEthik – Probleme der Technisierung menschlicher Fortpflanzung. Rowohlt, Reinbek bei Hamburg.

Borkenau, P. (1993): Anlage und Umwelt – Eine Einführung in die Verhaltensgenetik. Hogrefe, Göttingen et al.

Buchanan, A./Brock, D. W./Daniels, N./Wikler, D. (2000): From Chance to Choice – Genetics and Justice. Cambridge University Press. Cambridge.

Dixon, R. A./Lerner, R. M. (1985): Darwinism and the emergence of developmental psychology. In: Eckardt, G./Bringmann, W. G./Sprung, L. (Hg.): Contributions to a history of developmental psychology. International William Th. Preyer Symposium. Berlin et al., 245–266.

Dworkin, R. (2000): Playing God – Genes, Clones and Luck. In: Dworkin, R.: Sovereign Virtue. Harvard University Press, Cambridge, 427–452.

Enquete-Kommission „Chancen und Risiken der Gentechnologie“ (1987): Bericht. Deutscher Bundestag, 10. Wahlperiode, Drucksache 10/6775, 06.01.1987, Bonn.

Fukujama, F. (2002): Schöner neuer Mensch. Spiegelgespräch. In: Der Spiegel, Nr. 21, 122–128.

Galton, D. (2002): Eugenics – The future of human life in the 21st century. Abacus, London.

Galton, F. (1970 [1874]): English Men of Science – Their Nature and Nurture. Reprint. Cass., London.

Galton, F. (1998 [1883]): Inquiries into Human Faculty and its Development. J. M. Dent and Sons, London: Nachdruck. Bristol et al., Thoemmes et al., Classics in Psychology 1855–1914; a Collection of Key Works. Hrsg. von R. H. Woznick, Bd. 12.

Galton, F. (1905/1985 [1905]): Eugenics, its definition, scope, and aims. In: Sociological Society (Hg.): Sociological Papers 1. Neu in: Galton, F. (1985): Essays in eugenics. Reprint. Garland, New York, 34–43.

Gottlieb, G./Wahlsten, D./Lickliter, R. (1998): The significance of biology for human development – A developmental psychobiological view. In: Damon, W./Lerner, R. M. (Hg.): Handbook of Child Psychology. Bd. 1. Theoretical Models of Human Development. 5. Auflage, Wiley, New York, NY, 233–273.

Habermas, J. (2001): Auf dem Weg zu einer liberalen Eugenik? – Der Streit um das ethische Selbstverständnis der Gattung. In: ders.: Die Zukunft der menschlichen Natur – Auf dem Weg zu einer liberalen Eugenik? Suhrkamp, Frankfurt am Main, 34–125.

Habermas, J. (2002): Replik auf Einwände. In: Deutsche Zeitschrift für Philosophie, 50. Jg., Heft 2, 283–298.

Herzog, W. (1999): Verhältnisse von Natur und Kultur – Die Herausforderung der Pädagogik durch das evolutionsbiologische Denken. In: Neue Sammlung, 39. Jg., 97–129.

Hondrich, K. O. (2001): Der Neue Mensch. Suhrkamp, Frankfurt am Main.
Keller, H. (1997): Evolutionary approaches. In: Berry, J. W./Poortinga, Y. H./Pandey, J. (Hg.): Handbook of Cross-Cultural Psychology. Bd. 1. Theory and Method, 2. Auflage, Allyn & Bacon, Boston/MA, 215–255.
Kevles, D. (1985): In the Name of Eugenics. University of California Press, Berkeley et al.
Kitcher, P. (1996): The Lives to Come – The Genetic Revolution and Human Possibilities. Simon & Schuster, New York.
Kreppner, K. (1998): Vorstellungen zur Entwicklung der Kinder – Zur Geschichte von Entwicklungstheorien in der Psychologie. In: Keller, H. (Hg.): Lehrbuch Entwicklungspsychologie. Huber, Bern u. ö., 121–146.
Kühl, S. (1997).: Die Internationale der Rassisten – Aufstieg und Niedergang der internationalen Bewegung für Eugenik und Rassenhygiene im 20. Jahrhundert. Campus, Frankfurt am Main et al.
Lappé, M. (2001): Ethical Issues in Manipulating the Human Germ Line. In: Kuhse, H./Singer, P. (Hg.): Bioethics – An Anthology. 3. Auflage, Blackwell, London, 155–164.
Mayr, E. (2004): Interview. In: Der Spiegel. Nr. 28, 149–151.
Morss, J. R. (1990): The Biologising of Childhood – Developmental Psychology and the Darwinian Myth. Erlbaum, Hillsdale.
Neumann, D./Schöppe, A./Treml, A. K. (Hg.) (1999): Die Natur der Moral – Evolutionäre Ethik und Erziehung. Hirzel, Stuttgart et al.
Oelkers, J. (2001): Einführung in die Theorie der Erziehung. Beltz, Weinheim et al.
Paul, D. B. (1995): Controlling Human Heredity – 1865 to the Present. Humanities Press, Atlantic Highlands/NJ.
Ploetz, A. (1895): Die Tüchtigkeit unserer Rasse und der Schutz der Schwachen – Ein Versuch über Rassenhygiene und ihr Verhältnis zu den humanen Idealen, besonders zum Socialismus. Fischer, Berlin.
Plomin, R. (1990): Nature and Nurture – An Introduction to Human Behavioral Genetics. Brooks/Cole Publishing Company, Pacific Grove, California.
Plomin, R./DeFries, J. C./McClearn, G. E./Rutter, M. (1999): Gene, Umwelt und Verhalten – Einführung in die Verhaltensgenetik. Aus dem Englischen von P. Borkenau, R. Rieman, F. M. Spinath, Huber, Bern et al.
Preyer, W. T. (1989 [1882]): Die Seele des Kindes – Beobachtungen über die geistige Entwickelung des Menschen in den ersten Lebensjahren. Th. Grieben's Verlag, Leipzig. Reprint. VEB Dt. Verlag der Wissenschaften, Berlin.
Reyer, J. (1991): Alte Eugenik und Wohlfahrtspflege – Entwertung und Funktionalisierung der Fürsorge vom Ende des 19. Jahrhunderts bis zur Gegenwart. Lambertus, Freiburg im Breisgau.
Reyer, J. (2000): Die genetische Verbesserung des Menschen im „Jahrhundert des Kindes". In: Jahrbuch für Pädagogik. Hrsg. von K.-Ch. Lingelbach und H. Zimmer, Lang, Frankfurt am Main, 115–132.

Reyer, J. (2003a): Designer-Pädagogik im Zeitalter der „liberalen Eugenik" – Blicke in eine halboffene Zukunft. In: Neue Sammlung, 43. Jg., Heft 1, 1–29.
Reyer, J. (2003b): Eugenik und Pädagogik – Erziehungswissenschaft in einer eugenisierten Gesellschaft. Juventa, Weinheim et al.
Reyer, J. (2004a): Die „Grenzen der Erziehung" – Ihre Ursprünge im pädagogischen Liberalismus und ihre Kodifizierung im Herbartianismus. In: Neue Sammlung, 44. Jg., Heft 4, 354–375.
Reyer, J: (2004b): Integrative Perspektiven zwischen sozialwissenschaftlicher, entwicklungspsychologischer und biowissenschaftlicher Kindheitsforschung? – Versuch einer Zwischenbilanz. In: Zeitschrift für Soziologie der Erziehung und Sozialisation (ZSE), 24. Jg., Heft 4, 339–362.
Robertson, J. A. (1994): Children of Choice: Freedom and the New Reproductive Technologies. University of Princeton Press, Princeton.
Rousseau, J.-J. (1978 [1762]): Emil oder über die Erziehung. Übersetzt von L. Schmidts. 4. Auflage, Schöningh, Paderborn.
Rowe, D. C. (1997): The Limits of Family Influence – Genes, Experience, and Behavior. Guilford Press, New York 1994. Dt.: Genetik und Sozialisation – Grenzen der Erziehung. Beltz, Weinheim.
Scarr, S. (1992): Developmental theories for the 1990s – Development and individual differences. In: Child Development. 63, 1–19.
Scarr, S. (1993): Biological and cultural diversity – The legacy of Darwin for development. Child Development. 64, 1333–1353.
Schleiermacher, F. (1983): Einleitung und Allgemeiner Teil der Vorlesungen aus dem Wintersemester 1813/14. In: Pädagogische Schriften 1. Unter Mitwirkung von Th. Schulze, hrsg. von E. Weniger, Ullstein et al.
Silver, L. M. (2003): Die Evolution und die Zukunft des Menschen – Kommt die zukünftige Evolution durch natürliche Selektion zustande? In: Fischer, E. P./ Wiegandt, K. (Hg.): Evolution – Geschichte und Zukunft des Lebens. Fischer Taschenbuch Verlag, Frankfurt am Main, 324–337.
Trapp, E. Ch. (1977 [1780]): Versuch einer Pädagogik. Unveränderter Nachdruck der 1. Auflage, besorgt von U. Herrmann. Schöningh, Paderborn.
Van den Daele, W. (1985): Mensch nach Maß? – Ethische Probleme der Genmanipulation und Gentherapie. Beck, München.
Van den Daele, W. (1987): Die Moralisierung der menschlichen Natur und Naturbezüge in gesellschaftlichen Institutionen. In: Kritische Vierteljahresschrift für Gesetzgebung und Rechtswissenschaft 2, 351–366.
Waitz, T. (1852): Allgemeine Pädagogik. Vieweg und Sohn, Braunschweig.
Weingart, P./Kroll, J./Bayertz, K. (2003 [1988]): Rasse, Blut und Gene – Geschichte der Eugenik und Rassenhygiene in Deutschland. Suhrkamp, Frankfurt am Main.
Von Weizsäcker, E. U. (1988): Die Gefahren des Erfolges – Was geschieht, wenn die Gentechnik sich durchsetzt? In: Die Zeit, Nr. 18, 29. April, 45–46.

Facetten der Eugenik

Stefan Lorenz Sorgner

Damit eine systematische Bewertung der unterschiedlichen Arten von Eugenik vorgenommen werden kann, ist es hilfreich, ein begriffliches Instrumentarium zu haben, mit dem sich die verschiedenen Fälle unterscheiden lassen[1]. Viele zentrale Unterscheidungen sind bereits vorhanden, jedoch erscheint mir eine Ausarbeitung und weitere Systematisierung ein Desiderat. Dieser Artikel möchte einen Beitrag zu dieser Systematisierung leisten. Mein alleiniges Ziel ist es, einige zentrale, moralisch relevante Fälle der Eugenik begrifflich klar voneinander zu unterscheiden und im Rahmen eines einzelnen Artikels zu thematisieren. Dabei berücksichtige ich in dem hier vorgebrachten Vorschlag[2] zunächst einige begriffliche Unterscheidungen von Arten der „Eugenik", die bereits in der Literatur etabliert sind (1). Weiterhin greife ich auf zentrale Unterscheidungen zurück, die innerhalb dieses Bandes thematisiert wurden (2). Ich weise zusätzlich auf einige weiterführende Unterscheidungsmöglichkeiten hin (3). Auf die drei gerade erwähnten Gruppen gehe ich nicht in chronologischer Reihenfolge ein. Ich beginne zwar mit zentralen und weit verbreiteten Unterscheidungen, gehe dann jedoch so vor, dass die im Anschluss erfolgenden Unterscheidungen sich jeweils aus den bereits thematisierten ergeben.[3]

---

1 Ich bedanke mich bei Nikolaus Knoepffler, Markus Peuckert, Robert Ranisch und Heiko Zude für hilfreiche Anregungen.

2 Bei meinem Versuch einer Feingliederung des Begriffes „Eugenik" haben sich viele Fälle ergeben, die in der Praxis noch nicht relevant sind, bei denen jedoch jederzeit die Möglichkeit besteht, dass sie relevant werden könnten. Ich möchte in diesem Artikel die möglichen Entwicklungen in keiner Form werten oder irgendwelche normativen Aussagen zum Themengebiet der Eugenik machen, sondern beabsichtige ausschließlich, ein Werkzeug bereit zu stellen, das bei einer Strukturierung von eugenischen Einzelfällen hilfreich sein mag, was wiederum deren moralische Bewertung erleichtert.

3 Ich beabsichtige hier weder eine abschließende systematische Feingliederung des Begriffes „Eugenik" zu geben, noch gehe ich davon aus, alle moralisch und humanbiotechnologisch relevanten Unterscheidungen erfasst zu haben. Die folgende Darstellung soll lediglich helfen, einige zentrale Aspekte des Begriffes „Eugenik" nachzuvollziehen und begrifflich zu unterscheiden.

1 Positive und negative Eugenik

Bereits im einleitenden Artikel hatte ich erklärt, dass Eugenik rein begrifflich „gut Erzeugtes" (altgriechisch: *eu* = gut; altgriechisch: *genos* = Erzeugendes, Erzeugtes) bedeutet, wobei wir, wenn wir heute vom „genetischen Material (oder Erbgut, Erbsubstanz)" sprechen, auf „den stofflichen Träger der Erbinformationen"[4] verweisen, und der Begriff „Genom" für die „Gesamtheit aller in einer Zelle vorhandenen Erbinformationen" steht[5]. Die wohl zentralste und am weitesten verbreitete Unterscheidung bezüglich der Eugenik ist die zwischen der positiven und der negativen Eugenik. Die Bedeutung dieser Begriffe ist innerhalb der Literatur nicht einheitlich. Das Verständnis von positiver und negativer Eugenik, das mir am sinnvollsten erscheint, ist auch innerhalb der ethischen Fachliteratur das vorherrschende. Positive Eugenik fasse ich als die „Förderung von guten Erbanlagen" auf. Wohingegen ich die negative Eugenik als „Einschränkung der Ausbreitung von nachteiligen Genen" verstehe (vgl. Kröner 2000, Bd. 1, 694). Andere Definitionen dieser beiden Ausdrücke vertritt etwa Knoepffler. „[T]he idea of fostering the procreation of the ‚best' by measures of the state" versteht er als positive Eugenik. Negative Eugenik hingegen stehe für „the idea of preventing the ‚worst' becoming parents" (Knoepffler 2005, Bd. 2, 871). Da seine Auffassung der positiven und negativen Eugenik ausschließlich zwei Arten der staatlichen Eugenik repräsentieren und die staatliche Eugenik innerhalb der gegenwärtigen akademischen Eugenik-Debatte eine eher untergeordnete Rolle zu spielen scheint, erachte ich eine weiter gefasste Unterscheidung der Ausdrücke, die sich auf unterschiedliche Bereiche der Eugenik anwenden lässt, als sinnvoller. Was Knoepffler unter positiver Eugenik fasst, verstehe ich als staatliche, positive Eugenik. Knoepfflers Ausdruck der negativen Eugenik wird hier als staatliche, negative Eugenik aufgefasst. Der Vorteil der hier vertretenen Definition scheint mir zu sein, dass man auch von nichtstaatlichen Formen von positiver und negativer Eugenik sprechen kann, und gerade diese sind im Rahmen der gegenwärtigen bioethischen Debatten von zentraler Bedeutung.

Hier wird von der positiven Eugenik als „Förderung von guten Erbanlagen" und der negativen Eugenik als „Einschränkung der Ausbreitung von nachteiligen Genen" gesprochen, und es ist zu betonen, dass die Be-

4 Winnacker/Ibelgaufts 2000, Bd. 2, 22.
5 Winnacker/Ibelgaufts 2000, Bd. 2, 24.

griffe „gut“ und „nachteilig“ innerhalb dieser Definitionen nicht inhaltlich gefüllt sind. Als gut und nachteilig gilt jeweils das, was die Person oder Institution, die die Entscheidung über die Eugenik trifft, als gut oder nachteilig auffasst. Eine solche Entscheidung könnte vom Staat, von den Eltern oder auch vom Betroffenen selbst getroffen werden. Bei der Frage, welche Erbanlagen gefördert werden müssen, damit die guten gefördert werden, kann sowohl von einem objektiven als auch von einem subjektiven Verständnis des Guten ausgegangen werden, und es können Güter des Körpers, des Geistes oder auch des Charakters gemeint sein. Entscheidend für die Klassifikation ist das Verständnis des Guten bei der Person bzw. Institution, die die Entscheidung zur Durchführung von eugenischen Maßnahmen treffen darf.

Bei der Frage, welche Gene in der Ausbreitung eingeschränkt werden sollen, damit die nachteiligen eingeschränkt werden, benötigt man eine Theorie von nachteiligen Genen. Als nachteilige Gene fasse ich solche auf, die sowohl notwendigerweise Krankheiten nach sich ziehen als auch solche die Krankheiten wahrscheinlich werden lassen. Der Krankheitsbegriff kann eine Vielzahl von Bedeutungen haben. Er impliziert ein detailliertes Verständnis eines normalen, gesunden Menschen, wenn man ein objektivistisches Verständnis vom Begriff „Krankheit“ hat, und Krankheiten als „biologische Dysfunktionalitäten in der Natur des Menschen“ (Lanzerath 2000, Bd. 2, 479) auffasst. Es werden jedoch u. a. auch die Auffassungen vertreten, dass Krankheiten soziale Konstrukte seien oder das Urteil „Krankheit“ allein aufgrund einer subjektiven Selbsteinschätzung zugeschrieben werde. Weiterhin ist unklar, ob der Begriff „Krankheit“ ein neutraler (Boorse 1977, 542–562) oder normativer (Zude 2006, 107) Begriff ist. Da ich hier von Krankheit nur im Rahmen der Theorie der nachteiligen Gene spreche, wird deutlich, dass ich mich diesbezüglich klar dafür ausspreche, Krankheit als einen normativen Begriff zu fassen. Abgesehen von dieser Bewortung implizieren die hier erfolgten Definitionen keine spezifische Auffassung von Krankheit. Die vorgestellten Definitionen von negativer und positiver Eugenik sind somit offen für unterschiedliche Konzepte des Guten und von Krankheit.

Außerdem sage ich inhaltlich nichts darüber aus, wie das Verhältnis der positiven zur negativen Eugenik ist. Je nach Verständnis des Guten beziehungsweise von Krankheit verändert sich das Verhältnis dieser beiden Arten der Eugenik. Es ist somit sowohl möglich, dass die positive Eugenik die negative beinhaltet, als auch, dass mit positiver Eugenik jede nicht therapeutische Verbesserung gemeint ist und unter negativer Eugenik ausschließlich die therapeutische Behandlung von nachteiligen Genen gefasst ist.

2 Staatliche und liberale Eugenik

Die nächste, bereits etablierte Unterscheidung ist die zwischen der staatlichen und der liberalen Eugenik. Die „liberale Eugenik" ist gegenwärtig die wohl am meisten diskutierte Art der Eugenik. Eine zentrale Schrift zu diesem Thema innerhalb der deutschen Debatte ist das Buch „Die Zukunft der menschlichen Natur: Auf dem Weg zu einer liberalen Eugenik?" von Habermas (2001). Agars Artikel „Liberal Eugenics" (1998) hingegen vermittelt einen Eindruck von der Debatte zu diesem Thema im englischsprachigen Raum. Gesang hat in diesem Band auf die Ausdrücke „staatliche" und „liberale Eugenik" verzichtet und spricht stattdessen vom „zentralen Enhancement" und „dezentralen Enhancement". Er erläutert diese beiden Ausdrücke wie folgt: „*Zentrales Enhancement* erfolgt durch staatlich gelenkte Programme, wie sie etwa zu Zeiten der nationalsozialistischen Eugenik eingesetzt wurden. *Dezentrales Enhancement* geht von Elternpaaren oder den Individuen mit Veränderungswunsch selbst aus, die ihre individuellen Entscheidungen über die technisch manipulierbaren Eigenschaften ihrer Kinder oder ihrer selbst im Rahmen der gesetzlichen Möglichkeiten treffen" (Gesang 2006, 128). Seine Auffassung von zentralem Enhancement stimmt durchaus mit meinem Verständnis der staatlichen Eugenik überein. Wenn die Entscheidung zur Verbesserung der Erbanlagen auf politischer Ebene getroffen wird, spreche ich von der staatlichen Eugenik. Seine Auffassung von dezentralem Enhancement scheint mir jedoch zu umfassend zu sein, da er darunter sowohl den Fall fasst, dass die Entscheidung der eugenischen Veränderung von den Eltern getroffen wird, als auch den Fall, dass der Betroffene selbst die Entscheidung der Veränderung trifft. Diese beiden zuletzt unterschiedenen Fälle müssen meiner Ansicht nach getrennt voneinander klassifiziert werden, da sie sich auf moralisch signifikante Art unterscheiden. Es ist etwas signifikant anderes, wenn ein Erwachsener sagt, Handlung x soll mit mir geschehen, und wenn dessen Eltern sagen, Handlung x soll mit unserem Kind geschehen. Im ersten Fall handelt es sich um eine autonome Entscheidung, wohingegen es sich im zweiten Fall um Fremdbestimmung handelt, also die Handlung aufgrund einer heteronomen Entscheidung geschieht.

Ich verstehe die Begriffe „autonom“ und „heteronom“ hier nicht wie Kant, sondern eher wie Sartre. Laut Kant ist man nämlich nicht nur heteronom bestimmt, wenn andere Menschen über einen entscheiden, sondern auch, wenn man durch die eigenen Neigungen und nicht die Vernunft zu einer Handlung getrieben wird. Allein eine vernünftige Entscheidung ist eine autonome. Bei Sartre hingegen handelt ein Mensch immer dann autonom, wenn er selbst die Entscheidung zur Handlung getroffen hat, wobei die Gründe für die jeweilige Entscheidung irrelevant sind.

Aus den vorangegangenen Gründen folge ich nicht Gesangs Definition von dezentralem Enhancement und schlage vor, dass es sich um liberale Eugenik handelt, wann immer eine Entscheidung zur Eugenik von den Eltern beziehungsweise Erziehungsberechtigten getroffen wird. Der Fall, dass sich die Betroffenen selbst für eine Veränderung entscheiden, sollte meiner Ansicht nach unter einer separaten Überschrift stattfinden. Aus den vorangegangenen Überlegungen ergibt sich eine weitere Unterscheidung.

3 Autonome und heteronome Eugenik

Da es moralisch relevant ist, ob die Entscheidung zur eugenischen Veränderung von einem selbst oder nicht von einem selbst getroffen wird, möchte ich betonen, dass man sowohl von autonomer als auch von heteronomer Eugenik sprechen kann[6]. Bei der autonomen Eugenik entscheidet der Betroffene selbst über die Veränderung der eigenen Erbanlagen, bei der heteronomen Eugenik nicht. Innerhalb der gegenwärtigen ethischen Debatten ist das weite Themengebiet der heteronomen Eugenik vorherrschend, wobei nicht der Betroffene sondern eine andere Person, Gruppe oder Institution die Entscheidung zur genetischen Veränderung eines Menschen trifft. Sowohl die staatliche als auch die liberale Eugenik stellen zwei Arten der heteronomen Eugenik dar. Somit könnte man auch jeweils von der heteronomen, staatlichen beziehungsweise der heteronomen, liberalen Eugenik sprechen. Beide Arten der Eugenik können weiterhin begrifflich in eine positive und eine negative Variante unterteilt werden.

6 Die Begriffe „autonom“ und „heteronom“ gebrauche ich im Anschluss an Sartre und nicht im Anschluss an Kant.

4 Direkte und indirekte Eugenik

Die folgenden zwei Beispiele können als mögliche Beispiele für die heteronome, liberale und negative Eugenik dienen:

1) Der fiktive, da noch nicht technisch durchführbare, jedoch denkbar mögliche Fall eines Elternpaares, das sich entschließt, die Gene ihres Nachkommen durch Keimtherapie so verändern zu lassen, dass die Wahrscheinlichkeit einer Krebserkrankung radikal reduziert wird.
2) Eine Schwangere, die sich dazu entschließt, den in ihr vorhandenen Embryo abtreiben zu lassen, da eine Fruchtwasseruntersuchung nahe legt, dass beim Embryo eine schwere Behinderung vorhanden ist.

In beiden Fällen entscheidet nicht der Betroffene selbst über eine eugenische Veränderung, sondern dessen Eltern beziehungsweise Mutter. Es handelt sich also um eine heteronome, liberale Eugenik. Weiterhin wird eine Handlung durchgeführt, die auf die Einschränkung der Ausbreitung der nachteiligen Erbanlagen abzielt. Im ersten Fall werden die nachteiligen Erbanlagen des Betroffenen durch bessere ersetzt. Im zweiten Fall hingegen kommt es zu einer Einschränkung der Ausbreitung von nachteiligen Genen, indem diese aus dem allgemeinen Genpool entfernt werden. In beiden Fällen kann von Eugenik gesprochen werden – auch wenn der Gebrauch im zweiten Fall zynisch erscheinen mag. Eine direkte Förderung der Erbanlagen des Betroffenen hätte jedoch im ersten Fall stattgefunden. Die direkte Förderung der Erbanlagen des Betroffenen und die indirekte Förderung der Erbanlagen, die im allgemeinen Genpool vorhanden sind, erachte ich als zwei moralisch signifikant unterschiedliche Fälle von Eugenik, bei deren Bewertung unterschiedliche Kriterien herangezogen werden müssten – unabhängig davon, ob man zu gleichen oder unterschiedlichen moralischen Bewertungen kommt. Aus diesem Grund sollten die beiden Fälle auch begrifflich unterschieden werden. Eine mögliche begriffliche Unterscheidung wäre, im ersten Fall von direkter, im zweiten jedoch von indirekter Eugenik zu sprechen. Schließlich werden im ersten Fall die Erbanlagen des Betroffenen direkt gefördert, indem nachteilige Gene bei ihm verändert werden. Eine genauere Bezeichnung für diesen Fall wäre heteronome, liberale, negative und direkte Eugenik. Im zweiten Fall hingegen kommt es nur zu einer indirekten Förderung der Erbanlagen, nämlich der indirekten Förderung des allgemeinen Genpools, weshalb dieser Fall als heteronome, liberale, negative und indirekte Eugenik bezeichnet werden kann.

5 Aktive und passive Eugenik

Außer der Unterscheidung zwischen direkter und indirekter Eugenik legen weiterführende Überlegungen noch eine andere Unterscheidung nahe. Betrachten wir drei Fälle der heteronomen, liberalen, direkten Eugenik, z. B. (1) genetische Präimplantationsdiagnostik (PID), (2) die Keimbahntherapie und (3) die Genkonstruktion[7].

(1) Die genetische PID kann im Rahmen der Durchführung einer künstlichen Befruchtung (IVF) angewandt werden. Wenn in mehreren Reagenzgläsern Eizellen befruchtet und schließlich drei für die Implantation ausgewählt werden, handelt es sich um direkte Eugenik durch Auswählen. Beim Auswählen wird die befruchtete Eizelle nicht aktiv verändert, sondern ausschließlich ausgewählt. Dieser Vorgang impliziert einen passiven Umgang mit der befruchteten Eizelle. (2) Die technisch noch nicht realisierbare Keimbahntherapie könnte ebenso im Rahmen einer IVF angewandt werden. Hier würde eine befruchtete Eizelle ausgewählt werden, und deren Gene würden aktiv verändert. Die Veränderung könnte schlicht darin bestehen, dass eine Krankheiten verursachende Gensequenz herausgeschnitten wird. (3) Im Fall der ebenso noch nicht durchführbaren Genkonstruktion hingegen würde man nicht auf eine vorhandene befruchtete Eizelle zurückgreifen, sondern würde diese aktiv erschaffen.

Bei der genetischen PID wird passiv eine befruchtete Eizelle ausgewählt, bei der Keimbahntherapie und der Genkonstruktion dagegen wird aktiv eine Handlung vorgenommen. Es ist moralisch relevant, zwischen dem aktiven Tun und dem passiven Unterlassen zu unterscheiden. Ich schlage deshalb vor, den Fall der genetischen PID als passive Eugenik, die anderen beiden Fälle als aktive Eugenik zu bezeichnen. Weiterhin ließe sich die Keimbahntherapie von der Genkonstruktion unterscheiden – im ersten Fall würde ausschließlich eine Veränderung von etwas Vorhandenem vorgenommen, wohingegen bei der Genkonstruktion ein Genom neu erschaffen beziehungsweise konstruiert werden würde. Somit könnte man die Keimbahntherapie als aktiv verändernde Eugenik, die Genkonstruktion als aktiv erschaffende Eugenik bezeichnen. Die Keimbahntherapie ist ein

7 Die genetische PID ist in Deutschland gesetzlich verboten, darf jedoch in vielen anderen Ländern, wie etwa Großbritannien, durchgeführt werden. Die beiden letztgenannten Praktiken sind technisch noch nicht durchführbar – die Berücksichtigung dieser Praktiken im Rahmen dieser Klassifizierung impliziert keine Wertung dieser Praktiken. Da beide Praktiken im Bereich des Möglichen liegen und mit ihnen gerechnet werden muss, ist es sinnvoll, sie bei einer Klassifizierung zu berücksichtigen. Denn eine solche Klassifizierung erleichtert eine geordnete moralische Bewertung erheblich.

Beispiel für die heteronome, liberale, direkte und aktiv verändernde Eugenik. Die Genkonstruktion stellt ein Beispiel für die heteronome, liberale, direkte und aktiv erschaffende Eugenik dar. Der hier beschriebene Fall der genetischen PID könnte als heteronome, liberale, direkte und passive Eugenik bezeichnet werden.

Bei der heteronomen, liberalen, direkten, aktiv verändernden Eugenik, etwa der Keimbahntherapie, lässt sich eine Veränderung wiederum auf zweifache Weise vollziehen, entweder indem man ein Ideal von Erbanlagen fördert (positive Eugenik[8]) oder indem man die Ausbreitung von nachteiligen Genen, etwa durch die Behandlung eines kranken Gens, einschränkt (negative Eugenik[9]).

6 Radikale und moderate Eugenik

Bernward Gesang hat in seinem Beitrag (Gesang 2006) weiterhin herausgearbeitet, dass sowohl die positive als auch die negative Eugenik entweder radikal oder moderat geschehen kann. Gesang hat in diesem Zusammenhang das Beispiel eines Menschen angeführt, der durch Genveränderung die Fähigkeit erlangt, Infrarotlicht sehen zu können. Wenn die Eltern des Betroffenen sich für eine solche Veränderung entscheiden, dann wäre dies ein Beispiel für heteronome, liberale, direkte, aktiv verändernde, positive und radikale Eugenik. Da die Eltern entscheiden, ist die Eugenik heteronom und liberal; da es eine Wirkung auf den Betroffenen hat, ist sie direkt; da sie nicht nur durch Auswählen geschieht, ist sie aktiv verändernd; da sie nicht therapeutisch ist, ist sie positiv, und da es sich um keine geringfügige Veränderung handelt, ist sie radikal.

7 Marktliberale und sozialdemokratische Eugenik

Weitere Arten der Eugenik ließen sich mit Bezug auf die politische Ebene unterscheiden. Gesang spricht hier von der marktliberalen und, in Anlehnung an Jonathan Glover, von der sozialdemokratischen Variante. Beide Varianten sind Untergruppen der liberalen Eugenik. Es handelt sich um marktliberale Eugenik, wenn „der Staat sich völlig passiv verhält und dem

8 Genauer: Aktive, liberale, direkte, aktiv verändernde, positive Eugenik.
9 Genauer: Aktive, liberale, direkte, aktiv verändernde, negative Eugenik.

Markt seinen Lauf lässt“ (Gesang 2006, 128), wohingegen man von sozialdemokratischer Eugenik sprechen könnte, wenn „wir uns … im Rahmen einer sozialen Marktwirtschaft bewegen“ (ebd.) und der Staat nach Rahmenbedingungen sucht, „um beispielsweise die Chancengleichheit in der Gesellschaft zu gewährleisten“ (ebd.).

Den sozialethischen Bereich der Förderung von eugenischen Maßnahmen würde ich jedoch begrifflich in einem separaten Kontext belassen, so dass man die unterschiedlichen Arten der Eugenik ausschließlich vor dem Hintergrund der verschiedenen sozialethischen Konzeptionen betrachtet. Aus diesem Grund gehe ich hier nicht näher auf diese Ebene der Eugenik ein.

Schlussbemerkungen

Mit dem hier vorgebrachten Vorschlag beabsichtige ich ausschließlich, eine Hilfestellung bei der Ausarbeitung einer besseren und genaueren Systematik zu diesen Themenkomplex zu leisten. Erst wenn eine komplexe begriffliche Systematik zur Eugenik vorhanden ist, kann ein ethischer Diskurs stattfinden, der der inhaltlichen Komplexität des Themas angemessen ist.

Literaturverzeichnis

Agar, N. (1998): Liberal Eugenics. In: Public Affairs Quaterly, Bd. 12, Nummer 2 (April 1998), 137–155.

Boorse, C. (1977): Health as a Theoretical Concept. In: Philosophy of Science 44, 542–573.

Gesang, B. (2006): Enhancement und Gerechtigkeit. In diesem Band, 127–149.

Habermas, J. (2001): Die Zukunft der menschlichen Natur: Auf dem Weg zu einer liberalen Eugenik? Suhrkamp, Frankfurt am Main.

Knoepffler, N. (2005): Eugenics. In: Birx, H. J. (Hg.): The Encyclopedia of Anthropology. 5 Bde., Sage, Thousand Oaks et al., Bd. 2, 871–873.

Kröner, H.-P. (2000): Eugenik. In: Korff, W./Beck, L./Mikat, P. (Hg.): Lexikon der Bioethik. 3 Bde., Gütersloher Verlagshaus, Gütersloh, Bd. 1, 694–701.

Lanzeraht, D. (2000): Krankheit. In: Korff, W./Beck, L./Mikat, P. (Hg.): Lexikon der Bioethik. 3 Bde., Gütersloher Verlagshaus, Gütersloh, Bd. 2, 478–485.

Winnacker, E. L./Ibelgaufts, H. (2000): Molekulargenetik. In: Korff, W./Beck, L./Mikat, P. (Hg.): Lexikon der Bioethik. 3 Bde., Gütersloher Verlagshaus, Gütersloh, Bd. 2, 22–27.

Zude, H. (2006): Medizinethik. In: Knoepffler, N. et al. (Hg.): Einführung in die Angewandte Ethik. Alber, Freiburg im Breisgau, 105–133.

Danksagung

Wir bedanken uns herzlich bei Frau Gundula Scherf für das sorgfältige Lektorat des Bandes, bei Frau Gisela Schmidt und Herrn Robert Ranisch für die Erstellung der Druckvorlage und bei Frau Kerstin May, die das Vorwort von Ruth Chadwick sowie den Beitrag von H. James Birx treffend übersetzte.

Die Herausgeber

Autorenverzeichnis

Babich, Babette E., Prof. Dr., geb. 1956, Promotion in Philosophie (Boston), 2005–2007 Gastprofessorin an der University of California, San Diego (Politische Wissenschaft), Professorin für Philosophie an der Fordham University, New York und Forschungsprofessorin an der Georgetown University, Washington, D. C., Executive Secretary: Nietzsche Society.
Monographien: Words in Blood, Like Flowers – Philosophy and Poetry, Music and Eros in Hölderlin, Nietzsche, Heidegger (2006, State University of New York Press); Nietzsche's Philosophy of Science – Reflecting Science on the Ground of Art and Life (1994, State University of New York Press, 1996 Raffaello Cortina Editore).
Mitautoren- und (Mit-)Herausgeberschaften (in Auswahl): From Phenomenology to Thought, Errancy, and Desire (Kluwer, 1995); Nietzsche's Philosophy of Science [in 2 Bänden] (Kluwer, 1999); Hermeneutic Philosophy of Science, Van Gogh's Eyes, and God (Kluwer, 2002); Habermas, Nietzsche, and Critical Theory (Prometheus, 2003).

Birx, H. James, Prof. Ph. D., D. Sci., Studium der Fächer Biologie, Anthropologie und Philosophie an der State University of New York Geneseo und an der SUNY University at Buffalo, seit 1968 Professor der Anthropologie am Canisius College, seit 2004 Distinguished Research Scholar der Anthropologie an der State University of New York Geneseo, im Sommer 2006 Visiting Scholar an der Faculty of Philosophy der University of Cambridge/UK.
Monographien: Pierre Teilhard de Chardin's Philosophy of Evolution (1972, Charles C. Thomas); Man's Place in the Universe – An Introduction to Scientific Philosophical Anthropology (1976, Tri-County Publisher); Theories of Evolution (1984, Charles C Thomas); Physical Anthropology: Humankind, Organic Evolution, and Scientific Inquiry (1985, Copley); Science & Nature – Facts, Concepts, and Values Within This Human Universe (1986, Copley); Human Evolution (1988, Charles C. Thomas); Interpreting Evolution – Darwin & Teilhard de Chardin (1991, Prometheus Books); Craniometry of the Orchid Site Ossuary (1991, Persimmon Press).
(Mit-)Herausgeberschaften (in Auswahl): Science & Society – The Influences of Darwin and Nietzsche (2000, Russian Academy of Sciences and the Institute of the History of Natural Sciences and Technology); Avances

en Evolución y Paleoantropologia (2001, University of Zaragoza); Values, Society & Evolution (2002, Legend Books); Teilhard de Chardin (2005, Vandenhoeck & Ruprecht); Encyclopedia of Anthropology in 5 Bänden (2006, Sage Publications/Sage Reference).

Breidbach, Olaf, Prof. Dr. mult., geb. 1957; Promotionen 1982 über Hegel, 1984 über Käfer, 1985–1987 Liebig-Stipendiat, 1989 Habilitation in Zoologie (Neurowissenschaften), 1990 Forschungspreis NRW (Neuroinformatik), 1994 am Math. Institut der Universität Bochum, seit 1995 Lehrstuhl für Geschichte der Naturwissenschaften an der FSU Jena, dort Direktor des Institutes für Geschichte der Medizin, Naturwissenschaft und Technik sowie des Museums „Ernst-Haeckel-Haus" und Leiter des Bereichs Theoretische Biologie, Mitglied im Vorstand des SFB „Ereignis Weimar-Jena – Kultur um 1800", Mitglied der Deutschen Akademie der Naturforscher Leopoldina, korrespondierendes Mitglied der mathematisch-physikalischen Klasse der Akademie der Wissenschaften zu Göttingen, Mitglied im Forschungsbeirat des Forschungszentrums Gotha.
Monographien (in Auswahl): Das Organische in Hegels Denken: Studie zur Naturphilosophie und Biologie um 1800 (1982, Königshausen & Neumann); Der Analogieschluß in den Naturwissenschaften oder die Fiktion des Realen: Bemerkungen zur Mystik des Induktiven (1987, Athenäum); Die Verpuppung des Gehirns – Modell Käferhirn (1988, Kölner Universitäts-Verlag); Expeditionen ins Innere des Kopfes – Von Nervenzellen, Geist und Seele (1993, TRIAS); Die Materialisierung des Ichs – Zur Geschichte der Hirnforschung im 19. und 20. Jahrhundert (1997, Suhrkamp); Das Anschauliche oder über die Anschauung von Welt – Ein Beitrag zur Neuronalen Ästhetik (2000, Springer); Deutungen – Zur philosophischen Dimension der internen Repräsentation (2001, Velbrück); Bilder des Wissens (2005, München); Goethes Metamorphosenlehre (2006, Fink).
(Mit-)Herausgeberschaften (in Auswahl): Theory in Biosciences, Jahrbuch für europäische Wissenschaftskultur, mit G. Rusch, S.-J. Schmidt, Interne Repräsentationen: Neue Konzepte der Hirnforschung, (1996, Suhrkamp); Ästhetik der Natur – Natur der Ästhetik. Reihe: Ästhetik und Naturwissenschaften – Neuronale Ästhetik (2000, Springer); mit W. Lippert, Die Natur der Dinge (2000, Springer); mit P. Ziche, Naturwissenschaften um 1800 (2001, Hermann Böhlaus Nachfolger); mit D. von Engelhardt, Hegel und die Biowissenschaften (2002, VWB); mit T. Bach, Naturphilosophie nach Schelling (2005, Fromann + Holzboog).

Chadwick, Ruth, Prof. Dr., Distinguished Research Professor und Direktorin des „ESRC Centre for Economic and Social Aspects of Genomics“ an der Cardiff University, Vorsitzende des „Human Genome Organisation (HUGO) Ethics Committee“, Mitglied des „Food Ethics Council“, des „Advisory Committee on Novel Foods and Processes“, des „Standing Committee on Ethics of the Canadian Institutes for Health Research“ und des „Medical Research Council DNA Banking Steering Committee“, Hauptherausgeberin der preisgekrönten „Encyclopedia of Applied Ethics“ (1998), Academician der „Academy of the Learned Societies for the Social Sciences“, Gewinnerin des „World Technology Network award for Ethics“ 2005.

Gesang, Bernward, PD Dr. phil, geb. 1968, Privatdozent für Philosophie an der Universität Düsseldorf.
Monographien: Wahrheitskriterien im Kritischen Rationalismus (1995, Rodopi); Angeklagt: Gott (1997, Attempto); Kritik des Partikularismus (2000, mentis); Aktien oder Apokalypse? – Wege aus der globalen Ökokrise (2000, mentis); Eine Verteidigung des Utilitarismus (2003, Reclam).

Knoepffler, Nikolaus, Prof. Dr. mult., geb. 1962, Lizenz für Theologie (Rom) und Promotionen in Philosophie (Rom) und Staatswissenschaften (Lüneburg), Habilitation in Philosophie (München), 2002 Gastprofessor an der Georgetown University, Washington D. C., seit Sommer 2002 Inhaber des Lehrstuhls für Angewandte Ethik an der Universität Jena und Leiter des dortigen Ethikzentrums, Mitglied der Bayer. Bioethikkommission und 2. Vizepräsident der deutschen Akademie für Organtransplantation.
Monographien: Der Begriff „transzendental“ bei Karl Rahner: Zur Frage seiner Kantischen Herkunft (1993, Tyrolia); Forschung an menschlichen Embryonen (1999, Hirzel); Der Begriff „transzendental“ bei Immanuel Kant (5. Aufl. 2001, Utz); Menschenwürde in der Bioethik (2004, Springer).
Mitautoren- und (Mit-)Herausgeberschaften (in Auswahl): Wie entsteht Wissen (1996, Utz); Grüne Gentechnik – Ein Bewertungsmodell (2002, Utz); Humanbiotechnologie als gesellschaftliche Herausforderung (2005, Alber); Einführung in die Angewandte Ethik (2006, Alber).

Köchy, Kristian, Prof. Dr. Dr., geb. 1961, Studium Biologie (Diplom), Wissenschaftsgeschichte und Philosophie (Braunschweig, Dortmund), Promotion Biologie (Braunschweig), Promotion Philosophie (Dortmund), Habilitation Philosophie (Dortmund), 2001–2003 Koordinator der Interdisziplinären Arbeitsgruppe „Gentechnologiebericht“ an der Berlin-Brandenburgischen Akademie der Wissenschaften Berlin, 2001 und 2002 Vertretung der Professur für Wissenschaftsphilosophie an der HU Berlin, Gastprofessur Bioethik an der FH Lausitz, seit 2003 Professor für Theoretische Philosophie an der Universität Kassel.
Monographien: Ganzheit und Wissenschaft (1997, Königshausen); Perspektiven des Organischen – Biophilosophie zwischen Natur- und Wissenschaftsphilosophie (2003, Schöningh).
(Mit-)Herausgeberschaften: Hermeneutik des Lebens (1999, Alber); Gentechnologie als Wirtschaftsfaktor (2002, Spektrum akademischer Verlag); Materialien für einen Gentechnologiebericht (2003, Spektrum); Gentechnologiebericht: Analyse einer Hochtechnologie in Deutschland (2005, Elesevier, Spektrum akad. Verlag); Willensfreiheit als interdisziplinäres Problem (2006, Alber).

Lenzen, Wolfgang, Prof. Dr., geb. 1946, Studium der Mathematik, Philosophie und Kunstgeschichte in Münster, Freiburg und München, Promotion 1972 an der Universität Regensburg bei Franz von Kutschera, 1979 Habilitation für Philosophie an der Universität Regensburg, seit 1981 ordentlicher Professor für Philosophie an der Universität Osnabrück.
Monographien: Theorien der Bestätigung wissenschaftlicher Hypothesen (1974, Frommann-Holzboog); Recent Work in Epistemic Logic (1978, Acta Philosophica Fennica); Glauben, Wissen und Wahrscheinlichkeit (1980, Springer); Das System der Leibnizschen Logik (1990, de Gruyter); Liebe, Leben, Tod – Eine moralphilosophische Studie (1999, Reclam); Calculus Universalis – Studien zur Leibnischen Logik (2004, mentis).
(Mit-)Herausgeberschaften (in Auswahl): Denken und Handeln (1983, Osnabrücker Philosophische Schriften, Reihe A); Mathesis rationis (1990, Dutz); Tractatus physico-philosophici (1993, Osnabrücker Philosophische Schriften, Reihe A); Das weite Spektrum der Analytischen Philosophie (1997, de Gruyter); Wie bestimmt man den „moralischen Status“ von Embryonen? (2004, mentis); Ist Folter (in Ausnahmefällen) erlaubt? – Philosophische und rechtliche Perspektiven (2006, mentis).

Reyer, Jürgen, Prof. Dr., geb. 1943, Diplom und Promotion in Erziehungswissenschaft (Dortmund), Habilitation in Erziehungswissenschaft (Dortmund 1982), Umhabilitation zur Universität Tübingen 1985, seit 1992 Professor für Sozialpädagogik und Erziehung in früher Kindheit an der Universität Erfurt.
Monographien (Auswahl): Alte Eugenik und Wohlfahrtspflege: Entwertung und Funktionalisierung der Fürsorge vom Ende des 19. Jahrhunderts bis zur Gegenwart (1991, Lambertus); Kleine Geschichte der Sozialpädagogik: Individuum und Gemeinschaft in der Pädagogik der Moderne (2002, Schneider Verlag Hohengehren); Eugenik und Pädagogik: Erziehungswissenschaft in einer eugenisierten Gesellschaft (2003, Juventa); Einführung in die Geschichte des Kindergartens und der Grundschule (2006, Klinkhardt).

Sorgner, Stefan Lorenz, geb. 1973, Studium der Philosophie am King's College/University of London (B.A.), an der University of Durham (M.A. by thesis) und am Zentrum für Philosophie der Justus-Liebig-Universität/ Gießen, seit 2003 Mitarbeiter am Ethikzentrum und Doktorand an der Friedrich-Schiller-Universität in Jena.
Monographie: Metaphysics without Truth – On the Importance of Consistency within Nietzsche's Philosophy (1999, Utz).
(Mit-)Herausgeberschaften: Musik in der deutschen Philosophie – Eine Einführung, mit O. Fürbeth (2003, Metzler); Humanbiotechnologie als gesellschaftliche Herausforderung, mit N. Knoepffler und D. Schipanski (2005, Alber).

Stegmaier, Werner, Prof. Dr. phil., geb. 1946, Habilitation in Bonn 1990, Lehrstuhlvertretungen in Berlin und Greifswald, seit 1994 Inhaber des Lehrstuhls für Philosophie mit dem Schwerpunkt Praktische Philosophie an der Universität Greifswald und Geschäftsführender Direktor des Instituts für Philosophie, Kodirektor des Nord- und osteuropäischen Forums für Philosophie, Mitherausgeber der Nietzsche-Studien und der Monographien und Texte zur Nietzsche-Forschung.
Monographien (in Auswahl): Philosophie der Fluktuanz – Dilthey und Nietzsche (1992, Vandenhoeck & Ruprecht); Nietzsches „Genealogie der Moral" – Werkinterpretation (1994, Wissenschaftliche Buchgesellschaft); Interpretationen – Hauptwerke der Philosophie – Von Kant bis Nietzsche, mit H. Frank (1997, Reclam); Levinas (2002, Herder); Orientierung – Philosophische Perspektiven (2005, Suhrkamp).

Mitautoren- und (Mit-)Herausgeberschaften (in Auswahl): Jüdischer Nietzscheanismus, hrsg. mit D. Krochmalnik (1997, Monographien und Texte zur Nietzsche-Forschung, de Gruyter); Interpretationen – Hauptwerke der Philosophie – Von Kant bis Nietzsche, mit H. Frank (1997, Reclam); Zeichen und Interpretation IV–VI, hrsg. mit J. Simon (1998–2000, Suhrkamp); Europa-Philosophie, hrsg. (2000, de Gruyter); Die philosophische Aktualität der jüdischen Tradition, hrsg. (2000, Suhrkamp); Felix Hausdorff – Philosophisches Werk, hrsg. und komm. (2004, Springer).